Be Creative
クリエイティブであれ
新しい文化産業とジェンダー

アンジェラ・マクロビー

田中東子 監訳

中條千晴
竹﨑一真
中村香住 訳

花伝社

Angela McRobbie

【凡例】

・〔 〕内の語句は、訳者による補足である。なお、（ ）は原著のものである。
・原註は数字のみの表記とし、すべて巻末にまとめた。
・既訳書のある文献からの引用については、既訳書の訳文を参照しつつ、適宜、変更を加えた。

クリエイティブであれ――新しい文化産業とジェンダー◆目　次

謝辞

まずは、ベルリン在住の芸術家であり研究者でもあるマリオン・フォン・オステンに感謝しなければならない。二〇〇〇年代初頭、マリオンはイギリスのファッションデザイナーに関する私の初期の作品をドイツ語に翻訳し、出版するよう手配してくれた。ほぼ同じ時期に、彼女はチューリッヒで「クリエイティブであれ（Be Creative）」と名付けたショーを開催しており、本書のタイトルも彼女のこのフレーズから拝借した。マリオンは、二〇〇二年に私をドイツ文化省のプロジェクト「アトリエ・ヨーロッパ」に招待してくれた。この共同作業もまた、それ以降に本書で追求したアイデアの多くを結晶化させてくれた。第1章の内容は、まず一旦バウハウス・デッサウで発表し、その後ミュンヘン美術協会でも発表されたものである。実際、本書は全体としてロンドンとベルリンでの一連の交流と共同作業の見取り図を描いたものであり、それゆえ、ベルリンに住む以下の人々にも感謝したい。ケルスティン・ドレクセル、リタ・アイヒェルクラウト、マリア・エクスナー、マルテ・ヘンシェル、アレス・カランディデス、バスティアン・ランゲ、オリバー・マッコネル、ベッティーナ・シュプリンガー、タティヤーナ・トゥランスキー、アグネス・ツェライ。そしてベルリンとスポレートでのモニカ・サヴィエに感謝を捧げたい。さらに、ナナ・アドゥセイ＝ポク、サビーネ・ハーク、ウルリケ・オッティンガーには、ベルリンでの素晴らしい友情と支援に感謝している。

本書の多くは、ロンドン大学ゴールドスミス校に勤務していた日々、毎週の仕事をする中で、数年間かけて練り上げられたものである。つねに予算は少なかったにもかかわらず、世界中から研究者を集めてイベントやセミナー、講演会を開催してきたし、それは私たち自身の研究プロジェクトを発展させる助けとなってきた。招聘した研究者は、故ウルリッヒ・ベック、ジュディス・バトラー、アンジェラ・デイヴィス、ミシェル・フェーヘル、マウリツィオ・ラッツァラート、ベルナルド・スティグレールなどである。私の教え子の中には、多忙なクリエイティブ専門職に就いたり、今や研究職に就いたりした者もいる。ブリジット・コナー、カースティン・フォーカート、オヌル・コムルク、ギド・デル・ポンゾ、シャーマデーン・リードに感謝する。また、ゴールドスミスの同僚たち〔刊行当時〕からも多くの着想を得ることができた。特に、サラ・アーメッド、リサ・ブラックマン、マット・フューラー、サラ・ケンバー、スコット・ラッシュ、ジェラルド・リドストーン、キャリー・ペーチター、シアン・プライム、ジョアンナ・ジリンスカに感謝の意を示したい。また、ゴールドスミスの資金提供にも感謝する。この資金提供のおかげで、今回の研究の大部分をロンドン、ベルリン、そしてイタリアで実施することができた。研究を行うための資金は、近年では、グラスゴー大学法学部を拠点とする「ＣＲＥＡＴｅ」と題する芸術・人文科学研究評議会の助成金によって補われている。このような支援と、同僚たちの仲間意識に深く感謝する次第である。

この本が完成するまでには予想以上に時間がかかった。そのため、以下の章の転載を許可してくれたいくつかの雑誌と出版社に感謝したい。第1章は、二〇〇二年に『カルチュラル・スタディーズ』誌一六巻四号に掲載されたもので、転載を許可してくださったテイラー＆フランシス社に感謝する。第4章の一部は、二〇一一年の『ニュー・フォーメーションズ』誌七〇号で初めて試しに書いてみたものである。第5章のかなり短い版が、二〇一三年に『カルチュラル・スタディーズ』誌二七巻五号に掲載された。第6章のいくつかの短い断章は、二〇一二年にウルリッヒ・ベックのための『記念論文集』に掲載されたものであり、本書への転載を許可してくれたハンブルグのトランスクリプト出版に感謝したい。

さまざまな海外の仲間が私を招待し、本書に含まれたいくつかの章の内容について発表する機会を与えてくれた。特に、二〇一三年に数日間滞在したモントリオールにあるコンコルディア大学のノーマ・ランティシとマット・ソア、バンクーバーにあるブリティッシュコロンビア大学のジェンダー・人種・セクシュアリティ・社会正義のための研究所に所属するチェルシー・ハウゲ、メアリー・K・ブライソン、ジャニス・スチュワートに感謝したい。二〇一二年には、フッカー客員教授としてハミルトンのマクマスター大学に一週間滞在し、さらに、二〇一一年から二〇一三年の間、オレゴン州に滞在した際に、ポートランド州立大学での講演に招待してくださったプリヤ・カプーアに感謝している。二〇一一年には、ミュンヘンのルートヴィヒ・マキシミリアン大学のウルリッヒ・ベック『記念論文集』で、第6章の初期草稿を発表できたことを光栄に思っている。他の多くの人々と同じように、私は近年、ウルリッヒ・ベックとスチュアート・ホールが亡くなったことに深い悲しみを感じており、両氏の影響は本書にも大きく現れている。

最後に、個人的な友人と家族に感謝したい。ポール・ギルロイとヴロン・ウェアは、ノース・ロンドンで長い間、私の隣人だった。同様に、シェリー・チャールズワース、デニス・ライリー、イリット・ロゴフにも感謝したい。〔原著の〕表紙の写真を提供してくれたバーミンガムのモー・ホワイトにも感謝したい。現在サンフランシスコにいるサラ・ソーントンと彼女の家族、エディンバラにいる妹のロス・ランバートに感謝したい。これまで同様、娘のハンナに感謝するとともに、この本を二人の小さな男の子、ジョセフ・マクギーとガブリエル・マクギーに捧げる。

序章

教育を通じた出会いとクリエイティブな経済

春学期の水曜日の午後、一〇年以上に渡って私はつねに正午からオフィスにいて、修士課程の学生が研究論文について話し合うのを眺めている。こんなふうに指導している私の目の前で次々と明らかになるのは、ユーロ危機と二〇〇八年以降の世界的金融不況の影響も踏まえた、クリエイティブな新しい労働市場の縮図である。これら若い学生たちの生活と人生には、本書で扱うテーマの多くが織り込まれている。私の大学の学部や研究機関では、一年間の様々な修士課程を提供している。そこには、「メディアとコミュニケーション」、「ブランド開発」、「多国籍メディア」、「文化産業」、「文化的でクリエイティブな起業《アントレプレナーシップ》」、「ジェンダー」、「メディアと文化」などが含まれる。奨学金は一握りしかなく、学生たちは授業料を納めなくてはならない。しかしそれは、私たちの顧客である学生が国際的な裕福層の出身であることを意味してはいない。むしろ学生たちは世界各地のミドルクラスの子弟である。推測する限り学生たちの両親は教師、公務員、小規模出版社の経営者、医者などで、時には学生たち自身が芸術やクリエイティブな世界で働いた経験を持つ場合もある。ブラジル、ポルトガル、ブルガリアやリトアニア、ロシアやドイツやイタリアやスペイン、ギリシャやトルコ、クロアチアやモンテネグロやスロベニア、ポーランドや中東から来ている学生もいるし、中国、韓国そして東南アジアからもやってくる。修士課程に入学するためには、EU各国が協定を結んだ修士課程のためのボローニャ・プロセスに従って、六〇〇〇語のエッセイ四本と一万二〇〇〇語の論文を書くことのできる高水準の英語能力に到達している必要がある。少数のイギリス人学生や上記の国々を含むイギリス以外の国からの学生もいるが、国外からの学生はイギリスに長年居住し、イギリスの大学ですでに学士号を取得している。

学生の年齢層は二〇代中心で、二〇代半ばから後半のものもいる。とてもひたむきで、非常によく勉強している。多くの学生が最初の学位を取得した後、すくなくとも数年に渡って働いている。東南アジア、日本、韓国出身の学生たちは、ジャーナリストやブランドの管理担当者やファッションスタイリストの職に就いて必要な資金を貯蓄し、または両親の助けを得て、アカデミックなスキルを向上させアップデートするため一年間の休暇を取って留学してくることが多い。これらの学生集団全体がそれなりの実務経験を積んでいるが、その経験はアテネでのイベント運営から、マドリードの「ザラ」のようなファッションチェーン店の店員としての仕事、女性誌でのインターンシップ、イスタンブールのギャラリーでの仕事に至るまで多岐に渡っている。普段から顔なじみの〔修士課程の〕三〇人ほどのうち、たいていは二、三人がアカデミックなキャリアの計画を立てていて、博士号を取得するための勉強の場を獲得し、そのために必要な資金の調達を望んでいる。ところで、こうした背景と私自身の研究生活の本質的な部分を踏まえた上で、このような実際の教育を通じた出会いから予想される社会学的なテーマとは何だろうか?

学生たちは子どものいない女性に偏っている。ウルリッヒ・ベックが個人化のプロセスに関する論文で述べたように、彼女たちは世界中で「自分独自の人生」を生きようと決意したグローバルな若い女性層の一員だ。彼女たちの頭には、母親になる計画やキャリアと子どもの両立に取り組む考えがまったく存在していない。そして、彼女たちのように十分な資格を持った若い女性が労働市場で不利な状況におかれていることから、彼女たちは今まで以上に教育訓練の期間をさらに一層長く伸ばしている。今日では教育訓練自体が一種の仕事とみなされるからだ。教育訓練は、有給雇用かリスクをともなう個人事業を想定している。求人市場で機会を得るためにはつねに履歴書の内容を充実させる必要があるし、長期的にはきちんとした給料を得られる職を見つけることが必要となる。多くの人は個人事業という考えや、ある種のクリエイティブな小ビジネスを創業することを現実的な選択の一つとして考えている。その理由としては、このような若者が生来の起業家であるからではなく、選択肢を判断する際に、ビジネスの創業がより生産的でおそらく刺激的な未来への希望として現れているからなのだ（Neff 2012）。そこには時空間を先延ばしにするメカニズムがあり、階級移動がキャリアパスを決定付ける特徴であることから、母親になることは非常に遠い将来の可能性としてしか考えられないようになる。これら若い女性は、たとえ仕事の契約が一年か二年しかないとしても、都市や国家間の移動を検討している。このことも子どもを持つという考えを阻害する。なぜなら、母になることとは、通常、育児を支援するために〔親族を含む〕拡大家族の近くに定住することを意味するからだ。ロンドンの修士課程に進学するために自分で資金を調達できることはもちろん特権的な立場であるが、出費を有効活用しなければならないというプレッシャーがあり、学生たちは借りた資金を両親に返済しなければならないと感じている。そのため研究が優先され、人間関係は「人生設計」計画の二番手に追いやられる。研究や仕事はロマンスの関係と同種のものになる。こうした若い女性が閉じ込められている不安定《プレカリアス》なキャリアパスにおけるジェンダー不平等を分析する場合にフェミニズムは重要である。しかし、目の前に広がる社会・経済的環境は、連帯や集団性の倫理を阻害する方向に働いている。本書のいくつかの章で、私はこれらの問題について真剣に考え、子どもにとって優しいベルリンのような都市——同じことが他のヨーロッパの都市にも当てはまるかもしれない——に留まる必要のある子どものいる人々にとって、クリエイティブ経済の選択がどのような意味を持つのか検討している。しかし、ベルリンでは労働市場があまりにも低迷しているため、現在四〇代の有能な母親はおそらくロンドンで通勤するか、地元に留まり、何らかの形でのクリエイティブな起業をするかという難しい選択を迫られている。一方には、何かしら仕事生活を生かし、実行可能なビジネス計画を考え出すという強い決意がある。他方で、そのような状況は、かつて学部の学位や大学院で教育訓練に結び付けられたリスクに耐えうる類の資格を取得することによってジェンダー平等を求めていた若い世代の女性に、深刻なアイデンティティの危機をもたらしている。ネオリベラリズムのように日常生活を循環的なものとみなし、人生設計を計算表の上で考えてしまうと、人生設計それ自体が空論になってしまう。フェミニストの監督タティヤーナ・トゥランスキーによる『しなやかな女性』(2010)という長編映画は、ベルリンの建築家であるが、失業して求職中のシングルマザーであるグレタの視点からこの危機的状況を省察している。この映画は、クリエイティブ労働の不安という隠された、もしくは深く私事化された次元を鮮明に示していて、しかもそうした不安はアルコール依存症や絶望へと螺旋状に落下していく。映画の物語が示しているように、建築家として才能を発揮しつつあるグレタは、失業期間を使って自分の幼い息子を育てることにきちんと専念しなかったことで友人たちに叱られてしまう。同僚で建築家の女友だちは、子どもと一緒に家にいるため仕事を辞め、おそらく一時的なものではあるだろうが今では稼ぎ手となった夫とともに、彼女が「チームワーク」と呼んでいるネオリベラリズムの精神を受け入れ、グレタよりも優位に立っている。[1]同時にグレタの苦痛は、都市空間への深い愛情、そして急速なジェントリフィケーションや私有化されたゲーテッドコミュニティのために土地区画が売られてしまうことへの怒りによって埋め合わされている。テンペルホーフ空港跡地のような都市の空き地、つまりシェーネフェルト〔空港〕の景観のような市の境界線上にある場所にかたくなに住もうとするグレタの姿は、女性の遊歩者《フラヌーズ》〔都市を遊歩して回る遊民的人物〕に関する議論を再生している。トゥランスキーはさらに、映画制作の中心に、都市の視線という女性の快楽を意図的に据えたウルリケ・オッティンガーのような、かつてベルリンを拠点としていたフェミニストかつクイアな映画制作者の歴史を語り直している。『しなやかな女性』は、オッティンガーの一九八〇年の映画『あるアルコール中毒者の肖像』でのいくつかの重要な契機を反復しているが、この二〇一〇年の映像において「空はそれほど青くない」[2]。

　私が水曜日の指導の時間に観察しているのは、クリエイティブな労働市場での妨害と障害という現実にまだそれほど汚されていない、想像上の成功による陶酔感のようなものである。成功のために選択できる仕事は、フルタイムの雇用かフリーランスの個人事業、さもなければ、あるプロジェクトから次のプロジェクトへの移動をともなう短期の仕事のいずれかであると思われている。この新種の仕事生活はフェミニストの社会科学者にいくつかのジレンマをもたらすので、今や生存のために必要な起業家精神文化や個人事業の倫理とより深く関わるために、雇用社会学を再考しなければならない。ギリシャ、イタリア、スペインのような国では、ほとんど選択の余地はない。そのため、私は本書の後半で、近年発生したプレカリテ運動の観点からネオリベラリズムを批判することを含めて、文化経済とクリエイティブ経済をめぐる現在の議論が急ぎこの雇用創出のテーマに時間を割く必要があることを主張していく。つまり、ある種の所得の流れと、子どもや高齢者や社会的弱者の世話を含む隣人や地域への貢献を人々に許容する暮らしを生み出すような、コミュニティと文化経済の新しい形をどのように発展させるのかというテーマである。過去に公共部門の一部であった活動にどのように資金を提供するかが問題だ。どうすれば地域の失業者や「生活が不安定な」若者と一緒に働いて生計を立てることが可能になるのか？　クリエイティブ経済の台頭によって、社会福祉事業をどのように再発明、援助、支援できるだろうか？　社会事業に関する現在の言説がコミュニティ構築についてのより根拠のある、もしくは草の根のアプローチを支持し、「違いを生み出したい」カリスマ起業家の個人的レトリックから離れて再活用されることは可能だろうか？　ユーロ圏を超えた若者の失業という現在の危機のさなかに、社会的起業家と文化的起業家がフェミニズム的な視点の影響を受けることは何を意味しうるのだろうか？[3]「草の根」や「コミュニティ」などの古びて使い回された言葉と置き換えるためにどのような種類の新しい語彙が開発され、それら新しい語彙が再想像されるプロセスにおいて文化はどのような役割を果たしうるのか？　間違いなく、欧州委員会はこの新しい分野に長い年月に渡って投資してきた。半失業状態、もしくは失業を経験している人々が、欧州委員会の支援する多くのプロジェクトを通じて、働いていないにもかかわらずスキルの維持およびアップデートを行い、失業率の高い地域で自尊心を高めることができた。本書の結論で示しているように、そこでも個人事業という語彙は強い存在感を放っているものの、その言葉は修正され、合衆国の経営大学院に関連した企業による勇ましい語彙とともに形作られることはなく、委員会内部に残存する社会民主主義的要素を反映し、はるかに慎重に用いられている。

新たに出現した第二のテーマは、過去に職業訓練または生涯学習とみなされてきたものが（学位の授与によって）価値を高められつつあるということだ。しばしば、いわゆる第三セクターに由来するどちらかといえば小規模な組織が過去に短期コースの形でそのような教育訓練を提供していたが、段階的に締め出されて存続できなくなり、大学環境での現実の問題に直結し、認定プロセスを備えた実学的な修士課程に取って代わられている。それは、修了証書や卒業証書ではなく、学位の価値を持つようになったのである。このような移行は、欧州委員会が支援し最近目覚ましく発展した「エラスムス・プラス」プログラムにおいて認められている。実際、今では多くのさまざまな形での若者の教育訓練が、大学部門の主導によって提供された傘の下に組み込まれている。大規模な大学だけがリスクを負担でき、技術インフラ（コンピュータの使用やデジタル式のスタジオなど）に投資でき、この種の提供コストに効果を与えるための複雑な会計システムを導入できることから、教育訓練が大学に組み込まれたのは当然である。このような役割を果たすことで、大学は雇用可能性の確保という要求をより完全に満たせるし、また各国政府が設定した「産学連携」という課題も事実上達成されることになる。[4]政策レベルにおいて、このスキルアップの側面が、特にソーシャルメディアや電子商取引《eコマース》の役割が増している新しいクリエイティブ経済の要請とも一致している。ここで重要な言葉は教育訓練または職業教育《アウスビルドゥング》であり、本書で私が論じているように、これは近代の労働体制を変革することを目的とする現在の統治性プロジェクトの中心にある。教育訓練プログラムは、労働人口がつねに準備できているか（もしくは雇用可能の）状態であることを保障すると同時に、人々の希望を新しい経済の花形にピン止めする。さらに、「教育訓練」という言葉には社会民主主義の内部で長く尊敬されてきた伝統があり、社会正義に関するある考えを示すという意味で戦略的価値が与えられている。

私の水曜日の午後は、さらに二つの要素を明らかにする。その両要素がクリエイティブ経済の経路と、この分野の管理と監視において大学がますます中心的な役割を果たすようになったことに光を当てている。一つめの要素はグローバルシティとしてのロンドンの役割と、その役割が地方および国内の雇用市場に及ぼす有害な影響だ（Sassen 1991）。三〇代のある若い男子学生は、素材調達担当者として働いていた北イタリアのファッション会社が、今ではカンボジアとベトナムで製作された、イギリス国内よりも安価な海外の衣服を優先するようになり、地元の製造会社をどんどん縮小していると教えてくれた。自身の仕事が不安定だと感じられたので、彼は貯金を使い、家族からの支援を受け、危険を冒してロンドンに引っ越した。ファッションで学位を取っていた彼の妻は、すぐにロンドンのリサイクルショップ業で仕事を見つけた。修士課程の途中で、彼はイタリアの大手ファッション企業で素材調達の仕入れをする職に就いた。つまり、過去にイタリアでしていたのとまったく同じ仕事をすることになったのだが、その前提には、当座はずっとロンドンにいるだろうと思われていることがある。彼は、自分が育ち働いていた地域でのノウハウと人脈によって仕事を得た。ロンドンではイタリア人チームがすでにイギリスの企業で働いていたため、彼はイタリア語で仕事の面接を受け、イタリアへの往復旅行や高額な生活費を与えられ、特にロンドンでは住宅費が高いにもかかわらずその職を提供されたので喜んだ。同様のパターンは、ギリシャとポルトガルの出版社で働いていたが、本の売り上げの減少と相まった経済危機によって仕事が不安定になったり、完全に職を失ってしまったりした若い女性を含む私の分析対象群《コホート》でも現れている。デジタル化にすでに適応している出版社でのインターンシップの機会を含め、彼女たちがロンドンで掘り起こしたネットワーク環境に基づき働く可能性は上昇している。同じことが、雑誌出版の業界からやってきたジャーナリストにも当てはまる。最近学士号を取得した学生には、転職に有利なスキルを成長させることへの期待もある。デンマークの芸術と技術の学士の学位を持つ女子学生は、自分自身を視覚芸術家とはみなさず、さらにはロンドンで経験を積んで修士号を取得したおかげでさまざまなキャリア選択に至ったと私に話してくれた。「都市のファッションウィークを開催する際に何が必要か知っているだけでなく、大規模イベントを管理するために必要なことを、私は正確に理解している」と彼女は語った。このことは、リスクを引き受けることができる人と、引き受ける余地のない人についての避けがたい問題をもたらす。かろうじてロンドンに住めるだけの余裕があり、文化資本とその高密度でクリエイティブなネットワークにアクセスする時間がある人。夜はカクテルバーで働きながらインターンシップも行い、さらには修士号を取得できるほど健康的でエネルギッシュな人。私の観察する限り、毎週の論文指導に基づくこのポートフォリオはごく普通のものである。けれども、批判にさらされたそのようなグローバルシティにおける求人市場は、移動できない人々や、イギリス全土のもっと小さな都市には悪影響を及ぼす。スコットランド北部のアバディーンからイングランド南西部の片隅であるファルマスに至るまで、数多くの大学が学生たちを高い水準で教育訓練しているにもかかわらず、ロンドン以外のイギリスの都市で生き残りの望みをかけた新しいファッションビジネスを設立することはほとんど不可能だ。その理由は、ロンドンに大きなブランドが集中していること、店員として小規模な臨時雇いやパートタイムの機会を作るためでさえ、「取引のための豊かなネットワーク」が強力な役割を果たしているからだ（Lash and Urry 1994）。小さなファッション企業は宣伝を必要とし、影響力のあるブロガーに話題にしてもらわなくてはならない。ネットワークはバーチャルなものであると同時に生のものでもある。というのも、人々は見たり見られたり注意を向けられる必要があり、小さな都市では政府による多くの支援と地域の資金がなければ、必要なインフラを提供することができない。この種のファッションの拠点を作ることは不可能ではないが（モントリオールとベルリンは良い例だ）、ファッション複合企業の魅力は、はるか遠くまで目を向ける必要がない点にある。なぜなら、グローバルシティに人々が集まることを期待できるからだ。同様に、店舗や小売業の場所は、高所得の消費者の存在がみこまれる都市にのみ配置されるだろう。このような不平等と競争が蔓延したせいで、公共部門が大幅に縮小し続けている時期に新しいクリエイティブ経済が成長し、より貧しい地域や都市で雇用創出のための長期的な政策に対応する能力は低下した。したがって、人々はその場しのぎの解決策を探し求め、マーケティングやブランディング部門の強化を通じてイメージアップを図り、ビッグブランドからの投資を呼び込もうとするようになる。大企業の本拠地として広大な小売店舗を持つ限り、グローバルシティの圧倒的な権力はあまりにも不均衡な労働市場を作り出してしまうので、特にクリエイティブ経済においては小さな町や都市であっても適切な才能を持つ優秀な人材を魅了するためのインフラをなんとか作り出せる、というフロリダの考えは覆えされてしまう（Florida 2002）。このことは、巨大ブランドの集積効果や雇用創出能力とは別に、地域経済を発展させていくことが重要な課題であることを示している。[5]

水曜日の午後の指導の際に生じるもう一つの疑問は教育の問題だ。リチャード・ホガート、レイモンド・ウィリアムズ、スチュアート・ホール（これにディック・ヘブディッジとポール・ギルロイを加える）

の著書を含めたイギリスでの歴史を誇る「カルチュラル・スタディーズ」は、ガヤトリ・スピヴァクが「教育機関《ティーチング・マシン》」と呼んだものにとってほぼ無限の可能性を秘めた分野となっている。「カルチュラル・スタディーズ」という概念のさらに予想外の結果は、「サブカルチャー理論」から生まれた莫大な商業的価値である。ヘブディッジによって理論化された「ブリコラージュ」、「カットアップ(悪ふざけ/切断)」、そして「スタイルの転覆」という概念を通じてこの経路を辿ることができるのだが、それらの概念は、ファッションデザイナー、グラフィックデザイナー、コミュニケーション学部の卒業生の手に渡り、美術学校の教室やゼミ室から飛び出し、ストリートや「れっきとした」労働者階級文化、あるいは反乱のアイデアをコレクションの素材そのものや、ディオールやYSLのようなグローバルブランドの「エッジの効いた」視覚的イメージへと変換させた(Hebdige 1978)[6]。このような理由から、私自身が何年も前にサブカルチャー論を教えるのを止めてしまった。その言葉遣いは、あまりにもたやすく小洒落た言い回しに翻訳されてしまう可能性がある。その代わりに必要とされるのはメタ批評である。ボルタンスキーとシャペロの著書のようなメタ批評は、今や私が主張するようにポップカルチャー批評やサブカルチャー批評にまで拡張された社会批評・芸術批評の影響の下で、資本主義が譲歩し、自分自身を戒めることによって、どのように自分自身を満たすのかを示すことができる(Boltanski and Chiapello 2005)。これらの著者たちは、一九九〇年代半ばまでさかのぼるフランスでのさまざまな論文の中で、彼らが芸術批評と呼んでいるもの――一九六〇年代後半の学生運動から派生し、その中でもより政治的な批評のことを彼らは「社会批評」と呼んでいる――が、広告などの商業的な世界でメディアやクリエイティブな実践者たちによって取り込まれ、それが人々の専門的な語彙の一部になっていると主張している。要するに、私たちは芸術的で前衛的な社会理論を用いて、広告業界でのキャリアを強化することができるのだ。それどころか、ポストフォーディズムの段階にある資本主義が対抗的な文化批評を全面的に取り込んでしまったことが示唆されている。また、クリエイティブな専門家たちの大部分が脱政治化され、自己啓発にしか関心がないことも示唆されている。しかし、クリエイティブで文化的な分野で働く人々の政治的傾向や帰属意識はあまりにも多様であるため、一般化することが困難であるという厄介な現実もある。多くの場合、専門家自身が、競争の激しく厳しい経済状況の中で収入を得るために、自分自身の意志に逆らって仕事をしなければならないことがある。建築家はその明白な例であるし、俳優やミュージシャンも同様だ。文化的な風景の中には、取り込みと批評の両方がある。保守主義が埋め込まれる時代もある一方で、突然、政治に目覚め組合化が進んだように見える時代もある。本書において私は保守主義に言及するためにダミアン・ハーストの作品『狂気の沙汰』について論じているが、他方、最近ではオキュパイ運動の余波でアクティヴィズムも復活している。予想できなかったことは、カルチュラル・スタディーズが道具化と政治化という二重の矛盾した運動のための特権的な水路になった点だ。サラ・ソーントンが「サブカルチャー資本」と呼ぶものの商業的価値は過小評価できないし、私自身が過去に教室で断言することをためらったからといって、影響力のある分野としてカルチュラル・スタディーズが政治的な価値を完全に枯渇させたということではないのだ。本書の途中で、私はこのジレンマに立ち返る。そして、イギリスのポピュラー文化の伝統の中心にはさらなる皮肉がある。というのも、ポピュラー文化は、典型的な労働者階級出身の若い「クリエイティブな実践者たち」——ミュージシャン、芸術家、グラフィックデザイナー——によって、そして美術学校の順調な軌道の内部で行われ、作られてきたものであるにもかかわらず（例えば、ビートルズ、ロキシー・ミュージック、セックス・ピストルズ）、ディック・ヘブディッジのような著者による精巧な理論モデルが展開されるための原料を提供してきたからである。もしこのような優れた文化的芸術品を作りだした実践者たちがいなかったのなら、私たち研究者もここにはいなかったことだろう。ヘブディッジとギルロイが、これら白人の階級編制と交差する際に人種とエスニシティの役割を強調しているように、スチュアート・ホールたちが、これらの芸術品は労働者階級文化の中の若者文化による派生物であると強調したのは正しいことだった（Hall and Jefferson 1976）。イギリスにおいて労働者階級文化は闘争によって得られたものであるが、イタリアやドイツのようにイギリスと同じようにはサブカルチャーが確立されていない国において、そのような文化現象はそう簡単には生じなかった。そのため、イタリアの社会学者であるアルビドソンとマロッシは、若者のサブカルチャーを、ポストフォーディズムによってもたらされた新たな消費の可能性と結び付く単なる「沸騰」であると回顧的に「再読」するよう導いたが、それとは対照的にオリジナルのCCCSバーミンガム学派では、労働者階級文化の政治性が強調されていた（Arvidsson and Malossi 2010）。しかし、ここでの目的からすると、カルチュラル・スタディーズの予想外の結果は、新しいクリエイティブ経済のためのカリキュラムとして正統化されると同時に、研修生である芸術家やデザイナーの要望に合うようなビジネス実務研修のより主流の商品にも接続されてしまった点にある。カルチュラル・スタディーズのこうした展開を新しい「起業家精神に満ちた大学」空間に持ち込むと、私たちの教え「教育機関」の内部でいかに大きな問題が起きているかが明らかになる。このことは、私たちの教えていることがただ必然的に、現代資本主義の文化的課題を補強し、補充し、再活性化させるということではない。その代わりに、私たちは教育機関を働かせて、教育による批判的思考がどのように理解され、経済成長と経済再生のための道具になっているかを問い直すことができる。「産学連携」が求められている文脈では、こうしたことは完全に予測可能なことであるかもしれない。そして実際、このようなプロセスは、ブルデューやウルリッヒ・ベックのような社会理論家によって「再帰的な社会学」という見出しの下で長い間注視されてきたものだ。この場合、私は「再帰的なカルチュラル・スタディーズ」に着手していることになる。実際のところ、本書における私の全体的な議論には、現代の統治性の分野における指導と教育指示の特権的な場として、フーコーの強調する「パストラル（司牧型）ケア」の多くを今日の「教育的実践」に置き換えたものがより広く織り込まれている（Foucault 2008）[7]。私たちはつねに教育訓練を受けた労働体制の中で生活している。この教育-教育訓練の複合体は、カリキュラムという正規の形を取るだけでなく、「教育的娯楽《エデュテインメント》」という非公式な形ももっている。このような有益で教育指導的な言説が並びたてられる中、カルチュラル・スタディーズの伝統に結び付けられたある種の批判的教育は、私が主張しているように、社会理解と政治意識の予示的な形として「光のかけら」を出現させることができる。けれども、こうしたことは、個人化の強さと根強さによって規定された環境の内部において起こる。抵抗の可能性を消そうとする力の配列があるという文脈の下、抵抗する能力はどのように生み出されるのか——それが、この後、繰り返されるテーマである。

ミドルクラス化

本書のタイトルには「文化産業」という言葉を使っているが、それはフランクフルト学派（具体的にはアドルノ）から、ＣＣＣＳのバーミンガム学派（それは私がアカデミックな研究を始めた場所でもある）に至るまでの系譜を示すためである（Adorno and Horkheimer 1976; Hall et al.）。アドルノにとってフランクフルト学派への忠誠は斜に構えたものである。というのも、文化産業という夢の工場は確かに生産の場であり、多くの作家や芸術家を雇用していたものの、規模の経済という容赦ない組み立てラインに沿って歩んでいたため、文化的産物が同質性、均一性、そして極めて退屈で陳腐な外見を呈していたからである。グラムシの影響下にあったＣＣＣＳバーミンガム学派はこの避けがたい陳腐化についての分析に異議を唱え、階級闘争の場としてのポピュラー文化の社会史という文脈の中で、生産者と消費者の両端への批判的参加を強く主張している。バーミンガム学派はこうした分析を拡張し、（ボブ・マーリーのような黒人音楽の天才という概念をギルロイが引用しているように）エスニシティをめぐる数々の闘争と、最近になってローレン・バーラントによって展開された議論でもある、商業的な女性性を売りにしたアイテムが想定外のやり方で用いられるかもしれないという転覆的な方法に関するジェンダーをめぐるさまざまな闘争の重要性まで含むようになった（Gilroy 1987, McRobbie 1976, Berlant 2010）。けれども、フランクフルト学派とバーミンガム学派の両議論の中では、芸術品の発生時の社会的条件よりも文化的生産の結果である芸術品そのものが優先されていた。この本で私が強調したいことは社会的条件の方であり、変わりゆく条件が政治的技芸やポピュラー文化の生産を促すある種の集合的アイデンティティにどのように悪影響を及ぼしているのかという問いである。そうであるにもかかわらず、私は「文化産業」という言葉を使い続けている。なぜなら文化産業は、政策立案者やアドバイザーによって一九九〇年代後半に導入された「クリエイティブ産業」というさらに実用主義的な概念に対抗するものであり、個人活動としての創造性が有益に使われるための方法を優位におくからだ。実際、私は「創造性」という言葉が「文化」という言葉を立ち退かせ、それに取って代わるものであることを論じている。というのも、少なくともイギリスの公論の場での多くの似たような議論の端々に残っているマルクス主義の遺産によって、「創造性」という言葉はまだあまり汚染されていないからだ。創造性は、一連の能力に変わる可能性を持っていて、〈幼少期、少年期、青年期、頻度は低いものの老年期の〉人間性《パーソンフッド》に内在する何かである。その結果、「才能」を寄せ集めたものは、次に労働市場もしくは「才能主導の経済」において展開される。創造性の〈装置〉はさまざまな手段、ガイド、マニュアル、デバイス、ツールキット、指導計画、レポート、テレビ番組およびその他の娯楽の形式から成り立っている。[8]私は、フーコーが定義しようとした統治性の形態として創造性の〈装置〉を受け入れた若い人々からなる幅広い人口とともに、それらの形式が一つにまとまっていると考えている。本書で私は、創造性という〈装置〉の輝かしい始まりをイギリスのニューレイバー政権から、欧州委員会の後援の下での、イタリア、ドイツ、および加盟国全体のそれ以外の場所での小規模な社会的プロジェクトを含む新しい時代の到来に至るまで辿っている。私は、二つの出来事が同時に起きたと考えている。特に一九九〇年代半ばからのイギリスでの、芸術、人文科学、メディア分野に焦点化された高等教育および継続教育の拡大と、その拡大にともなって起業家精神文化という考え方に適応できるよう若者たちを指導すること、の二つである。ミドルクラス化のプロセスは、理想としての個人事業化と直接結び付いている。けれども、ミドルクラス化は、上に向かう階級移動ではない。そうではなく、ミドルクラス化はイデオロギー的な効果なのであり、若い人たち、とりわけ若い女性たちに、ミドルクラスになり向上心を持てているかのような感覚を与えている。例えばダンスや演技を学ぶことで、その人たちは自分の小さな会社を立ち上げ、放課後の活動として近隣の子どもたちにダンス教室や演劇学校を提供していくことになるだろう。あるいは、バレエのクラスも行うピラティス・スタジオを立ち上げるかもしれない。第3章で論じているように、この種のプロセスは、その〈装置〉がオルド自由主義〔戦後まもなくドイツで提唱された社会思想で、ネオリベラリズム思想の源流の一つ〕経済学者たちの強調したような「脱プロレタリア化」の道具であることを示している。もし、いま非常に膨れ上がった若いミドルクラス層が、労働組合や一握りの福祉と保護のある主流の雇用を避け、クリエイティブな起業家としての挑戦と興奮を求めるのであれば、この点においてネオリベラリズムはその使命に成功していると言える。それと同時に、脱産業化社会において、恒常的で安定した雇用を提供できる仕事が少なくなってくると、そのようなリスクを負う姿勢は選択というよりむしろ必然となる。選択と必然は、ある種の魔法のような公式の中で一体となっている。このことは一つの問いを提起する。どのような種類の起業家が、どのような種類の「プロジェクト」を携えているのか? 〈装置〉の役割は、この移行の一見刺激的でやりがいのある側面を管理し監督することであり、この移行は実際に、「クリエイティブであれ」と奨励する名目の下で労働改革の作業の一部を行うことを意味している。この新しい若いミドルクラスの形成は、ウルリッヒ・ベックが言うところの「リスク階級」の形成でもある。つまり、リスク階級はミドルクラスであり続け、福祉の保護や社会保障なしで生きることを学び続けるための未来のテンプレートとして機能している。この〈装置〉の領域は、今日私たちの社会生活のすべてを包み込んでいる教育、メディア、娯楽の周辺にある。例えば、二〇一五年二月一五日の土曜日にBBCラジオ4は、成功した若い料理人でパティシエのレイチェル・クーが、ファッションの勉強をしたことからファッション広報の仕事を始め、その後、自分の夢を追うことが重要だと判断するようになった経歴について話すのを放送した。彼女はパリに移り住んでコルドンブルーの料理コースを受講するために、同時にいくつもの仕事を掛け持ちするという夢をもっていた。放送時に見られたクーの熱意は、本書で論じていく自分の夢を追う女の子らしいロマンスに関するすべてを映し出していた。「うまくいかなくても、少なくとも挑戦してみたのだから」とクーは言う。クーはオペア〔外国語の勉強を目的として家事手伝いをして国外の家庭に住まわせてもらう制度〕として雇われ、デパートで香水販売のアシスタントをし、やがて料理本ショップの店員として働き、成功したフードライターのための企画の立ち上げを組織し、それらの仕事を通じて編集者や出版社とのネットワークを広げ、最終的には自分の本の契約を結ぶことになった。彼女のテレビシリーズはパリの小さなキッチンで撮影され、そこで彼女は小さな屋根裏部屋に住み、友人のために料理を作ることへの喜びと熱意を滲ませている。それらすべてが成功したブランドのアイデンティティを作り上げることになり、次々と契約が結ばれていった。もちろん重要なのは、私たち観客がこれらの成功物語と努力の結果がどのように報われたのかを、間接的に視聴するだけという点だ。ここでその〈装置〉は、物語そのものの放送と、放送を支える制作の決定に埋め込まれている。リスク階級の一員となり、クリエイティブなキャリアを開始することは、「機会はここにある。すぐに行動を起こし、映画を作り、ケーキを焼き、セーターを編むことができると証明しなさい」というその〈装置〉の声に耳を傾けることを示している。

プレカリテ？

クリエイティブな実践者になれと奨励されるにつれて[9]、生計を立てられるかどうかという疑問は端の方に追いやられ、猛烈な努力と絶え間ない活動という価値が引き継がれていく。そのため、個人年金の資金調達はおろか生活費やフリーランスの仕事への支払い、家族を養うのに十分な金銭を稼ぐこと、生活費などについての疑問を提起するために、まったく新しい語彙が必要となる。このような語彙の使用域を切り替えることもまた政治的なプロセスであり、仕事そのものが重要であると考える専門領域内の人たちには抵抗されるかもしれない。この難しさは、イギリスのファッションデザイン業界で顕著に表れている。政策問題は、CEOやロビイスト、「トップショップ」のフィリップ・グリーン卿のような世界的な小売業者など、いわゆる最上位層で扱われる傾向がある。特に最近、小規模製造業の復活と「イギリス製《メイド・イン・ブリテン》」という考えが（ウェストミンスター・メディア・フォーラムでの議論など）政策論争において再登場するようになったが[10]、産業界全体が魅力的なイメージや広報活動を重視しているせいで、本書で取り上げた問題を反映する声は聞き入れられておらず、議論のための別の道を模索しなければならなかった。このように文化産業としてのファッションに焦点を当てることは、生活や、巨大ブランドの支配に対抗するものとしての批判的ファッションの実践が、おそらく再びアートの分野やギャラリーの世界に認知と支援を求めることによってどのように生き残り、存在への権利を守ることができるのかという点についての長期に渡る私自身の関心とともに、本書全体を通して重要な糸口を提供している。ロンドンにおいてこの可能性は、ベルリンで起きている事とは別の意味を持つ。ロンドンでは、（「新しい才能」というカテゴリーに分類される）ファインアート系のファッションは、主要ブランドや一流のファッションハウスからの支援を得た場合にのみ生き残れる。第5章で紹介するように、ベルリンのファッションデザイナーは自分たちのブランドを存続させるために奮闘し、その際に、自分たちのスタジオでの実践を継続させるために芸術家の戦略や都市アートの世界にも目を向けながら、幅広いさまざまな美術学校やカレッジで講師としても働いている。

本書は文化政策と密接に関わるものではないが、第3章ではこの分野の他のデザイナーが、クリエイティブ経済の現状と将来に関する議論に応答し、介入してきた方法についての考察を提示している。しかしこの章では、最も直接的にフーコーを参照して、「クリエイティブであれ」と扇動する権力を分析するつもりだ。私が強調したいのは、これらさまざまな呼びかけにおいて快楽と規律が混交し、組合労働者の古いやり方に注意を払うことさえなくデザイナーたちがこっそりと人目を忍んで「労働改革」を行う方法である。職場での権利がないまま働くことが当然視されるようになると、（疾病手当金、年金、産休などの形での）保護を受けていた世代とのつながりだけでなく、それらを得るために懸命に戦ってきた過去の世代とのつながりが断ち切られてしまう。そしていったんこれらの福祉が失われてしまうと、もしくは本当に失われてしまうなら、福祉の復活を想像することは困難になる。というのも、人々が勝利するまでには百年あまりの闘争が必要だったからだ。それゆえ「Ｗワード」――すなわち福利厚生（welfare-in-work）――を取り戻すことはより一層重要なのだ。まったくクリエイティブではない環境の下でクリエイティブに生きるよう求められることに、どのように抵抗できるのか？

ある意味、これはリチャード・セネットによる現代の労働社会に関する優れた著書群での論理であり、私は第6章でセネットの三部作について考察する際に、「クラフト」に関する彼の発想のいくつかに反論してもいる。実際に、クラフトという言葉はセネットの著書の中では創造性の代わりに使われているので、私は、クラフト労働に特有のゆっくりとした抵抗的な資質と、人々と仕事生活の間のより調和の取れた関係を示唆するものとしてセネットが強調している実践稽古の喜びについて懸念を抱いている。しかし、セネットは本の中でどちらかといえば単調な作業を格上げする傾向もあることから、家族のための毎日の掃除、洗濯、料理、子どもの世話などの、かなりの重労働と疲弊に満ちた繰り返しに無反応になっているように見える。

近年、他の多くの学者たちもクリエイティブになるよう政府が求めている点について反省しており、特にイタリアの社会理論家マウリツィオ・ラッツァラートがその一人である。だが、現在の試みと最も密接に関係しているのは、イザベル・ローリーの著書『不安定な国家／状態：不安定な人たちの統治』(2015) である。私は、「クリエイティブであれ」という呼びかけが教育環境の中で若者に向けられた新しい統治性による非常に魅力的で強力な法であり、その主な効果は正規雇用を完全に取り除くことによって、仕事における福祉の権利という考えをなくすことにあると主張しているが、ローリーの議論もネオリベラリズムによる統治性という方法が（雇用の）不安定化《プレカリゼーション》の一般的で広範なプロセスであると提起していて、私の主張を補完してくれる。ローリーは、この新しい統治性の形態がいかに私たち全員を不安定にしているか、そしてその結果、より広範で高度化された形での安全保障が必要とされているように見せているのか示しながら、「プレカリアス」という言葉の使用と（人間の本質的な脆弱性と依存性を通じて、不安定性《プレカリティ》がすべての生き物の特徴であることを前提とする）ジュディス・バトラーの言葉との間に一連の理論的なつながりを手際よく作り上げている。なぜなら、私たちもまた、もろく崩れかけている現在の脆弱な保障《セキュリティ》と安全を脅かすような人たちに恐れを抱かされているからである。ローリーにとって不安定化は、外部の危険という亡霊を召喚することによって作動するものである。ローリーは、私たちのネオリベラリズム時代がこれらを完全に発明したわけではなく、近代自由主義政府の発展と、この保護主義的な「抱摂」の管轄外にある危険やリスクから保護するための何らかの手段を提供することによって、（厳格な基準に従う）市民と政府が結ぶ契約を通じた、はるかに長い発展の歴史的軌跡があると強調している。特にローリーは、二〇世紀初頭からの労働闘争の下、「家族賃金」や扶養家族である妻と子どものいる核家族を前提とする支援や補助金の形で白人労働者階級男性の人口層に提供された福祉国家の諸権利に言及している。この種の賃金労働は一部の人口層にのみ提供され、極貧に陥ってしまう危険へのある種の防波堤を提供できた。ローリーは、保護を受ける権利も認めつつ、優れた自治が脆弱性を軽減するという想像上の効果を持っていたことを示している。しかしこれは、ポストフォーディズムの出現により変化し、同時に台頭したネオリベラリズム的な統治性の形態は労働者の「権利の解体」を最後までやり抜く一方で、ミドルクラスの人々を含む人口のあいだで不安定化の形態をますます常態化しつつある。ローリーは、この不安定化のプロセスの中心にパラドクスがあることを強調しているが、それは主体が自由（自己実現）を約束されている一方、ネオリベラリズムの統治性によるリスクと不確実性の常態化（と私事化）に服従しているというパラドクスである。ローリーはまた、すべての人に安心を提供することが何を意味し何をともなうのかについてバトラーを参照し、私たちに内在する脆弱性の観点から言及している。対照的に私はより局地的な事例において、内なる創造性を解き放つよう促すための協調的な努力がどのように行われているか、あるいは少なくとも、リスクは仕事の興奮の中に書き込まれていることを示している。その〈装置〉は、強制的ではなくむしろ奨励的であり、「クリエイティブであれ」という命令は、例えば文芸クラスに参加することによって自分探しの旅に乗り出すことのできる自分の能力を発見するための招待状である。それは極めて教育的な招待状である――繰り返すようだがその招待状は個人事業の厳しい現実とは大きくかけ離れているように見える。不安は冒険の一部としてみなされている。最後に、私とローリーとで強調点が異なっているにもかかわらず共通する二つの関心がある。その一つは、プレカリテの政治のための組織的ツールとして、そしてケアの市場化と私事化への解毒剤として、新しい「ケア・コミュニティ」の可能性に焦点を当てるものだ。ローリーにとってケアの復権は、「不安定」な人々の運動が新しい生き方を模索する道のりに乗り出そうとする際の本質的な部分として想定されている。同様の関心を追求しながら、私は、ケアとクリエイティブ経済とを結び付けることを可能にする場所として、すでに存在する非営利部門と社会的企業の役割との対比に目を向ける。同時に私は、そのような小さな制度が草の根フェミニストの社会的なコミュニティ活動から生まれてきた長い歴史があることを読者に気づかせたい。ここでの私の目的は、この伝統を継続させ、新たなものにする可能性を見出すと同時に、ささやかではあるが価値あるこのような事業への関心を再認識させることにある。実際私は、これらの小さな組織に埋め込まれた社会民主主義の伝統を取り戻し、維持することを目指している。特に世代を超えたフェミニズムへの関与を通じて、このような取り戻しは、ヨーロッパのプレカリテ運動から出現した若い活動家と高齢の非営利団体の労働者との連携を提案することになるだろう。私と同様にローリーは、ドゥルーズの逃走線を取り上げ、ヴィルノに賛同しつつ、それを資本主義的な関係の絞めつけからのある種の脱出を可能にするものであるとみなしている。これは、ある新しい外部への現実の脱出ではなく、むしろ、今でもまだ（相対的に）保護されている者と保護されていない者とを現在分断している二項対立を破壊することによって新たな同盟を形成する可能性をともなった内在的な逃走なのである。ローリーが、少数者のための保護を復活させようとする呼びかけを支持しないのは正しい。しかし私には、不安定な文化的労働における社会的保護と新たな福祉の権利の必要性を主張することが、恵まれた特権を意味しているとは思えない。それはまた、徹底的な個人化の影響を受け、長年に渡って共通の大義という理念がほぼ影を潜めてしまった領域における再政治化のプロセスとしても見られうるだろう。これは、私の最後の論点である「逃走線」や「光のかけら」という観念につながる。都市や町やコミュニティといった空間はある具体的な地点から出発するかもしれないが、若者たちが行う動きや逃走の内部には、連続性や世代間の伝達も刻み込まれている。ローリーは、逃走線を「遠ざかる」動きとして見ている点において正しい。私は逃走線を、その内部に家族という出発点の痕跡や記憶を宿した階級移動として想定している。「光のかけら」は教育の空間で作動し、記憶と帰属の場としての家族と、遠ざかる動きとの間を媒介している。「光のかけら」は、クリエイティブになるプロセスでつながりを確保するために、歴史的な翻訳作業を行うよう努めている。個人化というお約束の中で、そのお約束を通じて、そのお約束を超えて働くことで、現代の社会理論や文化理論だけでなく「再帰的なカルチュラル・スタディーズ」という対抗知から、不安定さや脆弱さへの安全策を導き出すことができるようになるだろう。それゆえ問題となるのは、クリエイティブな労働における実際の実践が、新しいラディカルな声を動員できるかどうかなのだ。

第1章

「クラブ」から「企業」へ

加速化するクリエイティブ業界の下で衰退する政治文化について

新しい文化経済学の〝アートラボ〟

クリエイティブ産業マッピング文書（DCMS 1998）で定義されているクリエイティブ産業部門。音楽、パフォーミングアーツ、出版系ソフトウェア、テレビおよびラジオ、映画、有名デザイナーの衣料パタンナー、広告、芸術および骨董品、クラフト、デザイン設計、建築、インタラクティブ・レジャー・ソフトウェア。

二〇〇〇年にICA、ロンドン市、ネスタ、アーツ・カウンシル・イングランド、ロンドン大学ゴールドスミス校、キャップジェミニ、アーンスト・アンド・ヤングの主導で作られた文化起業家クラブが紹介した約四百名の招待メンバーの厳選による「新しい仕事」。アートプロモーター、インキュベーター、発明家コンサルタント、文化ストラテジスト、マルチメディアアーティスト、ヴィジュアルサポートコンサルタント、メディアイニシアティブ&リレーションシップ、デジタル・デザイン・コンサルタント、ブランド&コミュニケーション、アーツ・イン・ビジネスコンサルタント、アート・トゥ・ゴーの販売、イベント運営、ニューメディアの担当者、ネットキャスティング／eレーベル／CDROM、ミュージックポータル、ダンス／音楽／若者文化、バイオベンチャー起業家など。[1]

本章では、イギリス経済、特にロンドンを中心とした新しい文化部門における仕事と雇用の特徴を、導入的かつ暫定的に説明する。[2] また、当時の文化・メディア・スポーツ省（以下、DCMS）の一九九八年版の文書（エピグラフを参照）が定義した「第一波」と呼ばれる文化産業の仕事が、この三年で頭角を表し、より経済的に強く要請され急速に変化して「第二波」と呼ばれる文化活動へと移行している点についても説明する。この「第二波」は、（文化産業の）脱専門化と、さらにそれがインターネット労働と交わり、ニューメディアによってもたらされたクリエイティブ能力を活用し、芸術分野におけるマルチスキルを急速に成長させ、私が「インディペンデント」と呼ぶ分野の役割を縮小し、公共部門の支援を受けた芸術とビジネスの新しいパートナーシップと最近発表されたＤＣＭＳのグリーンペーパー〔コーポレート・ガバナンス改革に関する方針〕に見られるような政府の支持により発展を遂げている（2001）[3]（新しい職種についてはエピグラフを参照のこと）。「第二波」は、小規模でかつては独立していた文化や芸術のミクロ経済が商業的関心の対象となり、文化領域がより急速に資本化した結果である。

これらの雇用部門の拡大は、かつて仕事に期待されていたものとの決定的な決別をより多くの人々にもたらす。[4]メディア（テレビや報道）への関心の高さが注目されているように、これらの分野に関わることで、より多くの人々が今日、社会人生活を送ることの意味を多種多様に考えるようになっている。美容師、料理人、芸術家、ファッションデザイナーなどの数多の紹介やインタビューを通し、一般の人々（特に若者）はつねに、クリエイティブな労働には固有の報酬があるかのように感じてしまう。[5]長い間、作家、芸術家、映画監督、ファッションデザイナーなどにだけ見られたクリエイティブな労働との華やかな作者的関係性が、今では非常に「個人化」され、労働人口のより広い分野にまで拡大している。メディアはつねに、クリエイティブな個人を独特の才能を持った「スター」として美化してきた。これは、今日の脱産業社会のイギリスにおいて人々がクリエイティブな夢を叶える機会を真に与えられているということではまったくない。むしろ、個人化の二重のプロセスがあるのだ。第一にこれは、商業メディアによって掻き立てられたセレブリティ文化の中で発生したものが、今では芸術家、デザイナー、その他のクリエイティブな人材にまで徹底的に拡大するプロセスである。第二に、人々が親族関係、コミュニティ、社会階級との紐帯からより一層切り離されていく中で、社会構造そのものにおいて生じているプロセスである。ギデンズが言うように、これらの人々は規制緩和された環境下で職場組織と社会制度の両方から「脱埋め込み化」されている（Giddens 1991）。

個人化とは社会学的に、人々が自分自身のミクロな構造になることをより一層要求され、自分自身で構造を作っていかなければならず、そしてそのために徹底的な自己モニタリングの実践、すなわち「再帰性」が必要になるということである。（福祉国家のような）構造が消滅し、期待された役割を果たさなくなり、かつては社会的な責任であったものが個人の重荷となってしまうこのプロセスは、バウマンやベックなどが主張しているように、非常に深刻な社会的変容を示している（Bauman 2000a, b; Beck 2000）。（人々に個人の年金プランに加入するよう促す政府の取り組みに対し、金融会社ノリッジユニオンのテレビ広告は、「あなたは俳優《アクター》ですか？　今すぐ行動して、ステークホルダーの年金を手に入れよう」と奨励していた（C4 and ITV. May 2001））。イギリスにおける個人化は、一九七九年以降のサッチャー政権によって導入された頑強なネオリベラル経済と、社会的・人口統計学的変化のメカニズムの収束としてかいつまんで定義できる。そしてそれは伝統的な家族、地域社会、階級形成に取って代わる新しい社会集団を生み出した。個人化とは、個人それ自体のことではなく、新しい、より流動的だが恒久的ではない社会関係についてのものであり、それは外見上は選択の自由やオプションによって特徴付けられる。しかしながらこの収束は争いと敵対性の一つとして理解されなければならない。つまり個人化は社会的葛藤の空間であり、変化するものの方向性についての議論が展開され新たな葛藤と矛盾が生じる場所なのだ。これは仕事の世界で最も顕著である。そういった収束が最も眼を見張る形で構成されている場が仕事の世界なのだから。資本は、労働人口に対して責任を回避する新たなやり方を発見したが、この責任放棄のプロセスは、もはや伝統的で組織化された「労働」とは対峙しない。その代わりに、主に「ニューレイバー」〔新しい労働党と新しい労働とを掛けている〕――労働を自己実現の源であり自由と自立のための重要な源とする労働者のいる分野――がこの新たな労働条件を経験している。これは仕事が女性たちにとって伝統的な結婚や家庭生活からの逃避となる場合や、若者たちにとって文化的アイデンティティの象徴として重要となっていくような場合、そして、エスニックマイノリティにとって仕事が上昇志向の夢を示し、中傷からの逃避の可能性を示す場合に当てはまる。

文化の領域では、若者がそのような個人化された可能性を探すための理想的な空間を提供すると同時に、政府が従来の雇用の制約やコストに縛られない脱産業化した経済を推進しやすくする。この二つの交差による影響を見れば、ここで私が文化の領域における加速化として提示したいものが理解できるだろう。フリーランス、非正規雇用、臨時雇用やプロジェクト期間雇用の人々からなる労働人口は大幅に拡大しており、また、政府の奨励の下、文化的あるいはクリエイティブ分野のさらなる規制緩和と商業化を監督するための甚だしくネオリベラル的なモデルも存在する（DCMS 2001）。国家が文化産業から後退し、以前は公共的に助成されていた文化事業の私営化〔例えば、フルタイムのスタッフを雇うのではなく、フリーランスの芸術行政官を単独のプロジェクトのために雇うことなど〕を奨励しているため、文化産業は「加速化」され、さらには資本化されつつある。クリエイティブな分野で働く人たちは、アートの世界における古いやり方だけに頼ることはできない。人々は、一度に三つまたは四つの「プロジェクト」を遂行するなどして、新しい文化経済の下での新しい「働き方」を見つけなければならない。競合ひしめく分野では〔事業獲得のために〕クライアントへの料金を下げ、「文化的起業家」が赤字を出さないように一度に複数の仕事をこなすことになるため、このような働き方が必要不可欠となっている。[6] また、これらのプロジェクトは通常、短期間のため、プロジェクトが終了するまでに赤字を補填するための別の仕事を探さなければならない。個人は自分自身が企業となり、時には一度に二つの会社を率いることもある。[7] つまり、イギリスのクリエイティブ産業を、「文化的起業家精神」(Leadbeater and Oakley 1999を参照)の可能性を検証するための一種の実験場、あるいは事例研究、あるいは「アートラボ」と捉えるなら、そこに第一波から第二波への移行を見ることができる。そしてそれは逆に（皮肉にも）「インディーズ」の衰退、クリエイティブ業の下請けの台頭、そして創造性の格下げを示すものでもあると言えるのではないだろうか。

ゲストリストに載っているか？　職場におけるクラブカルチャー的な社交性

このような移行が続いているため、以下で見ていく「当事者」の声は、この題材について現在進行中の研究から私が得た観察と傾向に基づく暫定的なものである。ここで、互いに交差した構成要素となる特徴をいくつか紹介しよう。第一に、クリエイティブな分野に導入されたものは、若者文化の諸要素であり、特にダンスやレイヴカルチャーのエネルギッシュで起業家精神旺盛な世界から引き出されたものであること。第二に、文化部門の「加速化」する仕事領域では、一度に複数の仕事を押さえておかなければならなくなったこと。第三に、このような労働条件はまた、熱心な自己宣伝戦略と、他のビジネスの世界のように効果的な「ＰＲ」に依存していること。第四に、時間と空間の新たな関係が生じるところでは、職場のポリティクスの可能性と時間や、組合を作るような既存のメカニズムはほぼ無く、職場のポリティクスを発展させるような固定した職場は皆無であること。このことは、「ネットワークの社交性」（Wittel 2001）の役割と機能に疑問を投げかけている。したがって、第五に、非公式なネットワークに大きく依存し、制度的な「同業者の団体」によって支えられることのない新たなクリエイティブ労働者たちの緊迫した状態が見て取れる。この労働者らは、体系的な問題に対して、個人としての（あるいはベックが言うところの「伝記的な」）解決策しか見つけることができない（Beck 1992）。

一九八〇年代後半に大衆的現象として誕生したダンス／レイヴカルチャーは、新たな文化産業の輪郭を形成し活力を与え、起業家精神的な特徴を際立たせてきた。この若者文化の規模と広がりはより秘密裏に行われ、反抗的で「アンダーグラウンド」でスタイル重視の、前の世代のパンクを含めた文化よりも広く利用できることを意味した。「ダンス／パーティ／レイヴ」の組織がもたらした自己生成的な経済活動の水準は、一九九〇年代の「クリエイティブ・ブリテン」で特徴的に繰り返された多くの活動のモデルとなっていた。安いスペースを見つけ、音楽、飲み物、ビデオ、インスタレーションアートを準備し、友人やその他の人に入り口で料金を請求し、警察や地方自治体との交渉方法を学び、そのプロセスでクラブの主催者や文化的起業家になっていくのである。このような活動は当初ミュージシャンやＤＪの収入源となっていたが、すぐに芸術家の収入源となり、「イベントのオーガナイザー」という仕事は、新しい個人事業の中ではよく知られたものになった。クラブの社交性という形式は、クラブ時代に見られた恍惚感《エクスタシー》の影響を受けた「親密さ」から発展し、よりビジネスライクなネットワーキングへと進化していき、人脈、「ＺＩＮＥ」、チラシ、「仲間」、噂や「口コミ」などの広いネットワークをモデルにした非公式な労働市場が生まれたが、それはまたクラブ文化という「極小メディア」による効果の卓越した特徴でもあった（Thornton 1996）。八〇年代以降に生まれた世代にとって、レジャー文化はかつてうっとりするような快楽をもたらしてくれたものだが、今ではその快楽は仕事の世界でアイデンティティを管理するためのテンプレートとなっている。業界用語、衣服、音楽、アイデンティティなどの象徴的な装備はさておき、この現象の最も注目すべき特徴は、「パーティー」の開催と宣伝における並外れた運営能力であった。レイヴやダンスパーティーの存在は今や大手商業団体の関心と投資を確保し、より広い文化的な景観の一部となっているため、これらのイベントを最初に実現するためのエネルギーとダイナミズムを見落としがちである。しかし、音楽、ダンス、群衆、空間を組織化する方式は、のちに「転用可能なスキル」を生み出すことが明らかになり、それは文化領域が、より広く、より若く、より大衆的な観客に開放されるにつれて、変貌をとげることになった。[8]

したがって、クラブ文化の影響力の形成という事例がこの章の主要な舞台となる。そして、個人事業や非正規雇用といったやり方が標準となっているところでは、根本的に異なる種類の労働市場組織が出現する。グラフィックデザイナー、ウェブデザイナー、イベントオーガナイザー、「メディア業務」の担当者などの労働慣行は、必然的に個人事業やフリーランス労働の既存の形態との共通点を持つが、かつてはビジネス的な面はクリエイティブなアイデンティティの側面において経理が注意を払えば良いと軽視されがちであったのに対し、今やビジネスの側面は不可欠で、芸術的なアイデンティティに積極的に組み込まれていると認識されている。それは、「ヤング・ブリティッシュ・アーティスツ」（ロンドン大学ゴールドスミス校卒業生であるイギリス人現代アーティストたちが一九八〇年代後半に設立したアートグループ）たちの活動において説明されているように、アート界の商業的側面はもはや蔑ろにされることなく、歓迎され賞賛されている。ダミアン・ハーストをはじめとするゴールドスミスの卒業生の師であり指導教官でもあったマイケル・クレイグ・マーティン教授は、自分たちの作品を宣伝するためのパーティーや人脈作りを、作品と切り分けられるものではなく、その重要な一部として考えるよう学生たちに勧めたと言われている。[9]マーティン教授はさらに、芸術的な価値観と起業家としての価値観は一致しなくもないと主張していた。このような、より公然とした商業的なアプローチもまた、（左翼の批評家にとっては予想外のことではあるが）多少なりとも高級文化と下位文化の分断を打破する論理の一部である。では例えばアートがそのように特別で特異な活動ではなく、広告の世界ほど優れていないとはいえ、芸術家に大手代理店内のアートディレクターと同等の金銭的報酬、経費勘定や手数料を期待できないと思い込ませている要因は何だろうか？　アートと経済の新たな連繫は、クリエイティブであるためには反商業的でなければならないという過去の概念との決別を示している。若者たちは反商業的であるどころか、自分たちの周りにある機会、特に新しいメディア技術を利用した施設や、ネットワーキングや自己を売り込むスキルをともなう「クラブカルチャー的な社交性」を通した経験を利用し、文化の領域において生計を立てられる新しい方法を生み出してきた。

このクリエイティブな経済においては、キャリアパス、出世街道、官僚主義の役割、階層化されている代わりに安全な職場で人生を過ごせる「物語的社交性」といった旧来の仕事生活の特質が急速に一掃され、「ネットワークの社交性」（Wittel 2001）に取って代わられている。仕事は今や、家族、親族関係、コミュニティ、地域への伝統的愛着から「脱埋め込み」され、自己を充実させていることを仕事で証明しなければいけないと分かっている世代の要望と要求を満たすために再発明された。[10] このような文脈の中で、不安定なキャリアであるにもかかわらずメディア、文化、アートの分野を選び、そこにおいて成功することを希求する若者がますます増えている。映画制作やファッションデザインのような分野では伝統を払拭し、退屈な九時-五時制への徴兵を避け、代わり映えのしないプロセスの制約から逃れようとする実践者たちが一種の陶酔感を感じている。この、何が何でも仕事の世界をより情熱的で喜びに満ちた生活に近付けようとする姿勢には、ユートピア的な要素が潜んでいる。また、家庭生活のおまけとしてのパートタイムや中断された仕事ではなく、主要なものとして生涯をかけて仕事をする意気込みで労働市場に参入している現代の女性たちにとっては、仕事に充足感があり、本質的にやりがいを感じられるという期待は、今では自分自身が稼ぎ手になる必要性とともに特別な意味を持っていることにも注意を払うべきであろう。

ＤＪでもありクラブの興業主でもある私の教え子の一人の証言にあるように、「私たちはどんな資本主義に住みたいのか」ということを問わねばならないのだ。私が教えたド・セルトーの言葉を引き合いに出しながら彼女が述べたのは、その起業活動が「なんとかやっている」という形として、つまりあまりにも包括的すぎて代替案すら想像できない資本主義システムにすきまを作る手段として捉えられうる、ということである。惨めな仕事を回避したように見え、アイデンティティや能力を奪われたと感じることなく生計を立てる方法を見つけている点は、社会学において注意を払うに値する社会現象である。だがより大きな問題はむろん、これが現在、無害、あるいは「ソフト」なものとして、少なくとも西洋において再発明されつつある文化資本主義の一形態の要請にどのように適合しているのかということである。一八時間労働で自ら縫製をして注文をこなし、自分の仕事が「好き」であり自己搾取をし続ける若い女性ファッションデザイナーは、うまくいかなければ自分のせいにするしかない。結局のところ、この不安定なキャリアを選んだのは自分なのだ。[11] これはまさにバウマンが述べたシナリオであり、新しい資本主義が目に見えない構造を作り、古い社会秩序を融解し液状化させることでこっそり責任逃れしようとするやり口である（Bauman 2000a）。社会構造が一層不可解で不透明になる時、自己を責めたてることは新たな資本主義の利益にしっかりと奉仕し、社会批判を不在にさせる。

新しい文化的な仕事のもう一つの特徴は、その「時間と空間」のダイナミズムが、個人事業、短期のプロジェクトワーク、つまり個人レベルの見通しと相まって民主的な手続き、機会均等、反差別的な方針などに基づく職場のポリティクスを著しく欠如させることである。決まった職場がなく複数の場所に仕事が配置されている場合、おそらく職場でのポリティクスは成立しない。スピードと取引の速さが必須であること、個人が流動的で柔軟であることは、この種の仕事の特徴である「再帰性」に疑問を投げかけている。実のところ、現行広く受容されている再帰性というものにはさまざまなものがある。ギデンズとベックの両方の概念を支えているのは、一層有能になっていく統一された主体という伝統的な概念であり、実際に自己モニタリングを行うことが要求されている。しかし、再帰性は場合に応じた抽象的な性格を保っており、再帰的な実践の限界はどこにあるのか問いかける必要がある。再帰性は手に職をつけている人に適用されることがほとんどなのだろうか？　言い換えると、再帰性についての社会的な価値ある成果はまだ明らかにされていないのだ。結論を出す前に、あるいは再帰性のメカニズムを実際に評価する前に、再帰性に関するエスノグラフィーが必要になるだろう。そのパラメーターは何であるのか？　それはどのような状況下で社会批判につながるのか？　逆に、再帰性を自己鍛錬の様式であると考えるなら、新しい企業文化の主体は（個別のカウンセリングサービス以外の）社会的支援の構造がない中でますます、自分自身と自分の実践を点検するよう求められるようになり、その結果、再帰性は自己責任や自己非難の領域を際立たせ、脱政治化、脱社会化のメカニズムになっていく。「私はどこで間違ったのか?」（ノーマ・ボイドの歌曲）というわけだ。

物事がいかにうまくいかないのか、どうしてうまくいかないのかを説明する方法の一つとして、社会学に目を向けることや実際に専門家の知識に頼ることが考えられる。これはベックが実際に、再帰性の運用方法として理解しているものである。ベックにとって再帰性とは、社会学（あるいは他の学問分野）が通常は社会問題として関与し説明しようとした問題に対して、洗練された社会学的知識をより広く普及させ適用することを指している。（イギリスでは、若者文化に関連した「モラル・パニック」の概念に最も顕著に表れている。McRobbie and Thornton 1995を参照）。したがって高学歴化が進むにつれ、批判的な再帰性がより広く実践されると推測できるかもしれない。だがこのことは、不平等で不公平な社会構造を見極めるのがより困難になり、社会が実際にどのように機能しているのかを理解できなくなりつつあるというバウマンの主張と、どのように一致するのだろうか？　現在、そしてクリエイティブな領域のための「業界紙」では、そういった知識は流行遅れであり無関係であると考えられているため、社会学的な説明へと至るはっきりとした入り口はない。これは、ネオリベラルな価値観が浸透し、それが文化やメディアの分野において存在感を示しつつあること、そして、機会均等、反差別、職場の民主主義、労働組合の代表など、左翼的でフェミニズム的な政治表現の信用を失わせることにも加担している。その価値を発信しているのは、実のところクリエイターの育成や教育の場である「学術界」だけなのである。しかし、それが記憶に留められるか、行動につながるか、はたまた捨てられるかどうかはまだ未解決である。個人の証言に基づく証拠しか存在していないためである。[12]

新しい仕事の世界が政治的な社会を直接的に衰退させる範囲の大きさは、自由市場経済にとって明らかに利益をもたらしている。文化の領域は、クリエイティブで表現力豊かであることを強調するがために、社会的マイノリティが成功し、女性の平等な参加を実現する居場所となるのではないかと想定されていたかもしれないが、今では、まったく逆のことが起きている。（もちろん、迷路のように入り組み果てしなく変化し続け、その結果、社会学的に追跡するのが困難なネットワーク化の連鎖の中では可視性そのものが曖昧になってきてはいるが）私たちは、（女性や様々なエスニシティを背景に持つ人々を）周縁化する古いパターンを再生産する一方で、社会問題が分節化される空間や時間をも許さない働き方の出現に直面している。権力と競争の場に、従属的な集団や恵まれない立場にある集団を代表する者がいない場合には、必然的に支配的な集団が自らの権利と排除の構造を進んで再生産することになる。[13]この場合、「ゲストリストに載っているか？」というクラブカルチャー的な問題は採用や人事にまで及び、クリエイティブな仕事の契約につながる面接の機会は、非公式な知識や知人、多くの場合は友人関係に応じて得られるようになる。（パーティーの会場を見つけることと一緒であるが）誰にアプローチすればいいのかを知っていれば、あとは（用心棒が「中に入れてくれる」のと同じように）リクルートの助言者が「自分を気に入っているかどうか」という問題になり、女性や黒人やアジア人（もちろん障がい者）の公平性や平等の表現という考えは、すべて窓から外に放り出されてしまう。

この新しい、いわゆる独立した部門（Leadbeater and Oakley 1999を参照）では、長時間労働文化の中で「独立した仕事」を追求する時間は一層少なくなってきている。最近、大企業がこの分野でイノベーションを起こそうとしている状態は、独立系企業が実質的に下請け業者に依存していることを示している。そして、大企業の下受けのような契約は取れるが、同様のサービスを提供できるクリエイティブ企業が他にも多く存在し競争が激化している状況では、プライベートな読書のための時間と空間があるとは考えにくいし、より広範で批判的な議論などもってのほかだ。ラッシュとアーリが言うように「（……）情報技術は読み書きによる批判的技術を蝕む。アッガーが「高速資本主義《ファストキャピタリズム》」と呼ぶものは、「読書」の力を損ねている」（Lash and Urry 1994, p. 324）。そんな長時間労働のあとに関係者専用のクラブや社交の場で、大手飲料会社がスポンサーになっているおかげで一晩中飲み放題のウォッカを飲みながら、女性や非白人の若者が限りなくマイノリティである状態や、大口の顧客が誰で、その製品で何をしているのかということや、「才能主導」経済の弊害についてなどの「興醒めな」問いかけをする勇気のある者などいるだろうか？　熟練した広報担当者がビジネスライクな懇親会の雰囲気を監視している中、自己顕示欲を強調しつつ反抗的な態度を取ることはできない。個人的な苦悩や虚無感、あるいは単なる不安（Giddens 1991を参照）は個人的なものとして管理され、クラブの社交性という目的のために慎重に隠されなければならない[14]。これは、スピードとリスクによって倫理観や共同体や政治的なものが否定され、何を基準にして誰が出世し誰が取り残されるのかという問題が浮かび上がる余地のない、ＰＲ能力中心のメリトクラシー社会なのである。

インディーズの終焉？

私たち社会科学者やカルチュラル・スタディーズを専門とする研究者には、文化の領域におけるフリーランスのキャリアを辿るための語彙と方法論を開発する責務がある。この領域で成り立っている交渉について経験の水準で理解できるようになる必要がある。大学を卒業後、学術界で多かれ少なかれ単一の収入源を得られた中年の学者層と、連続した仕事ではなく同時進行の複数の仕事を意味する「兼業」をするようになった若者との間には、依然として大きな差がある。後者の労働が必須になってきたのは、仕事の合間を埋める福祉というクッションの欠如に加えて、文化的な領域における人件費の削減、そして数多くの研究が提示しているように、クリエイティブな仕事には、その最高峰にいる層以外には低賃金の仕事しかまわってこないことなどが理由として挙げられる。[15] 一九九八年以降、私はフリーランス、個人事業、クリエイティブな仕事の契約社員を対象とした追跡調査を行っており、そのうち何人かは私の以前の研究調査にも参加したファッションデザイナーである（McRobbie 1998 を参照）。インフォーマントにとって、私の研究で詳述した一九八六年から一九九六年の間にロンドンをはじめとするイギリスのその他の都市で「独立系」の文化シーンに広がっていたある種の状況は、すでに遠い昔話となっている。私が以前インタビューしたファッションデザイナーたちは、長時間労働やキャッシュフローを維持することの難しさなどに悪戦苦闘していたのだが、より直近のインフォーマントの見解では、それでも「自分たちの仕事」に集中できるのは贅沢なことなのだそうだ。

大衆向けチェーンがキャットウォークのスタイルを文字通り数日以内に既製品のアイテムに転換できるようになってから、この独立系ファッションデザインの分野は居場所を失っている。同様に、都市部の不動産価値が急上昇しているため、市街地の中心部にある安価なマーケットの露店も見つけにくくなっている。一九九〇年代末までには、「独立系」になるにはクーカイ、デベナムズやトップショップなどに「依存」するしかなくなった。実際、ファッションデザインが生き残る唯一の方法は、大企業と契約し、事実上「クリエイティブな独立性」を手放すことだった。多くのチェーン店が一握りにも満たない新卒スターを毎年「採用」し、一年も経たぬうちに見限ったため、創造性はより一層腐敗していった。「失業手当」が廃止されて求職者給付金（JSA）に取って代わり、助言を提供するだけのさまざまなビジネスのスタートアップ計画ばかりになってしまった今、小さな直販店で働く若き苦労人のデザイナーを支援するための国家インフラは残っていない。「プリンス・オブ・ウェールズ・トラスト」では、三〇代以下の人間は最大五〇〇〇ポンドまでの融資計画しか申請できない。

したがって、ファッションデザイナーはばらばらな、孤立した職業になってしまった。デザイナーたちは市内中心部の主要な場所にはもういない。今や小規模のショップは消え去り、ハイパーハイパー（ロンドンのケンジントン・ハイストリートにある新進気鋭デザイナーのためのユニットスペース）は一九九八年に消滅した。そうなると、一年に四〇〇〇人ほどのファッション学科の卒業生たちに今、何が起きているのか疑問に思われることだろう。お答えしよう。卒業した学生たちは今や安全策を取り、一般大衆向けの小売店に就職するよう促されている。卒業生のうちの少数しかヨーロッパのファッションハウスやアメリカの巨大企業に就職せず、一、二名しかコンペで助成金を獲得できない。そのため、私が初期の研究で記録したような潜伏期間は一層生きづらくなり、創造性の低下が見られると推測できるだろう。かつての時代を特徴付けていた活気や、集団の（そして競争的な）精神のようなものは何もない。現代のファッションデザイン学科の卒業生たちは、マルチな技術を身につけていなければならない。コレクションをするのは週末か、あるいは他の仕事の合間を縫って見つけられる日になるだろう。想像に難くないが、『i‐D』誌のような雑誌はこの新たなシナリオを賛美する方法を見つけている。最近の記事では（実を言うと私がこのテーマで公開の講演をした直後に出てきたものなのだが）、記者は、「ファッションのマルチタスカー：突如として雨後の筍のように出てきたデザイナーたち（……）マルチタスクはやめられない。仕事を四つ抱えると、もうそれより少ない数では満足できなくなるのだ（……）成功して尊敬を受けるためにフルタイムで働く必要はもはやない」と書いていた（Rushton 2001）。

これは、この分野に特徴的な、ビジネス志向の楽観的な高揚感のようなものをよく反映している。再帰性とはよく言ったものだ（このコメントは、前述した、DJの仕事によって修正資本主義を創り出そうとしている学生の発言と対置されるかもしれない）。主要な業界誌が、その分野の状況についてや、独立してコレクションを生産し、展示し、販売することが困難になっていけばファッションデザインの存在すら危うくなる可能性があるという事実を真剣に考え直す能力があるようには見えない時、『ザ・フェイス』誌、『i‐D』誌、『デイズド・アンド・コンフューズド』誌のような雑誌は、驚くほどに関与しなくなり、（その）変化そのものに加担してしまっていると言える。これらの変化は大手ブランドの存在感が増したことに起因している。大企業は、より実験的な若者主導のイメージを刷新し開発することを必要としており、これは第二波となる若手の文化産業の起業家たちが契約雇用で働くことにより支えられる。だがこのプロセスで排除されるのは、自立性や、社会に関与する批判的な創造性である。その他の多くのクリエイティブな分野でも同じことが言える。例えば映画や映像制作分野でのフリーランスは経済状態が良くないため、仕事を断るという負荷を負ってまで、委託されてもおらず先行きのはっきりしない短編ドキュメンタリー映画を作ることに時間を確保できない。それどころか、文化生産はますます市場と消費者文化、陳腐でポップなプロモーションやテレビの思いのままに操られ、映画の広告は技術的な高揚感、斬新さや若々しさを連想させるもの、そしてもちろんパーティーやセレブリティ文化、ポストに投函される小切手などによって隠されてしまう。確かに、ファッションデザイナー、建築家、作家、芸術家、ミュージシャン、その他のクリエイティブな職業はまだ存在しているが、複数のスキルを持つ「クリエイティブ」な人材にならず（何かの）専門家になろうとするのは時代遅れで、三五歳以上である（つまり若くない）ことの証だ。[16] 今の規範は、一種のミドルクラスによる「ダッキング&ダイビング」（成功のためならありとあらゆる知識と資源を使うこと）なのだ。ニューレイバー時代の起業文化の中で生じたクリエイティブ経済の第一波から第二波への移行にともなって、一九八〇年代半ばから一九九〇年代半ばまでの一〇年間に花開いた小規模経済のようなものはほとんど消滅してしまった。したがって、文化領域での起業家精神の広がりはサッチャー時代に始まり、ブレア時代にはほぼ完全に達成されたと言えるだろう。もちろん、批判的なクリエイティブ労働が劣化したとハナから主張し、上記のような流れをその原因とするような粗雑な決定論は避けなければならない。したがって、ここで文化的価値の問題に取り組むことはしない。むしろクリエイティブな妥協のプロセスを指摘したいのだ。文化は一層多様になった。映像作品が増え、小説がより一層出版され、音楽が制作され、雑誌が創刊されている。それと同時に、「独立した仕事」が存在していた状態から数多のフリーランス労働者のいる状態への移行は、社会的な「イノベーションの環境」から個々の「プロジェクト」の世界へと勢力均衡が移行したということなのだ。

遠距離インキュベーターの孤独

ニューレイバーが政権を取ったことで、（「クール・ブリタニア」のエピソードが示すように）あたかも文化が突如として思いがけず経済再生の源として受け入れられたかのようだ。ここには、（自国で育ったポストコロニアル時代の才能の一部を巻き込むための）輸出用に安くパッケージ化された帝国の最後の悪足掻きがある。ありがたくもサッチャーのおかげで「子どもたち」は自活する方法を学ばされ、国家からの実質的な援助を求めなくなったように見える。そしてもちろん文化こそ、「私たち」の得意としてきたものだ。例えばポップグループ、ファッションデザイン、ポップアート、「労働者階級」の若者文化など。ニューレイバーにとってはなんと幸運なことだろう。芸術家気質の人たちがつねに混沌とした無秩序な仕事のやり方を好むおかげで、計画を立てる必要がない。実際、社会保険の不備（と民間保険の法外で高額な費用）、海外との競合（すでに革新的なファッションデザインの世界をイギリスはリードできなくなっている）、文化領域へのアクセスに関する新たな社会的・空間的な分断（例：ロンドンでの生活費の高さ）、完全に個人化されたネットワーク指向のクリエイティブ労働市場の社会的影響や、経済のグローバル化に対する解決策としてのイギリスの長期的なコストと社会学的影響、軒先や路上での独自のポストフォーディズムなど、ニューレイバーが議論したがらない問題ならたくさんある。

最後に、文化経済学における新たな（これまで語られたことのない）構造的な分断を統合するのに役立つ特徴をいくつか繰り返して本章を締めくくりたい。第一に、クラブが中心点であるのならば、クラブへのアクセスや参加のパターンは年齢および家庭における職務によって規定される。社会学者たちは（特に女性の場合）変わりゆく労働市場において年齢の影響が増大していると指摘してきたが（Walby 1997を参照）、クリエイティブ部門では五〇代以下を対象としたライフスタイル商品のマーケティングを通じて、若々しさというものの幅（ミドルユース）が広げられると同時に、新しい働き方にはレイヴカルチャー世代の特徴が見られるため、年齢の境界線は縮小され新たに再編されつつある。クラブカルチャーの夜型の経済体制は、新しいメディアやクリエイティブな仕事の長時間労働文化と直結している。子どもがいては明らかに両立できないし、シングルの親の場合にはなおさら両立は不可能だ。仕事は余暇と混在し、締め切りを守らなければならない時には友人が手伝い、夜通し仕事をする必要があるだろう（McRobbie 1998を参照）。若いことが前提視され中に入りにくいことから、クラブという空間は前述したような「開放的な」空間ではないことが示唆されている。もちろん、すべての職業集団はそれぞれ独自の働き方を展開しており、クラブは芸術家やクリエイティブな人々にとってはそれ自体が目新しいものではない。しかし皮肉なことに、ネットワークのうわべだけの開放感や、非階層的な労働慣行、さまざまな流れや流動性（Lash and Urry 1994を参照）を受け入れているように見えるのと同時に、非常に厳格な閉鎖性と排除が存在するのである。これまでイギリスでは文化やクリエイティブの分野は公共部門によって主導され運営されてきた。学者もその役割を担ってきた。しかし、最近のグリーンペーパー『文化と創造性の一〇年』（DCMS 2001）をよく読むと、芸術家やクリエイティブな人々は官僚主義や「お役所仕事」の制約から解放され、公共部門による運営は劇的に変化するであろうと示唆されている。領域全体がより徹底的に起業家精神で満たされると、国家インフラは必要なくなる。実際、行政の削減は芸術家の利益になると主張されているのだ。その結果はどうだろうか？　芸術家や文化関係者は邪魔されることなく、自由に好きなことをできるようになり、学者たちは遠ざけられてしまうだろう。実際、最近の「文化起業家クラブ」を例に挙げるなら、学者たちの参加は招待された場合のみとなっている。〔では〕何が「ビジネス向きではない」人の存在を正当化するのだろうか？[17]

第二の構造的なダイナミズムは資格に関するものだ。従来の履歴書や求職活動に関わる慣習はネットワーク文化の中で覆されているも同然なのに再び現れてもいる。上位の大学や「ブランド化」された大学は、クリエイティブな仕事を外注しようとしている大企業へのより良いアクセスを卒業生たちに約束するだけでなく、同様にベンチャービジネスの投資家へのアクセスも約束する。大学やカレッジは、（何度も言うが、パーティーの主催者というような立場で）ネットワークのための社会的スキルを開発するのに重要な場となることから、現時点で三年間の高等教育を受けていない四五％の若者にとってはさらに機会が減っていくことになる。（さらに、より低レベルの大学に集中している成人の大学生が、快楽主義的で金のかかるネットワーク文化の中心に身を置ける立場にあるとは考えにくい）。第三に、クリエイティブな分野で有給の雇用のための文化的なインフラのようなものを供給できる中心都市はごくわずかであるという空間的なダイナミズムだ。一九八〇年代から一九九〇年代初頭にかけて行われていた都市文化再生のための政策に代わって、現在では官民連携がわずかに行われ、グラスゴー、マンチェスター、ノッティンガム（いずれも学生の人口が多い都市）では表舞台には出てこない人目の届かない場所での文化産業が出現している一方で、リードビーターの研究のように、かつては寂れていたカーディフ湾のような場所でもニューメディア分野が発展している（Leadbeater 1999）。しかし、これでは、文化的でクリエイティブなネットワークによって提供される仕事の機会から、国内の広大な地域が事実上、遠ざけられてしまう。少なくとも短期的にはフリーランスのキュレーターやアートプロジェクトの担当者が一度に五つの仕事を持つことができる（その結果、キャッシュフローを中心的戦略として銀行残高を調整できる）ロンドンと、「兼業の収入」が「一度に一回きりの仕事」に置き換えられ普段は仕事がない他の都市との間に、巨大な不均衡を生み出している（ロンドンもまた脱埋め込み化され個人化され、猛烈な速さで経済の回る都市国家なのだろうか？　このように「吊り上げられた」状態になった結果、どんな歪みが発生するのだろうか？）。

年齢、ジェンダー、エスニシティ、宗教や世帯収入が幽霊の如く（あるいはベックの言葉で言うところの「ゾンビカテゴリーの概念」、つまり崩壊しているにもかかわらず永続しているかのように）、この新たなソフト資本主義の隠れ蓑から再び現れ、文化的でクリエイティブな分野で生計を立てようとしている人々の人生の可能性に独自の重みを加えている（Beck 2000）。リサ・アドキンスが主張するように、新しい形の再因習化は、社会的に恵まれない立場にある集団やマイノリティの参加に影響を与え始める（Adkins 1999）。アドキンスは、国家の提供する支援が消えてコミュニティが弱体化し、個人化された人々がより自立した基盤で活動している場合、この新しい文化経済の中にはほぼ必然的に伝統的な形態の支援に頼らざるを得なくなるプロセスが存在することを示唆している。これは女性にとってより硬直した性役割への回帰を意味している。例えば、子どもを持つことでネットワークから排除されたり、伝統的な家父長制の家族形態の再生産が避けられないことが分かるといった具合に。このような変化は、ネオリベラリズムが仕事の領域で成功を収め、左翼や女性運動の価値観が否定された二重のプロセスの結果でもある。第四に、そして最後に、クリエイティブなネットワークにおける労働の様式と、既存の公式的で行政的なパラダイムや社会科学のパラダイムとの間には、完全なる共約不可能性がある（最近のグリーンペーパーでさえ、アートの分野におけるマルチタスカーの増加を評価できていない）。キュレーター、プロジェクト担当者、芸術家、ウェブサイトのデザイナーは、明らかにマルチなスキルを持ち、つねに新しい専門知識を吸収することに意欲的で、つねに新しいニッチな仕事を見つけて自分独自の新しい業務（「インキュベーター」、「クリエイティブエージェント」など）を見つけ出し、フットワークが軽く一つの仕事やプロジェクトから次の仕事へと移動し、そのプロセスで地理的にこちらからあちらへと移動しているが、これらの人々を表わすためのカテゴリーはまだない。社会的交流は速くはかなく、交友関係は信頼関係に応じて保留もしくは中断され、マルチスキル人間のようなカテゴリー分けされていないものが若い労働者全体に拡張されると、はかなさ、無常感、さらには孤独が強く感じられるようになる（Auge 1995）。

これらの分野の研究では特にジェンダーやエスニシティに関する個人化の影響を考慮しなければならないだろう。社会科学の既存の方法論は、これらの行為者の流動性や過度な階級移動によって危機に陥る可能性がある。緊張や両義性が表出する地点は他にもいくつもあり、それらのせいで私たちの古い政治的パラダイムは危機に瀕してもいる。私はこれまで、若者たちの野心とエネルギー、華やかさと成功への欲求を、サッチャー夫人によって進められたプロジェクトの目的と野心に加担している証拠、あるいはイデオロギー的にむりやりハリウッドドリームを信じさせられている証拠であると考える人たちに反論してきた（McRobbie 1999）。私が主張したのは、華やかに見える文化産業の世界で働きながら社会正義やジェンダー、人種的平等の原則を守ることは十分に可能だということだった。もちろん、政治的な感受性を持ってクリエイティブな雇用を体系的に追跡した研究が（またしても）行われていないため、私の主張は、これらの領域に今から参入する学生やすでに参入している学生と密接に関わってきたことに基づいたものである。しかし、第二波の文化的な仕事においてスピードが加速化されるということは、個人化を強化し、自己をより強固に監視させることを意味する。現時点では、クリエイティブな仕事の世界を脱個人化し再社会化するような、急進的な民主主義政治が復活したり、新たに考案される可能性は予想し難い。

結論として、社会科学の手段がクリエイティブな個人の動きに異議を申し立て、同様に社会民主主義の実践としての表現が文化資本主義の新しい流動的な仕事の場には不適切であるように見えるのなら、「イギリス的な創造性」の特徴に縛られたこれらの文化労働者のアイデンティティは、重大な誤称であることもまた事実なのである。政府が旗を揚げたいクリエイティブな仕事は、想定されているほどイギリス的なものではない[18]。その多くはグローバル市場に向けて生産され、対象者が移動するようになるにつれて、国民国家という政治的特殊性は労働慣行や移民法といったものに関して視野の狭い制限されたものになり始めている。これでは、国家に縛られた政治文化の語彙の価値が損なわれてしまう。第二波の行為者たちは、私たちの知っている文化や創造性を再描写し、「コミュニケーションによる高揚感」の中で転がり込んでくる様々な境界線を乗り越え横断している。私たちカルチュラル・スタディーズの学者は、ゼミの教室という比較的固定された空間の中で若者たちを指導できるかもしれないが、学生たちが仕事の世界に入ってしまえば、私たちと「インキュベーター」などとの出会いは次第に遠くなり、偶発的なものになってしまうのだ。

第2章

クリエイティブ労働のポリティクスを紐解く

クリエイティブであることへの憧れ

『ヴァイス』誌の二〇一三年六月号は、シルヴィア・プラスやヴァージニア・ウルフを含む多数の有名な女性作家「好みの」自殺方法をモチーフにしたファッションを掲載し、イギリス国内メディアでかなりの注目を集めた。その号は、悪趣味であることや自殺の美化によって大いに酷評されたにもかかわらず、悲劇的な状況や女性作家たちの早逝をめぐって何十年も存在し続けてきた物語や神話を十分よく理解できる教育された若者のグループに直接話しかけるメディア空間として、アウトサイダーな、もしくはアンダーグラウンドな評価も確かなものにした。この雑誌はさらに、ダークなユーモア、編集上のリスクテイクや皮肉、「危害を与える意図がない」という暗黙の引用符を評価している。『ヴァイス』誌は長年この路線を追求しており、最も悪名高いのは、いわゆる「妻に暴力を振るうTシャツ」（ドメスティック・バイオレンスのシーンをフィーチャーした映画の中で労働者階級／ブルーカラーの男性キャラクターが着ているもの）にファッションとしての余地を与えたことだ。この点において、『ヴァイス』誌は、『デイズド・アンド・コンフューズド』誌、『タンク』誌、『アナザー』誌や『ラブ』誌など他の多くのアバンギャルドなスタイル&ファッション雑誌と似ている。これらの雑誌すべてが、男性的でヒップスター《流行の最先端を行く人》を称賛する波に乗っている。その潮流はポリティカルコレクトネスに反する倫理を支持する機会を喜び、フェミニズムを時代遅れのものとして否定し、真剣で倫理的・政治的な関与を編集上排除し、流行を先取りし、最終的には消費者のライフスタイルに変換されるようなある種の態度を優先する。近年、『ヴァイス』誌は巨大なメディア企業になった。しかし、より一般的には、この「最先端に居続けること《ヒップスターダム》」の流行は、こうした雑誌がうまく広告収入を得て、「内情に通じ」人前に出る多くの機会を得て、商売を破綻させずに成り立たせ、制作プロセスに携わる人たちの給料やフリーランス収入を支払えるようにしている。これらの出版物のいくつかは独立を謳うが、LVMHのような巨大企業に費用を負担させている。これは、大きなレコード会社がしばしばその事実を意識させることなく「インディーズ」レーベルを支援するのとほぼ同じやり方である。そのやり方によってレーベルや雑誌は新しい流行や新しい音楽のある種の開拓者として振る舞えるようになり、同時に、見せかけの「編集上の自由」に基づいて文化的な信任も得ている。こうした文化的門番《ゲートキーパー》や流行の仕掛け人は、新しい文化産業における消費者の風景に特有の形を与えることを役割とする。「ヒップスター」の姿はいろいろな意味で、こうした都市経済がまさに採用している形式を活性化する力の配置を表現するのだが、それは場所ごとに異なりつつも非常に似た特徴を表している。それは例えば、都心部の財産価値を押し上げる、小売店の風景の変化に貢献する、芸術活動と高級市場向けのナイトライフのイメージを料理やオーセンティックな醸造所の形で提示する、などである。こうした空間は、小さくてあまり重要だとは思えない辺鄙な地域に位置する場合でも、サッセンが「都市の魅力的な地区」と呼ぶものになる（Sassen 2002）。

二〇〇八年の金融危機や、特に若者に影響を与えたヨーロッパ全域での失業率の上昇とともに、クリエイティブ経済への期待は今では軽視されるようになり、バブルは弾けたと言えるかもしれない。他方で私は、イノベーションの名の下に創られる新しい種類の進路がその代わりに見られること、そして現場レベルで、今まで以上に若い人々が路地裏のミクロ経済で生計を立てるという決意にしがみついているように見えることを提示しようと思う。[1] 例えば、ベルリンの地元メディアにおける報告は、失業した若いイタリア人たちが比較的安価な宿泊施設を使って市内に住むようになったことを説明している。イタリア人たちは友だちに助けられ、生活保護（もしくは「ハルツⅣ」〔二〇〇五年のシュレーダー政権時にできた失業手当〕）制度を通してヨーロッパ市民としての資格を得る道を見つけている。福祉の受給は仕事への架橋を可能にし、この進路を通ってインターネットのスタートアップ企業、芸術家、DJ、もしくはファッションデザイナーになるための準備を整えられる（第5章を参照）。[2] そこで、本書を通して展開される私の主張は、新しいクリエイティブ産業の成長を促進する〈装置〉があり、その〈装置〉は三つの機能を持っているということである。その〈装置〉は、（失業と不完全雇用の時代の）仕事の創出における、非永続的で短期のプロジェクトベースもしくは臨時の職であることが決定的な特徴である新しい形を監督する。この新しい形は、近年ほとんどの国の行政機関が採用している大学や芸術大学に通う学生の数を増やす政策を踏まえてミドルクラスの拡大を画策すると同時に、この「成り上がりの」ミドルクラスによるクリエイティブな活動を支援し、第二次世界大戦後の時代と結び付けられてきた社会保障の権利や福祉の供給が十分に与えられないまま、新しい仕事の世界を試すモルモットとして振る舞わせるものである。ラッツァラートは文化に携わる労働者の視点を反映し、フランスの福祉制度の変化の中で、これらを大規模な「社会の再構築」として理解している(Lazzarato 2012)。ここでの私の課題は、新しいミドルクラスの集団のようなものが出現するのにともない、この変化を監督し、制御することに関与する幅広い「道具」や「ツールキット」が使われ始めているというものだ。クリエイティブな労働人口は比較的少ないかもしれないが、新しいポスト福祉時代への道を切り開くよう育成されている。こうした労働人口には、より特権的なミドルクラスの子どもたちも含まれているかもしれないが、私がここで社会学的に強調したいのは、できれば近年この分析対象群《コホート》の一員になった、下位ミドルクラスや上位の労働者階級出身の人々についてより詳しく見ていくことである。[3] 最近では階級の境界を越えて、この種の仕事の方面への若い女性の著しい流入が見られる。この巨大で自己組織化された労働市場では美術、デザイン、メディア、人文科学といった学科の卒業生の数が膨張しているため、いくつかの問いを投げかけてみたい。このような若者たちは、小規模ビジネスの起業家精神をつねに特徴付けてきたのと同等のリスクしか背負っておらず、疾病手当などの給付金や権利がないことを当たり前だと考えているのだろうか？　それとも、これは典型的な小規模ビジネスのモデルにそれほど適合するとは言えない、別の種類の事業なのだろうか？　私は最近拡大しているクリエイティブで芸術的な部門の活動で展開された個人事業主になるという戦略、フリーランスの仕事、そして「個人事業主精神」という新しい様式に目を向けたい。仮にそれが、創造性の名の下での「汗をかく新しい労働」というほとんど自虐的な型にはまった問題でしかないなら、下積み時代の短期間に多くの活動を行った後でより持続可能な活動への撤退を想像できるのかもしれないが、実際にはそうなってはいない。今日の脱産業社会の時代、そして緊縮財政と高い失業率の時代において、撤退することは現実的にはありえない選択肢だ。結果として、長期的には地位の高い活動や職業と地位の低い活動や職業を統合的に組み合わせたものが見られることになる。社会福祉のない仕事に対する刺激的に思える補償は、「クリエイティブであること」という個人的な報酬である。人間の内なる才能や能力は、九時から五時の労働が要求される環境では出口を見つけられず、オフィスでの単調な仕事やルーティンワークで失われ、無駄に費やされ、使われなかった代わりに、今日では日常的に使われ、直実に育成されている。これを「やりがいある仕事」とも「芸術家のように働くこと」とも呼べるが、全体として芸術・教育機構・文化機関を含む公共部門における行政職や管理職などのルーティンワークとは異なる種類の在り方にこれらの新しい社会階層を順応させるための方法として機能している。換言すると、通常の仕事から通常ではない仕事へと向かう一連のキャリアパスが提供されているのである（Beck 2000）。

いくつかのテーマがこの後で紹介され、展開されるだろう。例えば、現代の都市環境における文化的労働の実際の様式やスタイル、近年芸術や文化のキャリアを追求する若者たちに開かれたさまざまな進路を「ビジネスモデル」が支配するようになってきた方法などである。以前であれば、最近卒業したばかりのファッションデザイナーたちはこれらを渋々採用していたに違いない。しかし今では、グラフィックデザインからドキュメンタリー映画制作、舞台美術、パフォーマンスアートまで、ヴィジュアルアートの全分野で様々な変化に適応することが必須条件となっている。すでに述べたようにここには独特な社会集団、もしくはミドルクラスの一派が出現している。そのキャリアは両親のキャリアとは異なっていて、もはや戦後の福祉体制と結び付いた法律上の権利や資格によって支えられていない。「やりがいある仕事」という考え方や「仕事における幸福」への期待には、目に見えて関心が高まっている（McRobbie 2002）。今日のミドルクラスの地位は、ある程度、「仕事には情熱的な愛着を持つものである」という考えの上に成り立っている。私は数年前に、イギリスの若いファッションデザイナー（ほとんどが女性）にインタビューを行った時に、このような深い情緒的な愛着に初めて遭遇したが、インタビューをした全員が、長時間労働で利益が少ないにもかかわらずこの種の個人的な愛着を仕事に投資していると宣言していた（McRobbie 1998）。実際、ドンズロが言うように、仕事における幸福あるいは「仕事における喜び」という考えは、ポスト福祉の新しい統治形態のための制度的領域の境界を定めている（Donzelot 1991）。ドンズロが提起した議論は、人々が仕事を愛するようになると労働組合の役割が小さくなるというもので、後に論じるように、サッチャー夫人以降のイギリス政府が組合労働者を解体するために行った編制を反映している。ドンズロはさらに、雇用主によって展開され強化された「自己管理」戦略を同じ観点から理解している。ドンズロは製造業と、単調な仕事によるフラストレーションに対抗し相殺するために生まれた社会福祉制度に目を向け、常習的欠勤がもたらす問題を「生産性の社会的コスト」として描き出している。その問題は事実、アメリカの経営大学院で開発された新しい「管理」学を生みだすことになった。ドンズロは、（フリーランスや個人事業主ではなく）実際の雇用に今もなお焦点を当てつつ、第二次世界大戦後の産業民主主義という社会民主主義的な問題から、労働者の個々の能力を開発して「責任感があり、自律した」主体にさせることを目指す合衆国主導の新興ＭＢＡ文化へと移行した政府と雇用主の変化を簡潔に要約している。以前イギリスのファッションデザイナーに関して研究した際、私は通常の仕事の枠組みを飛び出しさらに非公式な小規模ファッションデザインの世界に足を踏み入れた。そして、この自己管理の領域では仕事自体に喜びが期待され、それがその他の危険度の高いキャリアに乗り出す論拠として機能することを示した（McRobbie 1998）。これらの欲望と「捕獲」（イタリアの社会理論家パウロ・ヴィルノによってよく使われる用語）の絡まり合いは、若い女性（や男性）が国家の新たなより柔軟性の高い機関の事務所で働く道を進み、インターンシップや就職斡旋制度、福利厚生の潜在的な受け皿となるよう求められる中でキャリアを確立し、維持していく際に決定的な影響を与える。やりがいある仕事をしたいという内なる欲求から始まったことが、クリエイティブ労働という不確実な世界で自分自身を導いていくための一連の技術へと再変換されるのだ。

このような問題は、比較的若くて、必ずしもそうとは限らないがしばしば大学卒業レベルの教育を受け、社会科学、芸術学、人文科学といった幅広い科目の資格をもった分析対象群に当てはまる。そのような集団にとってキャリアへの期待は高い不確実性によって特徴付けられており、仕事やプロジェクトは「永久に暫定的」であるように見えている。このような若い女性や男性たちは通常、芸術、メディア、文化、クリエイティブ経済を専門とする機関、組織、企業が幅広く存在する都市に住んでいる。そうした都市はまた、文化部門の活動に携わりそれを監督する主要な機関や政府の省庁のすべてを擁している。そのような機関から発せられる政策は、大手メディア企業やファッション小売店、その他の多くのデザイン関連組織の採用戦略と相まって、今日の若者が惹きつけられる類いの労働市場を形成するよう働いている。ここにはマグネット効果とある種の収束がある。私はすでに、この新しい都市の労働人口の階級構成とジェンダーに簡潔に注目していたが、本書でこれらの問題について問いただしていくつもりだ。(一見「クール」にも見えるかもしれないが)残酷な環境ではアメリカの「スタートアップ」精神が優勢であり、あるいは「仕事における喜び」だけが職場の安全と保護を償うものであると仮定されているため、私たちが主流の標準雇用に関連付けている多くの平等措置が、無効にはならないにしてもしばしば中断されることをここで明らかにしておきたい。ここでは、期待される喜びや職場での社交性の約束という統治性の側面が、人種差別や性差別をめぐる厄介な問題を封じ込めるためにどのように機能するかを見ることができる。

　実のところ、私は急いでいくつかの但し書きを行わなくてはならない。本書は、特定のクリエイティブな実践グループについて説明するものではないし、経験的な進路を追求する研究でもない。私の調査対象、あるいはいくつかの調査対象のうちの少なくとも一つは、むしろこのような働き方のスタイルとの「ロマンチックな関係《ロマンス》」についての漠然とした疑問であり、このロマンスがどのように制度的なレベルに変換され、ある種の〈装置〉、自己モニタリング、自己規制のメカニズムとして機能するようになるのかという問題なのである。フーコーは〈装置〉について、「言説、制度、構造上の形態、調整の判断、法律、行政施策からなる、完全に異質なものの組み合わせ（……）これらの要素間で確立されうる関係のシステム」（Foucault 1980, p. 194）であると記述している。創造性は雇用創出の場として、そして、より重要なことには労働改革を実施する場として、現在の生政治的な権力の様式によって規定されている。それは、競争と労働規律の両方の道具へと文化を変化させ、若い人々のうちの主要層の管理に関する問題である。文化という言葉は影を潜め、創造性に取って代わられる。それは、クリエイティブであることによって自己実現を促そうとする権力の行使である。それは、創造性を仕事に注入するという問題である。このように文化をより生産的な創造性という発想へと変えようとする努力がなされている中で、創造性が発揮される社会という舞台の方は複数の不安が渦巻く場となってしまった。ここで私が提示するのは、創造性が自己のロマン主義化の実践であるような新しい仕事についての説明である。「変化と差異が歴史の進行だけでなく、混乱、中断、新たな始まりを生み出す」というドゥルーズの逃走線の概念を引き合いに出すと、ここでのロマンスとは「逃走線」、例えば（大卒であるにもかかわらず）地方の税務署や生命保険会社の中でルーティンワークを行うだけの生涯から逃れたいという願望であり、仕事やキャリアに関して自主的な人生を送りたいという欲求である（Deleuze 1987; Colebrook 2002, p. 57）。自己表現を行う仕事へと向かうこの動機は、今では、特定の領域でのビジネス、起業家精神、自己組織的な仕事といった政府の支配的な言説と交差し、その中で育まれると同時に管理されている。これは、人生や仕事における自己表現の機会を求める若者の願望が、訓練の提供者やカレッジや大学によって拾い上げられているという、幸せで偶然的な力の収束のように見える。実際、この収束は、伝統的な職場の外での労働闘争のために正確な場所を示している。メディアスタディーズのコースを卒業した労働者階級出身の若い黒人系イギリス人女性の視点からすると、映画やテレビの中では、しばしば、母親がしなければならなかった単調で反復的な仕事をしたがらない家族を中心においた物語を通して、働くことについての葛藤の要素が明らかにされる。ここでいう労働闘争とは、学校を卒業して大学に入り、そこから面白い仕事に就くため、物理的な不利益や日常的な偏見を克服しようとする闘いのことを意味している。労働をめぐるポリティクスのほとんどが、「製造現場」での経験ではなく、家庭やコミュニティの中から生まれている。家族は「逃走線」である。常識《コモンセンス》のレベルではしばしばそのように理解されるが、これは単なる上昇志向の問題ではない。[4] 本書の後半で私は、逃走線が個人化され、「脱領土化され」、「再領土化された」労働闘争の卓越した様式を構成していることを論じていく。というのも、国家の多くの省庁から多数の規律技術がこれらの主体に降りかかり、人々が仕事の自由と楽しみ、自己表現のための欲求を通して、そしてその欲求とともに働いているからである。このような個人化された状態での「社交性」の条件は、それ自体がポストフォーディズムのシナリオの結果であり、私はここで、階級、人種、ジェンダーの新たな絡まり合いを必然的にともなった、生産および労働過程の複数の深遠な変化の要約としてそのシナリオを用いている。技術や器具の発明は、その後、さまざまな制度や社会空間に導入もしくは展開され、ローズが「自由の力」（Rose 1996, 2008）として説明したプロセスを発展させ拡大するものである。「文化」をクリエイティブ経済に転換するという目的がニューレイバー政権の特徴であることはまず間違いなく、一九九七年以降、イギリスの文化・メディア・スポーツ省から、政府の報告書や白書、その他のさまざまな政策が山のように発表された。

　芸術家、音楽家、ライター、デザイナーのように（実際に生計を立てるという意味で）働きたい、あるいはアートやデザインやメディアの世界の軌道に乗りたいというのが逃走線の衝動であるならば、そのような欲望は、（一九七〇年代半ばのパンクや、今日の自由奔放《ボヘミアン》な芸術家のように）卓越した文化的ないしはサブカルチャー的編制として認識され勢いを増していくようになる。今日、これらの現象はほとんど最初から、学校や学術機関、あるいは「美術学校」のカリキュラムに情報や内容を提供している支配的な言説を含めた、統治性による広範な扇動的実践の内部で形作られているように思われる。近年、これらのカリキュラムは美術学生のためのビジネスモジュールや、ファッションデザイナーとして開業するための「ツールキット」で満ち溢れている。これらの教育手段は、（例えば一対一のメンター制度の形を取るなど）独自性や卓越性の観点から個人に向けられるため強く主体化する能力をもっている。それでも共通する特徴もあり、おなじみの枠組みが現れ、話し方、関わり方、自己の振る舞い方、熱意の表現の仕方、批判的な気質の抑制の仕方などに結晶化され、それらのすべてがそれぞれに際立ったリズム、喜び、興奮を示すようになる（Bandinelli 2016）。これらの補助的な仕掛けや道具には多数の「機会」があり、それは「捕獲」を通じて作用する。つまり、人々の広い能力、熱意、批判的知性のようなものは、まさに権力によって捕らえられ、資本主義的生産が表面的に急進化され、より面白く刺激的な、もしくは明らかに譲歩的で主体の要求に注意を払うものとしてイノベーションを起こすために積極的に利用される（Virno 2005）。これらのプロセスは目に見える形での主体化という結果を生む。例えば、ツールキットアプローチは非常に規範的であり、不機嫌さや気性の荒さといった主体のネガティブな状態（皮肉にも、それは歴史的に見て芸術家的気質と関連付けられてきた「深み」）を受け入れる余地がないことから、「悪い影響」が取り除かれ平坦化される効果をもたらしている。正しく訓練された芸術家は、もはや内気ではにかみ屋で静かすぎることを期待されていない。そして、カスタマイズされ、あるいは個別化されたメンター制度の核心とは、特定の家族やコミュニティの成り立ちに由来する逃走線が、決定的な特徴や特質として、つまり起業家として主体化するための教育を追求し捕獲する方法の一部として活用されるようになることである。どのような人間であるか、どのような生い立ちなのかといった自分の「ストーリー」が、その後ツールキットを展開していくうえでの接点となる。[5] 学位プログラム全体はもちろんのこと、短期コースや個人を指導、監督、支援するために設計された個別の学習パッケージを含むこの現在のさまざまなプログラムが、現代の権力〈装置〉の機能する領域を示している。

憂うつさと不安という二つの時期があったにもかかわらず、高揚感とまではいかないにせよ明るく自己表現せよという命令によって公から隠されプロとしてのスタンスを維持し続けようとする堅い動機がある。これは「ミドルクラス化」プロセスの重要な部分である。また、この人たちは従来の意味での労働者ではないので、「クリエイティブ労働者」によるより対抗的な、あるいは集団的な運動が編制される見込みも少なくなる。かつてであれば教師、法律家、医療従事者などの職業にのみ結び付けられていたミドルクラスの地位に付随するプロフェッショナリズムが、フリーランスや不安定《プレカリアス》な仕事などの非公式な活動にまで拡大されている。もちろん、プロの芸術家やプロのライター、音楽家という発想は存在してきたし、広告業界もまたグラフィックデザインやコピーライティングなどのクリエイティブな実践を専門化する上で重要な役割を果たしてきた。これらの職業におけるプロフェッショナリズムは、専門性、専門知識、資格、認定、場合によっては協会の会員であることと同義であった。付け加えれば、「BECTU」[6]やエクイティ（クリエイティブ産業従事者のためのイギリスの労働組合）など強力な労働組合のいくつかは、俳優、ジャーナリスト、メディア技術者などのクリエイティブ労働者の代表機関としての役割を果たしている。しかし、専門性やマルチタスクが急速に普及した業界でこれらの機関を維持することは困難である。例えばBECTUは、デジタル化と新しいソーシャルメディアの影響によって脱スキル化の脅威にさらされ、労働者の専門性を守るために闘ってきた（Gandini 2014）。そして、どちらの組合でも（ラッツァラートが説明した「レ・アンテルミッタン・ド・スペクタクル」〔第3章を参照〕と同様に）会員規則は厳しく制御されている（Lazzarato 2012）。新しいクリエイターたち自身が、次の仕事やプロジェクトが実際にどこからやってくるのか分からない状況下で、自分たちの仕事に重みと地位を与える職業アイデンティティを形成するという課題に直面している。この種の仕事の不安定な性質にもっと抵抗的な姿勢を示すのが良いのではないのかという疑問は、ミドルクラスのプロフェッショナリズムや、ツールキットや道具が仕事に適した「パーソナリティ」を持つという名目の下で当たり前としている陽気な態度を、継続し維持せよという純粋な要請によって押しのけられてしまう。同時に、さらに広い社会的要因も、このクリエイティブ部門で働く人々の専門的な、またはそうではない姿勢に影響を与える役割を果たしている。本書で私が調査した期間は一五年間であり、一九九七年にニューレイバー政権が選出された選挙に始まり、特にユーロ危機で大きな打撃を受けたスペインやイタリアなどの国で若者や新卒者の失業率が前例のないレベルになっていた二〇一二年までである。一九九七年から二〇〇七年までの最初の一〇年間は、イギリスの統治性〈装置〉と新しい起業家精神が、若くて新しいクリエイティブ労働者集団の中からの異議申し立てや論争によって遮られていないように見えた期間であった。ニューレイバー政権の舞台裏では、労働組合運動の権威と影響力をなくすために多大な力が注がれ、全体的に労働の領域を脱政治化する傾向があった。ブラウンが示しているように、「ニューレイバーのブランディングは特に、労働党が労働組合の影響を受けていたことに関するあらゆる記憶を消し去ろうとしていた」(Brown 2011. p. 5)。サッチャー政権の時期に採用した姿勢を拡張する戦略の下で、ニューレイバーは労働組合との歴史的なつながりを遠ざけた。労働組合は脇に追いやられ、時代遅れで実態を把握しておらず、あまりにも密接に旧左翼のいわゆる「好戦的な態度」と結び付いていると悪者扱いされ酷評された。この時期に、「逃走線」はいわゆる才能主導の経済に利用されるようになった。[7] ここで私たちは、「捕獲」には効果があったと言えるだろう。明白な疑問は、批判的勢力を抑えつけた要因は何だったのかということである。ここまで提起してきたいくつかの疑問に対する私の答えはこの後で展開されるが、例えば、政府がメディアやポピュラー文化と協力して成功を収める時、創造性の〈装置〉が広く普及し大衆的な影響力を発揮したことや、この断片化された新しい文化起業家たちの一群から「組合労働者」が出現する可能性が低いことを前提に論じられていく。調査をした時代には、競争や商業化を支持する芸術・クリエイティブ経済の語彙によって急進的政治が空洞化され、ロンドンでは才能を讃えることが新しい文化産業の領域における労働慣行の検討や、低い給料やわずかな賃金などの問題への対処の必要性を鎮め追いやるように見えたし、特に重大な影響を与えたと言える。[8]それはまさにダミアン・ハーストの時代であった。

クリエイティブ労働を通じたミドルクラスの再製造

比較的若い、新しいミドルクラスの一派に見えるようなものの社会構成をどのように理解するかという問題は困難に満ちている。新しいクリエイティブ経済の台頭という文脈で階級と関わりを持つ方法の一つは、スチュアート・ホールの著書の中に見出せる。ホールは、サッチャー政権時代以降、労働者階級の組織がどのように解体され破壊されていったのかを分析すると同時に、「財産所有制民主主義」に参加するために階級上昇するという見通しは、その時期すでに裕福な熟練労働者階級の一部にとっては好機としてちらついていたと分析した（Hall 1988, 2003, 2011）。サッチャー夫人は労働組合の力を破壊しようと決心していたが、私はこの後、ある意味では労働組合の純化された精神が、逃走線やクリエイティブでやりがいある仕事への欲求の中に生き続けていることを論じたい。労働組合は、職場だけで広がっていたのではなかった。レイモンド・ウィリアムズの著書から分かるように、労働政治は労働者階級の家庭やコミュニティに響き渡り、独特の文化形態に埋め込まれるようになった。これらの闘争と、新しい文化産業の空間の内外に存在する現代の緊張との間には連続性があり「新しい管理主義」が労働改革の重要な空間として利用するように働いてさえいる。労働者階級の母を持つ娘たちがファッションデザイナーやドキュメンタリー映画作家になることを夢見ながらも、同時に両親の経験を思い出し記憶しているように、世代を超えて次世代へと屈折させられたものが――つまり家族的な、あるいはコミュニティの精神が「仕事の拒否」に一役買っているのだと私は提案したい。ある意味では、これは一九七〇年代半ばにホールが行った労働者階級のサブカルチャー研究に関連した議論の延長線上にある（より女性化されたバージョンの）ものである。そこでは親文化の階級政治が一見葬り去られ、休眠し、豊かになるという見通しに吸収されたように見えていたが、その後、戦後の若者文化の象徴的な表現を通して壮大な形で引き継がれていったと考えられている（Hall et al. 1976）。私は今、この議論をクリエイティブ経済の時代へとさらに一歩進めたいと思う。クリエイティブ経済の時代には、サブカルチャーが美術学校のカリキュラムの中で公式的な地位を通して専門化され、美学化され、制度化されるようになり、そこでは創造性が、以前は非公式で社会的に重要ではないと考えられていた一連の文化的実践（例えば、音楽制作における若者の活動、「ＺＩＮＥ」の制作、グラフィティ、あるいは派手なストリートファッションやスタイルなど）に取り込まれている。カルチュラル・スタディーズから学んだより先鋭的な知識《レッスン》は、いまだにさまざまな形の専門的な実践で活用され情報を提供してくれるが、最近では起業家精神や事業計画の重要性を強調する近年の教育の発展によって、これらの知識は強く異議を唱えられ弱体化している。このような、一つはもともと左派から来た、もう一つは右派から来た視点のせいで、教育、専門教育、カリキュラムは新たな政治的対立を繰り広げるための重要な場となっている。

低賃金がこの種の労働の変わらぬ特徴であるため、若者たちがミドルクラスから滑り落ちていくにつれて、「プロレタリア化」というマルクス主義的な語彙を使いたいと考えてしまう。「不安定な労働者」という言葉は、ミドルクラスの一派ではあるが経済的にはますます追い詰められている若者たちと結び付けられるようになった。このプロレタリアという名称は問題を含んでいる。この名称が、資本主義との対決に向かって毅然と前進している現在の膨れ上がった新しいメンバーを、結局は統一された労働者階級という古いマルクス主義の目的論的な概念と伝統的に結び付けてしまうという理由で問題視されるのではない。平凡で非クリエイティブな労働者人口のかなりの割合、特に労働者階級の女性や移民労働者にとって、（季節工場労働やケータリングの仕事など）労働とはつねに不安定かつ低賃金なものであったから問題なのである。労働者階級の女性や移民労働者たちの脆弱性や経済的周縁性は、フリーランスのデザイナーや映画制作者が不安定な労働者だと自称している事実があるからといって軽減されることはない。「情報技術者」のような仕事名を割り当てられているクリエイティブ労働者たちの中で地位やプロ意識を向上させるという解決策があまりにも強調されてしまうと、再び、階級の下降移動について語ることを見落としてしまう。要するに、稼ぐ力の衰退と同時に、稼ぎに見合わない地位の暴騰が起きているのだ。ミドルクラスの若者は、ミドルクラスの価値観が社会全体で、特に都市部で拡大するにつれて非正規雇用へと追いやられてしまう。これらの新しい職業は、例えば学校の先生のような公共部門の中のかつては堅実だった仕事と、（広告などの）業界内企業でのキャリアパスとの間のどこかに存在する漠然とした地位である。これらの職業は多くの場合、店やカウンターの奥で働き、給仕をし、バリスタやバーテンダーになるといった、一般的に地位の高くない仕事と共存している。多くの若いクリエイターたちは、昔なら「日雇い」と呼ばれたこれらの仕事に就いて家賃を払い、生活費をまかなっている。時間が経てば、これらの仕事はささやかでも確実な月収を提供してくれる。芸術や文化の業界で理想とされるキャリアと結び付けられ、より強化され地位の高められたクリエイティブな価値は、こうした普通の仕事に転嫁されている。カフェバー、カクテルラウンジ、地元のファッションブティックなどでの日常生活は、知識経済の性質を持ち始め、そこでの労働者は今やサービス部門の従業員に求められる気配りのある価値観を体現しているだけでなく、専門家、指導員、鑑定家としての役割も果たしている。[9] 非正規雇用に見えなくもないが、実際には長期的な仕事であることの多いこれらの職場で起きているのは、サービス部門の地位の高まりである。スターバックスのカウンターの奥にいるフレンドリーな若い男性がコーヒー豆の地理的な調達先について長々と活気に満ちた会話をしている時、彼は単に会社のマニュアルの指示に従っているだけではなく、今ではサービス部門では必ず要求されるようになった「コミュニケーション能力」を実演し、また自分の専門知識と幅広い文化資本も行使している。バーやショップでの仕事は、カウンターの奥にいる人たちの地位と能力レベルの向上とともにゆっくりと変化し、その結果これらの仕事は、今や総合的でクリエイティブなポートフォリオと並行するばかりかポートフォリオと融合して存在するようになった。

ミドルクラスの生活は長期的な期待に関して混乱し、不安定になり、再調整や再測定されている。

それは、現在のイギリスで論じられているように、連立政権が実施した公共支出の削減によってミドルクラスが圧迫されているからという理由だけではない。むしろ、福祉、社会保障、健康、教育といった形ですべての人に行き渡り、労働者階級や下位ミドルクラスより下の人々に利益をもたらす方法での「再分配」を含めた、戦後の社会契約の重要な特徴が大きく見直されていることの方が重大な原因になっている。これらの供給は、資本が労働との合意的関係の確立を切望していた時代の補償措置であり、またそれらはある程度再分配主義的で平等主義的でもあった。ラッツァラートが思い起こさせるように、この「社会的に保護を受ける権利」は、「労働契約において権力が非対称である」という認識にも基づいていた（Lazzarato 2012）。ロベール・カステルはこのような給付金を「社会的財産」と表現している。イギリスの文脈では、これらの給付金を得られるようになったのは労働党、労働組合、そして第二波フェミニズム運動による持続的な闘争の結果であった。だがこのような形の支援の多くは今では撤回され、その撤回のプロセスは幅広い形を取っている。私が他の場所で論じたように、政府がクリエイティブ部門のフリーランスや小規模な起業を支持することの魅力の一つは、そのような労働者をフリーランスや個人事業主として雇用した場合にのみ利益を得られる企業の肩から、雇用資格やその他の費用の負担を直ちに取り除き、回避できることにある（McRobbie 2002）。その結果、政府は「労働改革」という言葉を使うことすらせずに、ビジネス業界を喜ばせている。このような変化は、クリエイティブ経済を含む経済全体に悪影響を及ぼす。過去に権利や資格をめぐる争いが行われたことで、かつては芸術機関や文化機関の従業員はどのような役割であれ、つねに何らかの形で雇用の安定を得ることができていたが、もはやフリーランスや半私営化、臨時雇用者になることで安定した地位を失っている。これは、組み合わされた全体として見た場合にミドルクラスの実験的な再製造を行うプロセスとして理解できる。[10] そこでは創造性やイノベーションという考えが福祉やさまざまな権利とともに縮小していく保護の領域の埋め合わせをし、保護の縮小をある程度のところまで見えなくしてしまった。

フロリダ効果：「すべてがバラ色」

リチャード・フロリダは、国内外および地方の政治家に、文化と創造性が都市の再生と成長に対して持つ潜在力についてある種のロードマップを提供し、近年非常に大きな影響力を持つようになった（Florida 2002）。[11] 一〇年以上に渡り、彼はクリエイティブ経済の名目上のリーダーかつ応援者であり、業績ランキングや簡単に覚えられるキャッチフレーズから成る経営大学院モデルを提唱してきた。彼は、「クリエイティブクラス」層といったおおざっぱなジャーナリズム用語を通じて、都市再生のための新しい言語を定式化する上で積極的な役割を果たすことに成功した。フロリダの主眼は都市におかれ、都市の中で地方経済と国内経済の両方に利益をもたらすとみなされている「クリエイティブ系」とみなされる才能ある若者を惹きつけるために、都市政策をどのように方向転換できるかということに関心をもっている。それと同時にフロリダは（二〇〇二年に最初に出版された本で）成長と繁栄が今や拡張しつつあるミドルクラス層の活動に依存していると主張している。クリエイティブであると言われるこの層は、会計士、エンジニア、教師、美容師なども含まれ、実は工場での手作業の仕事やファーストフードでの低級サービス業や清掃業以外のすべての人のことを指している。これは（アメリカでは三八〇〇万人を超えるらしい）巨大な人口の分析対象群であり、フロリダによれば進歩的かつ開放的で、将来の成長と経済の成功に不可欠な存在であると理解されている。研究者の中には、この明らかに社会学的ではない「クリエイティブクラス」という記述的なアイデアを、他者を犠牲にしてでも自分たちの利益を押し通せる特権的な集団として再解釈する人もいるかもしれない。あるいは、深い社会的無力感を回避するために、この層への参入は今やほぼ不可欠なものとなっていると論じることができるかもしれない。フロリダはこのように考察するのではなく、人々が退屈なルーティンワークや満足感の得られない仕事から逃れられると強調している。彼は、今日低賃金であるにもかかわらず、美容師として働くことがクリエイティブで才能あるスタイリストになるためのあらゆる種類のキャリアへと進路を開くと主張している。私はフロリダと同じように、やりがいある仕事への欲求やこれらの分野で成功するためになされる偉大な努力に強烈な関心を持っているが、それと同時に、クリエイティブな仕事への情熱的な愛着は、かつて実現できなかった希望とその挫折という家族の歴史に埋め込まれた「逃走線」を構成するものであると見ている。ゆえにそれらは、社会批判へと結晶化する可能性を秘めている。このような議論は明らかに、歴史的・制度的な枠組みと、特定の機会が利用可能であることを前提としている[12]。これらは、国家が提供する教育訓練や専門教育、そして特にイギリスでは社会民主主義や都市社会主義の時代に利用可能だった支援やその促進の形態との関連で見ていく必要がある。イギリスで決定的な要因となったのは美術学校の影響力ある役割であったが、美術学校は後にポリテクニック〔高等職業訓練学校〕に、そのあと新設の大学群にも併合された。フロリダは、これらの若い人々の分析対象群に専門教育と教育訓練を提供する上での歴史的条件、インフラ、および国家の役割には注意を払っていない。その代わりに彼が参照する枠組みは、フォーカスグループへの大まかな言及、学生との会話、個人的な逸話や、グラフや統計の羅列に変換された大量の経験的なデータから成り、一連の相関関係を洗練された方法で提示することで、特に『ファスト・カンパニー』誌のような雑誌や、おそらく政策関連のシンクタンクや市民団体指導者の作業全体に権威を与えるのだ。ペックが指摘しているように、無限に連なる業績ランキングやリスト、いわゆる「創造性指数」による都市ランキング、そして軽快でジャーナリスティックなフロリダの文体は、都市問題の迅速な解決や斬新で上向きで明るいアプローチといった政策立案者の要請に応えるため注目を集めている（Peck 2005）。

フロリダはまた、都市環境の解決困難な問題に対して注意を払おうとしないため、その仕事に惹かれた政策関係者はいささかリラックスしてペダルから足を離し、文化や芸術の可視性が都市再活性化の十分な指標となるクリエイティブ経済のバラ色の未来に集中できるのである。フロリダは住居、失業や貧困の問題を決然と無視するが、これらの問題への関心が不在だからこそ彼の言葉は意味ありげなものになる。同様に、才能あるクリエイターたちと同じ通りや都市環境を共有する一般の人々という人口層を見落とすことで、フロリダの研究自体が「分断の実践」として機能し、まるで文化政策立案者には広範な都市問題に注意を払う必要がないとでも示唆しているかのようだ。政策立案者たちは勝ち組にだけ集中すればよいのだ。労働者階級の人々の存在を認めざるを得ない場合、フロリダはクリエイティブクラスの若い才能ある人々が、恵まれない人々にロールモデルを提供できると言う。これは、過去の都市政策で親しまれた平等主義とは明らかな対照をなしている。フロリダの思想に見られる保守主義は、いくつかの戯言に最もよく表れている。彼は、（夫がポルシェを所有しているミドルクラスの顧客の誰にも負けないような起業家精神と行動力を持っている）家を掃除してくれる女性を、上から目線で「宝石」と表現している。それに、肉体労働者に労働組合は必要ないし、病気になったり怪我をしたりして掃除を続けられなくなっても社会保障は必要ないと続ける。同様にフロリダは、深夜のクリエイティブな都市の刺激的な雰囲気を描写する際、あたかもホームレスや精神疾患は避け難い生活の事実で都市の景色の一部にすぎず、極貧や脆弱性の兆候というよりも先鋭さと「ガッツ」をもたらしているかのように、「バッグレディ」（女性のホームレス）とあわせてついでのようにファッションモデルに言及する。ここには、比較的裕福な新規参入者が、自分たちより裕福ではない人々のための地域の住宅市場にかけている圧力について何も議論されていない。フロリダは貧富の格差が広がっていることを警戒しつつも、成功者が下位の人々に良い模範を示すことによって、格差拡大に対抗できるのではないかと提案するだけなのだ。

こうした考えの標的となるのは、都市の指導者や都市政策関係者である。特権的なクリエイティブ労働者が一生懸命働き税金を納め、恵まれない人々のロールモデルとなることで都市のウェルビーイングへの貢献を期待される際に出現するのは、クリエイティブ労働者を甘やかし、保護することを目的とした新しい種類の都市政策である。フロリダがネオリベラリズムの経済学者ゲイリー・ベッカーから受け継いだこの人的資本モデルの強調は、一九三〇年代に遡るネオリベラリズム思想と「脱プロレタリア化」した社会というオルド自由主義者レプケの目標（Foucault 2008; Hall 2003, 2011を参照）の中で繰り返されたテーマとして、ミドルクラスの権力を増強することへの集中的な焦点化を労働に投入され労働市場で独自の資源として交換されるべき資産としての文化と創造性の定義に結び付けている。フロリダは、才能ある若者にとって魅力がある施設や資源、ゲイやレズビアンのライフスタイルに対する開放性や寛容さ、独身者と幼い子どもを持つ夫婦それぞれの要求を満たすような生き生きとした環境を整備することによって、都市がこのような才能ある若者を惹きつけるべきであると述べている。よって、社会的に望ましい人々と望ましくない人々との対比を、私たちははっきりと確信できるのだ。フロリダは都市の政策立案者に、より多くの同じタイプの人々を惹きつけるよう導く条件を提供することを勧めている。フロリダは（ペーパーバック版の序文で）「私はゲイや自由奔放な芸術家によって地域が文字通り成長していると言いたいのではない。むしろ、こうした人々が大勢住んでいることが、偏見のない多様な文化が根底にあることの指標になっていると言いたいのである。それが、結果的には創造性に資するのである」（Florida 2002, p. xvii）と述べる。しかし、この「マグネット効果」という考え方も、労働力移動の社会史的な特徴を理解する点で限界がある。ほとんどの場合、人々がどこに住みどこで働くかは、特定の都市環境の魅力よりもはるかに複雑である。人々がそこに留まらなければならない大切で重要な構造的理由がある。すでにたくさんの資本が貯金でもないかぎり、将来の取引先や顧客に渡すポートフォリオを持って別の場所に移動することはできない。フロリダはここで、扶養家族、家庭への関与、または他の親族とのつながりを持たない、すでに裕福な大卒生のごく一部に言及しているにすぎない。こうした批判に直面したとしても、フロリダは単に、四〇〇〇人の学生を対象にして行われた、卒業後の意向や希望を尋ねる別の調査に言及するだけだ。実際にフロリダのアプローチは、ハイテク・スタートアップのシリコンバレーモデルとベイエリアへの波及効果に支えられ、それを文化・クリエイティブ部門に移植できると示唆している。（フロリダの診断を受け入れ、それに従った再改革を行えば、不振に陥っていた都市は低迷から抜け出すことができるという）この「すべてはバラ色」言説が、右派から左派まであらゆる政治家の間で社会的地位と承認を得ただけでなく、有効な「公共政策」とされていることは、ある意味驚きである。例えばボディルスキーは、ベルリンにおけるクリエイティブ経済の台頭を分析する際に、フロリダ流の考えが政策立案者や市役所に広く受け入れられていると示している。ただし、本書の第5章で示されるように、また彼女自身も認めているように、こうした受容には「フロリダ効果」（Bodirsky 2012）の対象となっている若いデザイナーや芸術家側の異議申し立ての波もともなわれている。[13] フロリダ効果の受容は、リストや業績ランキング、勝者と敗者を含む経営大学院の語彙やハウツー型の物の見方がより広く成功していることを裏付けている。都市政策のための新しい課題は、マーケティングや広報から直接取り入れられた語彙の助けを借り、上向きでプラス思考、自意識過剰で「ファンキー」な早期解決精神との混合を通じて社会に入り込んでいく。フロリダ効果は新しいミドルクラス規範を生み出すことに寄与しているものの、その規範には、ミドルクラス自身による消費者としての生活上の要望や選択の枠組みを超えるより広い社会的責任は一切含まれていない。フロリダ流の世界では、社会集団内外での苦難についての議論はなく、また恵まれない人々を支援するための制度の必要性もないように思われる。都市は持ち上げられ、文化的な追求や気晴らしのための遊び場へと変容する。このような変容はより多くの同種の人々を惹きつける効果があり、それによって（多様性へと向かう多少の身ぶりはあるにせよ）文化的な同質性と、近接した空間環境の「享楽的要素」が強化される。このことは、「都市への権利」を得ているのかどうか今や暗黙のうちに疑問視されている人々を犠牲にすることでミドルクラスの権力と存在感が強化されるような、新しい都市空間におけるネオリベラリズムの理想的な夢の輪郭を示している。付け加えるならば、公共サービスやミドルクラスのキャリアは恵まれない人々の生活を改善するために捧げられたものであるという歴史的な理想は、自己保存と幸福の追求の流れの中で押し流されてしまうのである。これは、ラッツァラートが社会の再製造として言及しているものを構成する。そこでは新しくて若い都市のミドルクラスが、文化と創造性という一見無害な領域を利用する支配的な階級として自己主張し、密接な関係にある過酷な政治経済を頼ろうとはせず、自分たちは指導的な役割を担っているのだとみなしている。さらに、フロリダが推進した経営大学院のモデルは、都市社会学やカルチュラル・スタディーズなど長く確立されてきた社会科学の伝統に取って代わっている。その軽快なビジネス的論調は、成功事例のリストや業績ランキング、気分の良いスローガンを並べ立て、つねに楽観的であると同時に、こうした真実が論争の的になるなど信じられないとでも言うような、偽りのない態度で語られている。実際には、このリベラルな寛容さの外套は、フロリダが提起した課題に含まれるはるかに敵対的で対抗的な性質を隠蔽している。都市の社会的不平等への取り組みについての一般的な強調はレジャー活動のイメージに取って代わられ、すでに恵まれた人々の幸福だけを高めている。貧困、福祉、生活保護、社会的支給、地域コミュニティの放課後クラブなど、多くの言葉が造作なく議論から消されている。芸術と人文科学の教育において、恵まれない学生のために提供されてきた対策（障がい者の権利、反差別施策など）の長い歴史は、（ダミアン・ハーストやトレイシー・エミンのような）学生が自分の野望を果たすことを可能にしてきたが、言及に値しないかのように追いやられてしまった。

フロリダはその代わりに、新しいミドルクラスの都会のクリエイターたちのために、この人口層をターゲットにする多くの広告キャンペーンと区別がつかないような、陶酔的で刺激的な自己イメージを開発している。一見クリエイティブクラスのカテゴリーを包括的に受け入れているように見えるが、これは実際には野心家か、その進路を真似しようとする人たちにのみ準備されているものである。こんなふうに理想と熱意が一致しないより平凡な労働者は、脆弱な労働者や「本当に恵まれない」労働者と同じようにこの光景から消されてしまう。都市景観からのこのような立ち退きによって、平等性の概念や、都市社会主義の長い歴史も消えてしまった。より深く根付いた形での急進的なアーバニズムやコミュニティ運動もまた忘れ去られ、見落とされた。こうした活動は実際に、図書館、遊び場、劇場、工芸品工場などの社会的設備を拡張するために、恵まれない人々のところに物書きや芸術家、その他のクリエイティブな人々を連れてきていたものだった。カフェ社会というエアブラシで色を吹き付けられたようなビジョンを支持する代わりに捨て去られたのは、このような平等主義的な都市型共同経営モデルである。フロリダの研究は社会学的な説明を否認しているが、これはロイック・ヴァカンが論じるように、ネオリベラリズム的な公共政策に支配的な特徴である（Wacquant 2009）。ゼロ・トレランスと高い投獄率という「犯罪に厳しい」目標が都市のネオリベラリズムの冷たい極であるとすれば、そのソフトな文化的側面は、健康的で若々しく見え自立した市民が住むきれいな都市というフロリダの明確で非社会学的なビジョンに見ることができる。

ヒップスター経済のポリティクス？

都市のヒップスターは、歴史上のさまざまな、そのほとんどが男性からなるサブカルチャー的人物の混合物として見ることができる。そうした人物のそれぞれが、「言葉では言い表せない」スタイル感覚、飄々としていて「クール」な軽蔑的態度、ダンディズム、遊歩者《フラヌール》であることへの自意識過剰な感覚と結び付いている。ヒップスターは音楽家や芸術家というよりも、主にファッションやライフスタイルに関わる人物であるため、一九八〇年代後半に私がその活動を記録したサブカルチャー的起業家のカテゴリーの最新版を与えてくれる（McRobbie 1989）。この研究で私たちは、一握りの若者、つまり「内部関係者」たちの自営業型戦略を見ることができた。ヒップスターたちは、安いというだけではなく独自性と年代物の本物らしさ《オーセンティシティ》があるという理由により、自分たちにとって魅力的だと判断した厳選された古着やファッションアイテムの品物を調達し、修理し、ドライクリーニングし、仕立て直していた。これらの内部関係者は、若者サブカルチャーの要請に応えていた。さらにヒップスターの活動と文化は、実はそのアンダーグラウンドなイメージが示唆するほどには商業文化の営みから離れていなかったというサラ・ソーントンの分析とも対応している（Thornton 1996）。このようなアンダーグラウンドな立ち位置が「サブカルチャー資本」に一定の市場価値を保証し、それが若者文化シーンの重要人物が持つ知識のレパートリーに付け加えられるようになった。サラ・ソーントンのクラブ文化の研究は、バーミンガム大学のＣＣＣＳ[14]が主張していた戦後の編制の決定的な特徴とされていた階級と抵抗の地位に異議を申し立てただけでなく、嗜好と卓越化のヒエラルヒーがこれらのグループ内部でどのように作り出され、そのヒエラルヒーが私自身を含むＣＣＣＳの研究者たちが示していたよりもはるかに商業主義的であり、平等主義的ではないことを示した。ヒップスターは実際、新興の若者市場に関する洞察力、知識、専門知識ゆえに、主流の企業にとって高い価値を持つモノやアイデアを生み出していった。この冷静であるにもかかわらず説得力ある議論は、きめ細かなヒップスターの知識が自身のキャリアのポートフォリオにとって非常に重要な部分となっていて、今日の（たとえ大人になってしまったとしても）若者文化「エリート」の現代的な理解を可能にしている。

最近では、スタイリスト、ヒップスター、DJ、ファッションブロガーは、フリーランスであることや、文化的知識や専門知識のサービスやパッケージの提供に基づくコンサルタント業務を担っていることを除けば、大企業のマーケティングやブランドコンサルタントとして働くその他の若い人々とほとんど変わらない。この知識や嗜好の核となる部分は、それが若者たちに生活基盤を提供するだけでなく、大企業がそのレパートリーをただちに拾い上げ、主流なものにしてしまう可能性があるため守られなければならない。ヒップスターたちは、たとえファッションブロガーとして無料でサービスを提供し始めたとしても、自分たちのサービスに確実に対価が支払われるようにしなければならない。この微妙なバランスこそが、この分野でのキャリアのある程度の不安要素にもなっている。ヒップスターの中には、バーやショップ、ブログなどのビジネスを立ち上げるためにこうした形式の知識を集め生計を立てられる人もいる。かれらが高水準のサブカルチャー資本もしくはヒップスター資本を維持したいなら、つねに大衆の好みを先取りし、とらえどころのない排他的な存在であり続けると同時に、ヒップスターというレッテルの下品さを断固として否定しなければならない。（暗い室内で服を見つけるのが難しい、ベルリンのミッテ・アパートメントにあるメンズウェアショップや、中古品やヴィンテージ品と思われる商品の横の柵に高額なアイテムがさりげなく置かれており、実はわざと乱雑でぼろぼろな感じにしてある、トルストラッセにあるコム・デ・ギャルソンのアウトレット「リル」も参照のこと。）ブランドはつねにマス市場向けのアイデアを翻訳し、その後に続く新しいアイデアを必要としている。それゆえこのようなヒップスターの店主たちが主要なクライアントであるブランドに洞察的な知識を提供するコンサルタントになりたいのなら、自分たち自身がアイデア、嗜好、ノウハウのストックを絶えず補充し続けなければならない。[15]この点は、若者のスタイルや嗜好がどのように進化しているかについての情報や洞察的な知識を提供するため大企業に非公式な立場で雇用されている、若者追跡人についてのナオミ・クラインによる観察を広げたものである（Klein 2000）。これらの実践は公式化され、よりはっきりと割り当てられた役割が生まれている。サブカルチャーという概念が完全に可視化され社会的に理解されるようになった今、これらの編制はスタイルのイノベーションに関して、何を与え生み出すことができるかという点から理解されるようになった。絶えずファッションショーに「翻訳」され続け、ファッションジャーナリストから流行りモノであると説明されるレパートリーが提供されている。[16]サブカルチャーを通じた抵抗は、明らかな「捕獲」の場と化してきている。ここ数年、若者のスタイルが主流の消費文化の軌道の中でほとんど瞬時に発展させられる方法が認識されるようになった。これは、企業が重要な若者層を熱心に追いかけてきたことで実現したものであり、その結果、未発見で雑誌のリストに載っていない秘密のクラブ空間はほとんど見当たらなくなってしまった。しかし、もし金銭がかけがえのない、まだ未発見の何かを約束するものだとすれば、都市のさまざまなシーンの中で増殖するヒエラルヒーのダイナミクスが加速化することに驚いてはならない。ロンドンのダルストンやベルリンのプレンツラウアー・ベルクにあるバー、クラブ、アートギャラリー、ショップ、ヒップスターの溜まり場は、ロンドンのボンド・ストリートにあるほとんどの高級ファッションブティックのように、それらが生み出す雰囲気によって高級感あふれる存在になっている。そして、何人かのクラブの興業主たちが（「シャロンとトレーシー」のようなミソジニー的で反労働者階級的な口調で）ふさわしくない客を非難し、かれらをゲストリストから外し、ドアの外の列にさえ入れないようにしたいと願っていたとサラ・ソーントンが書いていたように、この種の選別とエリート主義は今では常態化し、ほとんど当たり前のように受け止められている（Kosnick 2012）。このことは、ヒップスターへの反感を生じさせもする。というのも、こうした非公式なサブカルチャー的知識の提供者たちは、自分たちが知っていることの信憑性と内部関係者としての地位に価値を置いているが、内輪の外にいる人たちからはエリート主義的だと思われるようになり、人々が偽善的かつ慎重に距離を置き、まさに軽蔑するふりをしている消費文化の中心地に埋め込まれたものとして見られるようになるからである。「サブカルチャー資本」に関する新しい論理は、ヒップスターたちがその専門家および提供者になろうと訓練してきたストリートの知識（新しい音楽、新しいテイストのスニーカー、好まれている自転車ブランド、新しいヘアカット）に、特に高い価値を与えるようになった（Thornton 1996）。地域に密着しているということは、これらの人々がしばしば衰退した貧しい地域に住んでいることを意味するし、この貧しい地域に新しくやってきたミドルクラスの参入という観点からすると、ジェントリフィケーションの機が熟しているということになる。私がこの数年間イギリスにおけるクリエイティブ経済の発展の鍵として最大の関心を寄せ記録してきたヒップスターたちの最も可視化された特徴は、政治的関与への皮肉っぽい無関心と見せかけ上の忌避、地域や家賃・住宅価格の上昇の結果に関する関心の欠如、地方もしくはグローバルな社会的・経済的問題を軽視する口実にするための美学、公共心の欠如、地方自治体政治からの切断、学校や幼稚園、保健センターなどの提供に関するコミュニティとの断絶などであった。[17] それにもかかわらず、（ダルストンやより最近ではロンドンのペッカムにある）トルコ系の経営するビリヤード場や、オリジナルで改装されていない労働者階級のパブのような、本物の場所を発掘し、都市開拓者の精神であるかのようにそれらに新たな名声と意義を与えることへの強い関心がある。これらの本物の空間は予期せぬ収入を得ているにもかかわらず、多くの場合、買収、乗っ取り、またはより儲かるアパートや高級マンションへと建て替えられてしまう。ロンドンでは不況から四年目の二〇一二年になって初めて、買取や乗っ取りへの懸念がマスコミ報道やソーシャルメディアで議論され始めた。ホクストンやショーディッチ、ベスナルグリーンやホマートンに至るまで、東ロンドンの何マイルにも及ぶ地域で反ジェントリフィケーション運動が行われなかったのは、現状追認が広がっていたためである。二〇一一年のオキュパイ運動以前は、このようなクリエイティブ系の戦い方に頼ることができず、その結果、反ジェントリフィケーション運動は主に不法占拠者の組織や高齢化するコミュニティ活動家の手に委ねられたままであった。本書の第5章で示すように、ベルリンではまったく別の状況があった。ベルリンでは、週刊誌の『ティップ』誌や『ズィティ』誌、地元の日刊紙、急進的な活動家グループがヒップスターの深く個人化された立場と社会的責任の欠如に異議を唱え、ヒップスターの存在が近隣地域の均質化、より貧しい人々の立ち退き、さらには長い年月、ラディカリズムや都市社会運動と結び付いてきた都市空間にネオリベラリズムの理想を植え付けた原因であると、しばしば非難してきたからである。

デジタル職人

ヒップスター・シーンに関する二つのエスノグラフィー研究が、クリエイティブ経済の雇用環境について洞察を提供している。アンドリュー・ロスが「デジタル職人」に焦点を当てる一方、リチャード・ロイドはシカゴのウィッカーパークにあるヒップスター地区の分析を行っている（Ross 2003; Lloyd 2006）。ロスは二〇〇〇年から二〇〇二年までの一八か月間、デジタルメディア企業「レイザーフィッシュ」の調査を、そこで働く若い人々——「フィッシュ」と呼ばれる——とともに行った。ロスは調査期間中、ニューヨークのシリコンアレーの本社に拠点を置いていたが、サンフランシスコのオフィスやロンドンのスミスフィールズも訪れ観察した。ロスは「フィッシュ」のことをヒップスターとは言っていないが、彼の記述は両者の密接な結び付きを示唆している。フィッシュたちは職場では、自身のサブカルチャーの好みに応じた服装をし、たいてい皮肉と引用符で囲みながらそのスタイル選択を目立たせている。かれらはほぼ全員が学位を持っており、そのディシプリンは多くの場合、パフォーミングアーツ、人類学、メディアコミュニケーションなどである。「フィッシュ」たちは非常に個人化された人々で、「レイザーフィッシュ」の職場では長時間労働の文化があるにもかかわらず、多くの人が勤務時間後に芸術作品やバーレスクへの自身の興味を維持するための活動を行える。この研究の場合、フィッシュたちはフリーランスではないが、実際の雇用の中で短期間契約だと分かっている仕事を楽しんでいるし、そこではたくさんのランクの高い企業クライアントが、「レイザーフィッシュ」の拡大を可能にしたし、都市の広い範囲で同様に非公式な一連の職場を立ち上げた。ロスの研究では、カリスマ的なディレクターや、企業クライアントに請求できる仕事である限り従業員がアイデアを試し遊んだりできる独立した働き方などといった、「レイザーフィッシュ」のような新しいメディア企業で働くことの「抗いがたい」魅力は、スタッフに求められるほとんどカルトのような異常に高いレベルの献身のせいで損なわれていると論じられている。ロスの研究期間が終わる頃、会社は一連の売却と買収を経て閉鎖に追い込まれており、「フィッシュ」たちは他の機会を探さなければならなかったが、この種の労働者は楽観主義でモチベーションを保っていれば次の職を得る可能性がないこともなく、何人かは音楽のようなもともと好きだった業界に戻り、他の人はアカデミアや、自分のビジネスを立ち上げる仕事に戻っていった。このような種類の快楽主義的な職場での賑わいと興奮の描写からは、二つの要点が引き出される。第一に、この職場のヒップスターたちは従業員であり、他方フリーランスの世界では自分たちで支援資源を見つけなければならないので、職場が健康保険やその他の資格をカバーしていることの価値の高さを認めている。第二に、できるだけ多くのアイデア、創造性、プロジェクトに関与する時間を抽出できるよう設計されている主要な経営戦略は、自由な精神の芸術家に似た働き方を考案している。つまり、これはロスが「自由奔放な芸術家の産業化」という表現によって示そうとしているものである。芸術家のライフスタイルは、『ファスト・カンパニー』誌や『ハーバード・ビジネス・レビュー』誌のような影響力のある雑誌によって支持された新しい形の管理主義、労働者の自由という〈装置〉、労働の強化のために道具を提供するようになる。「レイザーフィッシュ」のオフィスに見られる精神は、クラブ、パブやパーティーを連想させる雰囲気であり、ほとんどの人がタトゥーを入れ、蛍光色に染まったヘアスタイルをしていて、何人かのフィッシュはスクーターを持ち込み、子どもの遊び場のようであった。

ロスはレジャー空間でのさまざまな「フィッシュ」を観察しているにもかかわらず、その本拠地や地元の近隣地域についてはあまり検討していない。オフィスの場所がすでに高価なニューヨークのダウンタウンエリアにあることを考えると、ジェントリフィケーションのプロセスは何十年も前に行われたので、「レイザーフィッシュ」の創業者と労働者がジェントリフィケーションを進める歓迎されざる人として目立つことはなかったのだろう。「フィッシュ」は「クールな労働搾取工場」で働くことの喜びについて皮肉っぽく話し、会社内部の組合組織についての疑問はなく、幸せそうに週七〇時間も働いていたと語られている。回答者の誰一人として、自分たちがやっている仕事やその長期的な不安定性《プレカリティ》への批判に関することは表明していない。ほとんどの場合、ロスのインタビューの回答者は熱烈で陽気であり、どの企業でも従業員に望むようなある種の熱狂的な言葉で自分自身を表現している。また、どのような顧客が倫理的に好ましくないかという懸念の表明以外には、企業の社会的責任に関して可視化された言説も存在していない。女性のインタビュー回答者は、ジェンダーの問題、つまり労働環境やより一般的にはデジタル職人としての能力について受けてきた不平等についての問題を提起しておらず、さらには誰も子どもを産んでいないようである。ロスによる描写は、「フィッシュ」たちが自由奔放で、クリエイティブに突き動かされ、社会的に強く、しかし同時に深く個人化された分析対象群であることを示唆している。「フィッシュ」は、過去数十年のインターネットのスタートアップ企業の精神をまねて、そうした価値観をより文化的でメディア主導型のクリエイティブな環境へと変換している。ロスがインタビューした人たちは皆、勝ち組に見えるか、少なくともそのように自分たちを見せている。「フィッシュ」は自分たちのクリエイティブなキャリア全体でのこの短い労働期間に関する限り、雇用や社会正義の問題を気にしていないようだ。むしろこれは、職場をさらに良くし、提供するサービスに付加価値を与えるために、従業員が個人的な芸術やサブカルチャーとの結び付きを利用できるという付加的な魅力を持った、紛れもなく商業的な環境である。

リチャード・ロイドは一九九〇年代の大部分を通じて、（かつての貧しく荒廃した地域でラテン系の人口が多い）シカゴのウィッカーパーク地区に集まったヒップスター・シーンの、地域に基づく分析を行った（Lloyd 2006）。そこから出てきた研究は、社会学でのシカゴ学派の伝統を踏襲しながらも、都市生活に関する現代的な理論、特にサッセンの影響を受け非常に詳細でよく考えられ微調整されたエスノグラフィックな説明である。しかし、「ネオ・ボヘミアン」に関する、私たちを惹きつけるこの分析には、今でもそこに住んでいるヒップスター以外の人々、特にこのシーンに巻き込まれていない人々に対するある種の短絡的な考えがいまだに存続している。ロイドの焦点は主に芸術家や音楽家に向けられている。その多くはバーテンダーをし、イベントやパーティーの準備に時間を費やしている。バーや小さなクラブ、音楽会場で働いている人々との会話から細部の最も豊かな様子が浮かび上がってくる。特にバーやレストランが地域外からの裕福な訪問者の娯楽場となっていくにつれて、ジェントリフィケーションについて活発な議論が出てくる一方で、ロイドはその地域内での生活、学校、家庭、公園、遊び場などについては考察していない。その結果、ヒップスター・シーンのメンバーが持っていたり持っていなかったりする、地域における隣人とのつながりを見すごしてしまう。経済活動は、小さなデジタルメディア企業やスタートアップ企業で働き、バンド活動をし、クラブやダンスの興業主として働き、書店やカフェを経営し、さまざまなパブでバーカウンターの奥で働き、レストランで給仕することなどを含んでいる。ロイドの回答者の多くは、友人のオープニングイベントやパーティーに参加しながら、自分の作品作りを続けていきたいと考えている芸術家である。全体的に見れば、ロイドはこのような柔軟でクリエイティブな見通しが、脱産業資本主義における新しい仕事の要件に対応していると論じている。ロイドが論じている「自由奔放な芸術家的な倫理」は、「新しい現実に最も適している」（Lloyd 2006, p. 236）が、それは同時に、回答者の多くにしばしば酒や麻薬に関連した健康問題などの被害を与えている。このように自由奔放な〈気立ての良い〉享楽を味わう一方で、生活費を稼ぐ手段として「サブカルチャー資本」を利用することは、ロイドが示唆している以上に脆弱な存在になることにつながっているように思われる。ロイドは、健康保険の支払いがどのようにカバーされているのか、どれくらいの人々が両親に支えられているのか、あるいはどれくらいの人々が何かしらの個人的な収入を得ているのかについては質問していない。私たちは小さなカフェやバーの売上高については知らないが、いくつかは他のものよりも長く続くにしてもヒップスターのお気に入りの溜まり場でさえしばしば比較的寿命が短いことだけは知っている。読者は、家庭で何が起こっているのかを気にせずにはいられないだろうが、これはサブカルチャー概念を出発点とし、夜型の経済体制を主な焦点とする研究の長年に渡る特徴である（McRobbie 1988）。この特徴は、ヒップスターの参加者が直面している困難に、困窮や貧困が実際にどのような影響を及ぼしているかという点への関心が示されないことから悪化している。誰も失敗や失望、あるいは単なる疲弊についてすら話したがらない。現場の要素しか見ようとしないことは、福祉への依存の有無、自由奔放な芸術家的愛着や夜の時間帯の社交性における年齢的・世代的制約など、より不可視化された特徴を見落としてしまうことを意味するのである。

プロレタリアの夜

哲学者のジャック・ランシエールは一九七〇年代後半に著書を初めて出版し、一八三〇年から一八四〇年の間に熟練労働者のグループによって書かれた手紙、文章、詩、声明のテクスト分析から一九世紀のフランスの労働者階級の声を選び出し、労働者階級の生活に関する説明の多くに反論している。ポスト構造主義の歴史を提示しようとするランシエールによる面倒で扱いにくい試みを通して、労働者の生活に関する多くの説明が対象となるテクストを書いた人の理論的傾向や政治的傾向と合致しそれを示す良い例になるように完璧に調整されてきた点に問題を抱えていることを明らかにした(Rancière 2012)。しかもこの研究において、ランシエールは理論的に冒険している。ランシエールは、スチュアート・ホールが「文化主義者の説明」とラベル付けした領域を、ポスト構造主義的な議論の支配下におくのである。例えばE・P・トンプソンのような人が、イギリスの労働者階級の「成り立ち」を構成するのに役立った一九世紀イギリスの労働者の声や歌の中に政治的な信憑性を見出したのに対し、ランシエールは労働者階級の組合についての真実を提示しようとしない。というのも、彼が集めた声明やテクストの断片はタペストリーのようなものであり、あらゆる種類のとりとめのない空想的な憧れや欲望を示しているからだ。ランシエールの説明によれば、詩を書くことやその他の同様の活動における試みは、当時の労働者運動の指導者たちが強調したかったものに収まらない特異点や差異や不適合を認めるものであったという。ランシエールは、フーリエ主義者やサン＝シモンの信奉者を含んだ組織における多くの初期の労働実験を通して方法論を広げ、これらの初期の社会主義グループにおける自律の必要性と耽美主義への全般的な欲求に光を当てている。人々は、労働者階級運動の指導者たちの期待に従いはしないが、それを完全に否定しているわけでもない。マルクスが工場労働者や職人について考えていたとするなら、ランシエールはレース職人、家具職人、馬具屋、背景画家、タイポグラファー、楽器製作者、（女性の）裁縫師などの産業革命前の労働人口に目を向けている。こうした労働者の多くは需要が減ると失業期間に耐え、スキルを伸ばして他の仕事に就かなければならない。何をおいても、労働者たちは詩を愛し、単調な機械労働から離れた時間を切望した。ランシエールは「職人による社会主義」の理想を描いたわけではないし、工場システムが必然的に産業革命前の労働者たちがもっていたスキルの幅を狭めてしまったと嘆いているわけでもない。労働者階級の男女は、自分たちのアイデアをより完全に追求することができるような、別の出口や道を望んでいるのだ。「お分かりのように、私は自分の専門技能がどの程度のものか分かっていますが、それでも私は画家になりたかったのです」（Rancière 2012, p. 5）。ランシエールは、「ここで危機に瀕しているのは、怠ける権利ではなく、別の種類の仕事を夢見ることである」（Rancière 2012, p. 8）と述べている。これはまた、左派「労働者主義」と労働者はつねに規律に従わされているという主張への根源的な挑戦である。階級闘争が軍事的スタイルのヒエラルヒーを必然的にともなうとすれば詩人や歌手たちはそこからの「脱走者」のように見えるかもしれないが、「資本家」になりたいと願ってはいても社会主義の思想を捨てたわけではない。「社会主義を夢見ることは、企業の美徳を忘れることを意味しない」（Rancière 2012, p. 33）。これらの労働者は独立を求めている。ファッションを楽しみ、尊敬を得られるような装いをしたいとも思っている。仕立屋は若くて反抗的であり、「資本家からの独立と平等」を要求し、作業場でタバコを吸い、新聞を読む時間があることを望んでおり、資本家たちに「作業場に入ったら帽子を脱いでほしい」と考えている（Rancière 2012, pp. 41, 42, 46, 47）。

ランシエールが労働者階級の闘争の重要な部分として記録することを望んでいる無秩序な労働は、芸術や文化の領域で仕事や雇用の心地よく愉快な空間を見つけたいというイギリスの労働者階級やミドルクラス下位層の若者の一部の願望を支えてきたと私が論じる、ある種の逃走線に相当するものである。[18] 私がここでやっていることは、実質的にCCCSモデルを拡張・更新し、それを余暇の領域から取り出して仕事の領域へと移動させることである。[19] どちらの領域においても、労働の制度や組織によって欲求や憧れを完全に捕獲したり封じ込めたりすることはできない。このような強情さと粗暴さは「文化政治」と呼ばれることもあるだろう。イギリスのカルチュラル・スタディーズの伝統は、E・P・トンプソン、レイモンド・ウィリアムズ、リチャード・ホガート、スチュアート・ホール、ポール・ギルロイの著書において、文化的・サブカルチャー的な形態やその他のジャンルの生産が、支配的な社会的価値に対する対抗的な物語をどのように提供してきたかについて述べてきた。本書で取り組んでいる研究で、私はこれらの卓越した文化形態と、その文化形態が生み出した仕事やクリエイティブなキャリアの種類との間につながりを持たせようと努めている。つまり、アイザック・ジュリアンの批判的なアート作品やゴールディーの音楽作品が実際に存在しているのと並行して、雇用創出の世界や個人事業主になるという環境が存在しており、作品と仕事が歴史的にどのように絡み合っているのかを理解する必要があるというのが私の主張である。ランシエールの説明は、イギリスのカルチュラル・スタディーズの伝統が、階級政治を工場の現場や組合労働、党の指導的役割と結び付くことのないそれ以外の別の場所から生まれるものとして理解することで、ある種のマルクス主義を体現していたことを思い出させてくれる。もし私が今、仕事場を復活させるなら、それはキッチンのテーブル、若者のクラブやディスコやストリートが、逃走線の進む方向を明確にする上で重要な役割を果たしたという前提に基づくものになる。これらの共同的、家族的、集団的、あるいは実のところ制度的な空間は、代替的な仕事生活を想像することを可能にしてくれた。したがって、カルチュラル・スタディーズは差異と多様性に開かれ、また職場や公的な政治の領域における地位と並んで、家族や共同体における平等な地位にも開かれたネオ・マルクス主義を予期していたのである。

要約すると本章では、イギリスで新たに拡大したクリエイティブな仕事という考えを受け入れたミドルクラス層が、福祉なしで、あるいは大幅に削減された福祉のみで仕事生活の成り行きを見ることを期待されるようになったと主張してきた。やりがいある仕事の追求は、この文化的風景が労働闘争と労働改革の両方のための空間になるという理由から、逃走線であると同時に緊張と「捕獲」の場でもある。若い人々を保護されていない領域へと先回りしてルート変更させることがその目的であり、これはこっそりと行われる「労働改革」である。この領域における権力は「捕獲」という形を取る。それは、国家の計画、教育訓練、雇用創出のための微調整された手段が、若い文化起業家と一見協力しながら作用するよう考案されていることによる。初等教育から中等教育、高等教育に至るまで、専門教育と教育学は、創造性の〈装置〉を展開するための特権的な空間となり、その決定的な特徴は「経営大学院」からの語彙の輸入であり、それはやがて新しい正統性となってしまった。新しい都市のミドルクラスは脱社会化されており、都市社会主義、公共心、市民意識とのかつてのような結び付きから切り離されている。その代わりに、人々は自分のためだけに考え行動するよう促されている。経営大学院のモデルが強化され、以前は「美術学校」のカリキュラム内に設置されていた社会科学と人文科学の知識に基づく批判的・分析的体系に取って代わる潜在的な可能性を持つようになったことからも分かるように、教育の場は以前にも増して教育訓練と学習の風景を変えるための都合の良い道具となったのだ。

第3章

人的資本としての芸術家

ニューレイバー／「新しい労働」、クリエイティブ経済、アート業界

映画業界の仕事を想像してみよう。映画から映画、クルーからクルー、セットからセットへ移動し、ある月には成功し、次の月には失敗し、結局前回のプロジェクトと同じくらいしか進んでいない。仕事は、この先一〇年でますますこんなふうになっていくかもしれない。つまり、時には楽しくやりがいがあるが、つねに不安がともない放浪続きで途切れ途切れのものになるだろう。

Leadbeater 1999, p. 64

芸術家の姿を現代資本主義のモデルとして表象することは、アルベルト・ロペス・クエンカ（2012）が言う「ヘゲモニー的ではない社会実践を生産しようとする自律的なプロジェクト」の持続を含めた「芸術実践の異質性」を平坦化してしまうことになる（Gillick 2010; Rosler 2011も参照のこと）。さらに、芸術家やその他の文化労働者は、ネオリベラリズム時代の搾取と不平等に抗する闘争の主人公の一人である。

de Peuter 2014, p. 274

労働改革としての創造性

本章では、ニューレイバー政権時代、特に一九九七年からの初期に、クリエイティブ経済の推進を通じて「労働改革」が行われたという考えを追求していく。この主張は常識では理解し難いように見えるかもしれない。なぜなら、多くの報告書やマッピング文書を開いても、クリエイティブな分野内では、まさに仕事や労働条件についての概念が不可視化されているも同然であるからだ。だがあからさまな題材が見えてこないこと自体が、この分野における独特な転換や新たな課題を示唆している。仕事というものはそこに存在していない。というのも、この修辞学的世界では今やビジネスや起業家精神が重要視されており、仕事生活や労働過程といった概念は、あまりにも社会学的なものであり、そこには存在していないのである。それは、漠然とし、自律的で、国家による「干渉」が少なく、産業政策とはまったく関係のない活動様式に取って代わられつつあることを明確に思い起こさせるものである。労働は自作自演で行われるものとなった。生政治に関するフーコーの著書は、労働改革や文化政策についての議論を展開するきっかけを与えてくれる。彼は初期に身体と、分散され分解され分離された肉体的な手段で主体に働きかけるものとしての権力に主眼をおいているからである（Foucault 2008）。このやり方に対処する人々には多くの機会と動機も与えられる。見返りへの期待や、参加するよう声を掛けられ続けることなどは、結果の見えないリスクの高い仕事であるにもかかわらず、そうした仕事を魅力的でエキサイティングなものに変えることに一役買っている。このような権力へのアプローチとはかなり対照的に、文化政策に関するイギリスの学術的議論の多くは、ネオ・マルクス主義的なメディアとコミュニケーションの政治経済学的アプローチに基づいている。この議論では、（政策の形での）権力が明らかになり力を発揮する微視的なプロセスや、どのように展開され、また個人がどのように振る舞うか、自分自身をどのように装うか、あるいはどのように自分の身体能力を利用するかといった日常の活動への影響を明らかに伝え切れていない。例えばマクギガンの著書において、クリエイティブな領域でのネオリベラリズムは、グローバル化と緊密に連携した絶対的な力《ジャガーノート》のような勢いを持っている（McGuigan 2005, 2010）。この捉え方は、組織や機関やこの分野で一般的なタイプの零細企業において文化政策がどのように実施され、どのように対応されているかを見過ごしたままだ。政治経済学的アプローチでは、政策のレトリックがどれほどはっきりとした言葉の勢いを持っているのか、また、これらの新しい語彙が、被雇用者だけでなく個人事業者やクリエイティブな分野の自営業の人々によってどのように採用されるようになったのかを考慮できない。こういったレベルでの権力の広がりや権力による捕獲物の形状についての洞察もないまま、文化の分野におけるマーケットの力やビジネスモデルの普及、アートのスポンサーシップの台頭についての変容を強調するのは、あまりにも陳腐な議論に見えてしまう。

一九九七年から一〇年余り、イギリスでのニューレイバー政権時代に、創造性という観念への関心が急激に高まり作業部会《タスクフォース》、チーム、クリエイティブ・パートナーシップ、クリエイティブ・リーダーシップ・プログラムなどが社会的包摂、雇用創出、繁栄をテーマにした新しい成長の旗印の下で集められた。クリエイティブ経済の黎明期は、いわゆる「ヤング・ブリティッシュ・アーティスト」が台頭してきた時期でもあり、その結果、ロンドンは世界的な芸術都市として中心的存在になった。以下ではこの数年間を回顧するための文化政策の議論を考慮し、続く次節では人的資本としての芸術家という考え方を展開する。全体としては、これらの領域との関連で統治性の活動が芸術と文化を再定義し、創造性が芸術と文化の場において「才能主導の経済」の旗印の下で労働改革のための手段として機能していることを示したい。かつてはどちらかというと穏やかな政策の僻地と捉えられていた場所には今や、永続的な成果を生み出すことを目的とした敵対者の戦略が見える。ブレア政権時代の誇大広告の後、二〇一四年にデジタル・文化・メディア・スポーツ省（DCMC）[1]が再び政府の影に隠れて権力も影響力も奪われ、ウェブページ上に芸術家が一人も表示されなくなったことを考えると、この考察にもある程度の時宜性があるかもしれない。DCMCは規模が縮小され、大規模な放送・通信部門と一層直接的に関わるよう再布置化され、才能主導の経済という考えは完全に忘れ去られ放棄されたかのように見える。[2] そのため、「クリエイティブ経済のその後」や「クリエイティブ経済を超えて」といったタイトルの学術論文が多く書かれるようになった。[3]

まずは簡単に、ニューレイバーが最初に政権に就いた時に着手した取り組みや活動をいくつか挙げることから始めたい。ヒューイソンによって再認識できたように、第一に、クリス・スミスを大臣とし、（以前は文化遺産省だったものを引き継ぎ）ＤＣＭＳが設立された。スミスはこの省と「文化」を、ゆくゆくは財務省に近付けることが自分の役割だと見ていた（Hewison 2011）。[4] クリエイティブ産業の作業部会が広報部門とともに設立され、これに続いて、すぐさま『ＤＣＭＳマッピング文書』（1998, 2001）が公開された。この活動が大規模で充実した内容であることはかなり綿密に記録されていて、例えばマッピング文書だけでなく、教育と技能に焦点を当てた報告書や、子どもや若者の認知能力を育成し、社会的結束を促進する上で文化と創造性が果たすべき積極的な役割に注目が集まるようになった。最初の数年間はダウニング街での「クール・ブリタニア」の盛り上りによりクリエイティブ経済の可能性が強調され、この活動は大きく注目され知名度は上がった。これまで経済的価値があると考えられていなかった産業分野でありながら、「誰もがクリエイティブである」というスローガンの下、この分野全体が平等主義的で反エリート主義的な側面を持っているというのがパンチラインであった。[5] そのため、アクセスの幅を広げ、この人材のプールを活用する方法を見つけることが課題となった。主要な博物館や美術館の入場料を下げ、国営宝くじの資金をアートやコミュニティのプロジェクトに投入するなど、純粋に平等主義的な政策が導入された。同様に、学校単位で取り組んだクリエイティブ・パートナーシップと同じく、クリエイティブ・リーダーシップ・プログラムも設立された。二〇〇六年までにはその大々的な広告が消え始めたものの、ゴードン・ブラウン首相は技能評議会「クリエイティブで文化的なスキル」を設立するため一二〇〇万ポンドを援助した。しかし、これは前述したプログラムの大半と同様、二〇一一年までに連立政権によって終了させられた。この間、ＮＥＳＴＡ[6]はアイデアや政策を策定する重要な独立機関となり、二〇一〇年には再び慈善事業化され、その中心的な位置は維持しつつ、当時の流行語だった「創造性」という言葉をより技術主導型の「イノベーション」という言葉で巧みに置き換えた。

ガーナムは、サッチャー夫人が一九八六年に閉鎖した一九八〇年代の左翼的なロンドン「大ロンドン市議会《グレーターロンドンカウンシル》（ＧＬＣ）」による統治の下で自ら諮問的役割を得たこともあって、ある程度までこの分野に精通した研究者兼政治家として、クリエイティブ経済の台頭が情報社会の広範囲にもたらす影響、つまり知識経済や著作権と知的財産の役割を想定したものであることを示唆し、説得力ある説明を与えている（Garnham 2005）。ガーナムはまた分析の中で自身の知の軌跡を説明している。フランクフルト学派への賛同と批判の旅路を経て、ガーナムはより強い経済的見地を必要とするようになり、ＧＬＣ時代には商業的なマーケットでの成功が保証されていない文化形式に対するより広く平等な分配システムを主張することとなった。このことを念頭に置いて、ガーナムは「芸術家中心」のアプローチを支持し、商業市場における成功が保証されていないアートという課題が同じくらい重要であるにもかかわらず軽視されていると、ニューレイバー政権下におけるクリエイティブ経済の政策を非難している。その結果、アートや文化が知識経済やソフトウェア部門と融合し、前者が後者に「クリエイティブな芸術家としての道徳的威信」をもたらしているといったいくつかの重要な特徴を隠蔽してしまう。だが、実際にはこの分野全体の経済的展望は、知的財産の所有者やライセンス取得者にとっての価値にほとんど依存することになっている。ガーナムは、技術革新の重視が騒ぎの背景にあると主張している。それとは別に、これは短期的な目標に基づいた無秩序な寄せ集めだったとも述べている。いささか還元主義的ではあるが、チャールズ・リードビーターの著書『薄空の上の生き方』（Leadbeater 1999）を参考にすれば、この議論は確かに理にかなっている。一九九九年に出版された際、本書はクリエイティブ産業への高揚感に付随するものと考えられていたが、この本の大部分はイノベーション、バイオテクノロジー、知識経済、そしてシリコンバレーから学ぶべき多くの教訓を対象としている。ファッションデザイナーのアレキサンダー・マックイーンについての言及だけが、その著書をクリエイティブ経済の議論の軌道にのせている。それ以外のカリスマ的起業家は、往々にしてソフトウェアとコンピュータ関係のハイテク業界の出身である。この章の後半で明らかになるように、連立政権になり芸術文化資金の大規模な削減が相次いだにもかかわらず、実際にはこのようなイノベーションの側面が続いている。さらにガーナムは、ニューレイバーが政権の座についた時にGLCに関連する社会民主主義的な政策を放棄したことを指摘している点で的を射ている。しかし、芸術家中心のアプローチ、あるいは私が「作家アプローチ」（McRobbie 2002）と呼んでいるものは短期的な目的に重点を置いており、ガーナムが述べている以上に意図的に道具的であったとも言えるだろう。芸術家に注目が集まったことで、教育システムに関係する人口としての若者に対し、大規模かつ大衆的な訴え方が発達した。このやり方は、成功という発想が創造性やセレブリティとうまく融合し、（『Xファクター』などの人気テレビ番組といった）現代の文化生活の中ですでに確立されていたテーマと合致したためうまく機能した。これらの要素は、ビジネスのモジュール化やツールキットといった形で、カリキュラム改革や教育戦略にたやすく反映させることができた。短期的に見える目標に焦点を当てることで、不確実な未来がキャリアの一部であることを同じ対象者たちに明確に伝えられたのだ。つまり、これは統治性としての不安定性《プレカリティ》の新体制を示唆するものである（Lorey 2015）。

デイビット・ヘズモンドハルグは消費者市民を重視する市場原理とならんで、（GLC時代の要素をいくつか含む）明らかな社会民主主義的側面が存在していることから、メディアやコミュニケーション、文化政策にまたがる一連の政策が「ハイブリッド」なものになっていると論じている（Hesmondhalgh 2005, 2010）。残されたのは、芸術や文化に対する反エリート主義と、脱産業化した風景の中で雇用創出のインフラを整備しようとする試みであった。ヘズモンドハルグは、重工業だけでなく労働組合への政治的支援も衰退した時代における労働党政権のジレンマ、そしてその他の社会民主主義政党のジレンマについても考察している。この文脈では、いわゆる「第三の道」は一見実行可能な経路を提示しているように見える。しかしヘズモンドハルグはニューレイバーが政権の座に就いた時の、より攻撃的なダイナミズムを考慮していない。ニューレイバー政権は確かにいくつかの社会民主主義的な政策を保持すると同時にそれを否定し、あるいは周到な形でその周縁性を確保していた。したがって、（第三の道による）ハイブリッドな政策はヘズモンドハルグが示唆するよりも敵対的で戦闘的であり、スチュアート・ホールが分析したように、ニューレイバーによって創り出されたネオリベラリズムの特徴的な形態であり、社会民主主義的な要素が（党内の守旧派に迎合して）不本意ながら存在しつつも理論上は凍結されていた（Hall 2003）。だが私たちはホールの分析よりもさらに一歩踏み込んで、それまでの集団主義の形態が格下げされ脇に追いやられたと主張することもできる。例えば急進的な映画制作者の協同組合は多くのコミュニティ・アート・プログラムと同様に資金を失い、それだけでなく平等の原則そのものが放棄され社会的包摂やメリトクラシーという漠然とした考えが支持されるようになった。要するに、まったく新しい政治的語彙が導入され、それが頻繁に繰り返されることで常識的スローガンとなり、同時にニューレイバーにとって「新しい」ものの同義語になったのである（Hall 2003）。ヘズモンドハルグらは、最近のニューレイバーについての考察の中で、アートの分野におけるネオリベラリズムについてのマクギガンの分析を引用し（Hesmondhalgh et al. 2015）、ネオリベラルな計画の達成にこの数年間が費やされたという安易すぎる結論に警鐘を鳴らしている。ヘズモンドハルグらは、スポンサーシップや官民連携を優先する表現によって相殺されたこの領域への資金の流れを指摘する際に、ネオリベラリズムという言葉が、左右さまざまな政治的信条を持つ人々の集まる傘のようなものとして機能していることに悩まされている。社会的包摂の課題と並行してアートへのさらなる支出があるという事実を検討し、ヘズモンドハルグらは、ニューレイバー政権が文化と創造性の問題に関してははっきりとネオリベラリズム寄りであったと結論付けるのはあまりにも単純だと主張している。逆に、ネオリベラルな統治性を、多くのレベルの制度にまたがる複雑な実践の網で構成され、アートと文化におけるビジネス・スポンサーシップのような主要なモチーフや、この業界での卓越性や評価基準《ベンチマーク》、ブランディングといった新しい語彙に決定的に収斂していくものだと理解するなら、これらすべてがまさに重要な変化をもたらすことが分かるだろう。このような変化は、アートや文化だけでなく、公共生活の多くの分野に及んでおり、まさにそのために規範化の様相を持ち始めている。

だがおそらくヘズモンドハルグらは、経営コンサルタント、作業部会、評価基準、「域内マーケット」の設定、競争の重要性、「卓越性」の概念などにともなうすべての道具立てとともに、ニュー・パブリック・マネージメントによる言説の誘発性に適切な注意を促している一方で、イギリスのこの新たな時代の公共経営の言説における、本質的に重要な点を強調しきれていない。そのような思考法がクリエイティブ経済の台頭よりも先にあったからこそ、同様の思考法が芸術行政の世界にも比較的分かりやすく論理的な形で流れ込んできたのであり、そこでは高等教育と同様、「金銭に見合った価値」を提供する、あるいは「無駄を省く」というレトリックの下で高価なコンサルタントサービスが十分すぎるほど利用されてきた。クリエイティブ経済に組み込まれた起業家精神的な倫理を推進しながら着手された労働改革は、従来の仕事や雇用の世界ですでに行われていた論理の延長線上にあった。ドンズロや、より最近ではボルタンスキーとシャペロの研究で知られているように、大企業の経営者と雇用者はここ何十年もの間、多くの場合経営コンサルタントのサービスを採用することで会社へのずる休みのコストを削減し、労働者の不満を最小限に抑え、職場での自己責任の奨励を労働組織の可能性を減らすために作られた戦略としながら仕事の満足度を高める方法を探ってきた（Donzelot 1991; Boltanski and Chiapello 2005）。近年、公的資金を受けた芸術行政の界隈では私営化や起業文化の奨励などが行われており、その結果、最近では多くの行政官もまた、同僚の芸術家や俳優たちと同様に個人事業主やフリーランスとなっている。このようなアート従事者の分野はかつての公共部門から、「別部門の設立」として自らの仕事仲間を形成することが奨励されている。

マーク・バンクスは、一九九八年から二〇〇八年の間に出版されたさまざまなマッピング文書、報告書、論文の広範な記録化に着手し、前述したように、新しいクリエイティブ経済において仕事と労働条件の側面が軽視されていることを指摘している（Banks 2010）。代わりに、クリエイティブのための拠点や柔軟性や転換可能な技術の考え方に対しては頻繁に言及されている。ワークファウンデーション[7]が発表した、広く議論されている『一歩先をレポート』でさえ、従業員や労働者の視点と考えられるものについてはほとんど、あるいはまったく言及されておらず、短期的な仕事や自己管理的な労働、あるいは個人事業に関する考えられる限りのマイナス面についての議論は一切ない。このように、現場や柔軟性のある会社や企業内部の実際の労働条件に対する視野狭窄な見方は、労働改革がまさに言語表現の領域、つまりどこで何が語られ、議題となり、取り残されているかという議論の中で行われているという私の主張を裏付けている。このレトリックは、創造性という表題の下、アートや文化の世界に今では植え付けられてしまった経営学の自己陶酔した言葉の勢いを妨げる話題や用語を取り除くことによって、その勇ましい新たな仕事の世界を布教する目的を達成している。もしガーナムの言う通り真に推進されていたものが、創造性を美的にアピールするパッケージとしてのイノベーション重視の知識経済であったのだとしたら、なぜ芸術家を主役にする必要があるのか、このように芸術を利用するより深い論理的根拠とは何なのかという疑問が残される。バンクスは政策綱領に関する考察の中で、政府や雇用者の視点をそのまま繰り返すだけの非常に強力かつ首尾一貫した政策は、新しい労働人口の一部に柔軟でクリエイティブなスキルを求めるものであり、これは教育やカリキュラムのレベルでの要件を正当化するようになると示唆している。しかし、数多くの議論の末に得られた結果が、一見平凡なように見えて実は問題の所在を教えてくれる。起業家精神に溢れ、自己管理し、意欲的で個人化した労働人口が必要とされ、これらの若者たちに自らのために仕事を作り、多かれ少なかれ新しい仕事の形を考案することが求められているならば、若者たちが集団で取り組むことのできる有力な場所はすでに集まっている場、つまり公教育システムだからである。当然ながら「クリエイティブで文化的なスキルセット」が最も根付いているのは、学校、カレッジ、大学だ。これと同じ論理は、大学の学部の名称を「クリエイティブ経済センター」に変更し、その新しく学際的な表題の下で学部の学位を設置することにも拡大されている。こうして労働改革は、より強力にビジネスに影響されたカリキュラムによって新しい主体性が呼びかけられる場であるという理由から、教育の空間で進められる。このようにしてアートと人文科学、そしてある程度の社会科学の要素が人的資本の開発の場として再構成されるようになるわけである。したがって、これら政策の寄せ集めに見えるものが、教育システム内の特定の人口集団を対象とし、今では将来の起業家の必須科目として指定されるのにぴったりの道具となっている。確かにニューレイバーがこの方向へ押し進めたことは漠然とした成果しか感じさせないが、とはいえ大々的に宣伝されており、それまでは公共部門の資金が維持されていた分野や従来の仕事・雇用の分野において冒険的な起業家精神を支持する動きの先頭にイギリスが立っていることを示す目的も担っていた。実のところ、ここでの重要な戦略は、才能を公表し賛美するだけで十分であり、解説し、宣言する行為そのものが宣伝されるものを生みだすかのように広報が政策の機能を果たしているということだ。そしてこれが、創造性の〈装置〉のための好ましい様式となるのである。

ケイト・オークリーはクリエイティブ経済の台頭に関する一連の洞察に満ちた論説を書いており、

それはいずれも仕事の世界におけるより広い変化に注目を与えているが、彼女自身ニューレイバーが政権に就く前から政権初期にかけて専門的なアドバイスを行ってきたインサイダーであるため、もしその地位を得ていなければ可視化できなかったであろうつながりを明確にできる立場にある（Oakley 2004, 2006, 2009, 2011）。当時はいわゆる「政府との連携」の時代で、政策実行チーム（PAT）や社会的排除防止局と連携し、社会的包摂を促進することに価値が置かれ、近隣のプロジェクトで活動する芸術家にスペースを開放し、（文化的リーダーシップ・プログラムのように）かつて芸術行政と呼ばれていたような領域全体のキャリアパスを統合した。ポピュラー文化や労働者階級文化のポリティクスに依っていることはほとんど認識されていなかったとはいえ、オークリーは、これらの考えの少なくとも一部は、労働者階級の若者の創造性に関するポール・ウィリスの考えの形[8]を取ってカルチュラル・スタディーズに依拠していたことを示唆している。さらに、オークリーは、スチュアート・ホールを中心とした『新時代《ニュータイムス》』の執筆陣が主導した役割を指摘している（Willis 1990; Hall and Jacques 1989）[9]。オークリーはこの関係を、『新時代』の著者たちが描いたポストフォーディズム経済への転換という観点から辿り、ポストフォーディズムは高いスキルという要素を必要とする本質的にもっとやりがいのある新しい仕事を生み出したと指摘している。ニューレイバーにとってこれらの考え方は、「労働」という古い産業労働者階級の領域から注意をそらすための転換を可能にした。「脱大衆化」、つまり、労働組合という代表的な形態を備えた労働者階級という観念を放棄することで、その関心を個人と自律性という考えに転換することが可能になった（Leadbeater 1999）。オークリーはこのことが政権の座にある労働党にとってどのような結果をもたらし、その規模はどの程度のものだったのかを明確にしていないが、代わりに、政府に近い思想家の多くにとって、（「社会的・倫理的規範」を共有した）ネットワークというアイデアが、従来の労働組織の考え方に取って代わるようになったと述べている。ともかくも、ポストフォーディズムの新時代において、ニューレイバーは、労働者がより高度に熟練し、（すでに）個人化された領域に向かっていくのを正当化している。新たなクリエイティブ経済が労働者の最重要組織である労働組合からネットワークという漠然とした概念へと移行するためのひな形となるのであれば、これは確かに労働改革へと向かう無視できない行程だ。オークリーが別の論文で述べているように、「ネットワーク」は以前にもまして「労働組合」に取って代わるようになっている（Oakley 2006, p. 262）。強調したい点は、ネットワーク（実質的には信頼に依存した友人同志の集まり）が何らかの形で長年闘争してきた労働組合とその代表権に取って代わるだろうという考えは、当時のニューレイバー的レトリックの挑発的かつ支配的なスタイルの典型であるが、同時にニューレイバーにとっては、労働組合と組織化された労働者とのつながりの歴史を脱し、この劇的かつ根源的な転換がどこまで可能か確認するための試みであった。[10]

オークリーによれば、スチュアート・ホールが「左翼は右翼から個人の自律性を奪い返す必要がある」と主張したと捉えたのはトンプソンであり、これはホールが労働改革への扉を開いたことを暗に示している（Thompson quoted in Oakley 2011, p. 283）。私の理解では、当時スチュアート・ホールが行っていたのは、消費文化の動向など、ポストフォーディズムの台頭と連動した変化との折り合いをつけることだったが、なぜか左翼はそのことに関与できなかった。左翼が新たな人民のための政治を築くことができるかどうかについてのホールの包括的な思考は、リードビーターやマルガンやその他のニューレイバーに近いシンクタンクとともに活動する有識者によって、予期せず右翼的な方向に取り込まれ偏向させられた。[11]ホールは、ニューレイバーによる中道左派や実質的な右翼的左翼主義への移行の意志を予見していなかった可能性があり、問題はこのニューレイバーの保守主義が、サッチャリズムの下に結集した有権者の実体のある集団と合流し、サッチャリズムと似たような表現を支持しているニューレイバー支持者に、より容易に訴えかけることができた点である。『マルキシズム・トゥデイ』誌の常連論客でもあるリードビーターは、今や従業員がますます個人化され、いずれ国家は今ほど必要とされなくなるだろうと述べている。つまり、従業員がより個人化されネットワーク化されることで、国家の役割そして保護政策と給付金制度は削減可能となる。このような驚異的な状況下では国家は縮小しうるのである。ジョン・クルダス議員は従来の労働党左派の立場からこれらの戦略を振り返り、労働者階級が衰えていくことを見据えたニューレイバーにとって、残された重要な課題は「人的資本へのアクセス」（Cruddas 2006, 引用：Oakley 2011, p. 284）であったと見ている。そして、「ポストフォーディズム型社会主義」という（第一世界の）神話は、自由で独立した消費者が現代的住宅所有やイケアのようなライフスタイルに参加することで今や古い階級分断を乗り越えられる、やりがいある仕事の楽しい風景という考えに基づいていた。オークリーは、「それゆえ、労働市場の改革はさまざまな分野で政治的な成功をもたらすと信じられていた」（Oakley 2011, p. 284）と述べている。これはこの言葉が伝える以上に極めて重大な変化だ。ニューレイバーが採用したこの敵対者の進路のせいで、例えば北欧諸国の社会民主主義者や労働組合が支持するタイプの「柔軟的失業者保障政策《フレキシキュリティ》」という新たなモデルを考慮する機会が追求されなかった。創造性は、成長と富を作り出す源泉として宣伝されつづけていたにもかかわらず、労働の観念から切り離された。同時に、創造性に基づくこの種の労働の変則的な性質、つまり「公式的なものと非公式なもの、営利と非営利、国家と商業的な行為主体の間における入り組んだ活動の氾濫」もまた、組合労働自体へ異議を申し立てている（Pratt 2012, p. 47）。小規模企業や零細企業がわずか数か月の間に開業しては倒産していくような状況において、幅は広いものの不規則になりがちな活動は、実のところ安定した組織や比較的安定した従業員に対応することに慣れている政策立案者への異議申し立て以外の何ものでもない。創造性の追求が生み出したのは、専門性やスキル、資格といったものが多種多様な能力を詰め込んだポートフォリオという考え方に置き換えられ、標準的なものを外れた仕事生活についての考え方だけでなく、極めて個人化されたものの見方なのだ。ニューレイバーは、創造性が「労働」という厄介な考えの代替物となり、事実上、労働を排除する可能性を持ちうると捉えたのである。

人的資本としての芸術家

典型的な芸術家が散発的な収入や最小限の収入、貧困ライン上での生活や予測不可能な「人的資源」と結び付けられ関係してきた歴史がある中、労働者としてすぐに多忙でクリエイティブなマルチタスカーに変身し、さらには高給取りの経営者[12]にまで成り上がる様相が、クリエイティブ産業の可能性に関する議論において重要な位置を占めるようになったのはなぜだろうか。これは、私が何年か前にクリエイティブ経済の発展に関してすでに出した回答に対する自問であったが、今再びその問題に立ち返っている（McRobbie 2002）。一般化することが不可能に見えるほど仕事生活が多岐に渡る（美術系の）芸術家たちは、どのように政策立案者の注目を集め、将来の仕事について議論する上でも重要な参照点となったのだろうか？　予測不可能なキャリアの成果、生計を立てる手段としてはハイリスクな戦略、通常の雇用にともなうコストのかからない個人事業やフリーランスから雇用契約者の得られる価値こそが、まさに新しいクリエイティブな労働人口が占めているこのような立場の原型なのである。このまったく予測不可能な生き方は、アートやより広いクリエイティブな分野で訓練を受け、一九八〇年代後半から一九九〇年代初頭にかけて普及した高等教育を受ける機会の恩恵を受け拡大した若者層が、どのように仕事の世界に参入したのかという疑問に答えている。これらの若者は、雇用に付随する福利厚生や補償や社会保障がない場合、仕事や職業がどのようなものになるかを今まさに検証しつつあり、もしくはこれから検証することになる。芸術家は往々にして個人事業主だ。しかし今もなお芸術家の仕事生活を取り巻くロマンチックな倫理がある。キャンバスの前の大きな木のテーブルには油絵の具のチューブが乱雑に並べられ、その後ろで大音量の音楽が流れる特別な場所がアトリエだというように。だが、ある意味で芸術家が仕事の未来を先取りしている理由を物語るのが、まさにこのような道具やアート的労働の現場に対するロマンスなのである。彼もしくは彼女の労働リズムは、ネオリベラリズム時代にさまざまな仕事やキャリアが形作られるモデルを提供している。独自の技術ポートフォリオを持っている前提で個人化されたそれぞれの進路は蓄積されることで勢いを増し、そのおかげで短期的な、あるいはプロジェクトベースの「クリエイティブ」なキャリアの発展を分析できる。一般化できるかどうかでなく独自性が重要なのだ。統治性の観点から見ると、重要な要素は、いわゆる若いクリエイターに対する国や雇用主のコストが削減でき、クリエイターたちが自己責任を負わなければならない点である。病気になった際や、妊娠していても産休を取得できない場合のリスクを背負わなければならないことが、まさに鍵なのだ。自分のパートナーに頼らざるを得ないことも重要な点だろう。クリエイターたちは政策決定者側の長期的な計画なしにこのような方向に進んできたが、それもまた別の重要な点である。これらの要素は、新たな統治性の技芸がリスクとイノベーションを擁護する機能を果たしているか、そうではなく統制を緩める機能を果たしているか、ということを示している。この文化の分野はロマンに満ちた芸術家や天才的なクリエイターという神話を中心に据えた領域で、福祉のない「雇用政策」を試みる可能性を提供すると同時に、社会善、つまり楽しみや娯楽、教育とも歴史的に結び付いている。ここで起きているのは、工場の現場を背景に行われてきた労使関係の対立が、まったく別の、比較できないような場所に移行していることである。この新しい労働人口の中には、産業労働者階級の子どもが成人して芸術家になったものもおり、それはサッチャー夫人の初期の頃から何らかの形でその政治的所属が左派から右派へと追いやられていた層でもある。ダミアン・ハーストは、トレイシー・エミンと同様、この世代間の遺産の興味深い一例であると言えるだろう。両者とも頻繁に自らの親と貧困であった子ども時代に言及しており、保守党と手を組んだことで知られているからだ。[13]

一九七〇年代後半、フーコーはフランスのコレージュ・ド・フランスで講義を毎週行い、そのほとんどはイギリスのサッチャー夫人の選挙の直前のものである。講義では、一七世紀から二〇世紀まで遡り、フーコーが「統治術」と名付けた新しい政治様式の台頭を検証した結果が明らかにされた。具体的には、政治の経済化ともいえるプロセスの発展、あるいは統治の実践を再定義する力として市場の台頭が分析されている。フーコーは、市場の繁栄を誘導する形で人々が自発的に行動する傾向を生来のものとして前提していることを理由に、自由主義政府の決定的特徴である自由放任主義の原則に異議を唱えている。むしろ、国家が経済成長や経済発展の計画に積極的に関与することはなく、そのような自発的な試みに向けた行動や活動が支援されなければならない。このジレンマこそが、日常生活の中に統治が拡張されているという考えを促し、社会における市場の地位を高めるような活動を奨励したのだ（「市場の監視下にある国家」Foucault 2008, p. 116）。二〇世紀の自由主義の発展にとって重要な点は、一九三〇年代から一九五〇年代にかけてドイツで活動していたフライブルク学派（オルド自由主義としても知られている）の思想である。フーコーは、『オルド』誌と関連のある文章について詳細に説明することで現代のネオリベラリズムの際立った特徴を即興的に講義し、統治性の技芸との細かい関連付けも行っている。フーコーは「最初から最後まで市場経済にともなう」（Foucault 2008, p. 121）国家を強調し、市場の実勢を普及させるために有利になるような「行動へと導く」ことの監視に重きを置き、その当時の欧米政府（例えばジスカール・デスタン政権下のフランスなど）がネオリベラリズムと結び付いた統治の技芸をどのように取り入れるようになったかなどについて詳しく講義を行った。

（フーコーによって、ナチス時代に「沈黙していた」ことが暗に指摘された）オイケンやレプケといったドイツの経済学者のグループについての考察は、新たなクリエイティブ労働者や文化的生産者の「人口《ポピュラシオン》」（これはフーコーが好んだ用語だ）の意義を理解しようとする本書における私の試みからかけ離れているように見えるかもしれない。しかし実際には、フーコーによるこの歴史学的な著書による考察と、トーマス・シュルツやゲイリー・ベッカー率いる後期シカゴ学派がオルド自由主義の多くのアイデアを援用したことに対して同書の中でフーコー自身が後から行っている考察は、私たちに多く（の知見）を与えてくれる。オルド自由主義における重要な点は、国家に対するその敵対性の表現であり、実際にレプケはベヴァリッジの福祉国家と「イギリスの社会主義者」をドイツのナチズムに例えていた。レプケはまた、新たに考案された福祉国家は、「さらなる中央集権的なプロレタリア化の実行と国家統制によるミドルクラス層の破壊」をもたらすと書いている（Foucaultによる引用 2008, p. 189）。私たちは、（フーコーが明確に説明していない）フライブルグ学派の研究者が共産主義に向ける敵意の根拠に基づき、計画経済戦略に対してアレルギー反応を起こしたことについて明らかにしつつも、他方ではフライブルグ学派が行ってきたことはファシズムとは明らかに異った、新しくより感じのいい右翼の政治哲学の考案である。その主な特徴は、組合労働者や労働組合、国家の所有権や中央集権的な計画に対する徹底した好戦的態度にあった。同様に、社会政策や、最低限度を超えたあらゆる福祉への敵意は彼らの思想の根幹を成している。フーコーの説明は、当時起こっていた産業闘争（「大いなる産業の脅威」）を背景とした一九七〇年代半ばのフランスの状況との関連において価値あるものとなっているが、その延長線上にあるイギリスでも、石油危機と組合労働者が「国家の財政危機」をもたらしていたし、スチュアート・ホールも同時期にこの事態を彼の著書『危機を取り締まる』に記述していた（Foucault 2008, p. 194; Hall et al.）。この時期のストライキや労働争議が、芸術や文化の新しい統治性に絶えず影響を与えたとして注目を引きよせた点は重要である。これはラッツァラートが、労働組合と政府による承認を求め、生活保護や福祉給付金を確保しようとするフランスにおける「レ・アンテルミッタン・ド・スペクタクル」（非常勤芸能従事労働者。パフォーマンス・アーティストの経済的安定を保障する限定的失業制度。この対象には、音響、イベント企画など舞台制作を支える職業も含まれる）の闘争について記述する中で追求したものである。イギリスにおいて労働者階級による闘争の敗北がサッチャー時代を決定付ける特徴であったとすれば、その類はオルド自由主義の著書の中にも見出すことができ、一九七〇年代半ばを本格的なネオリベラリズム経済への移行の重要な転換点として定めることができる。ニューレイバーによるクリエイティブ経済は、自分たちの利益のために旧式の労働組合を周縁化したという観点からも理解できる。

一九七〇年代後半以降、レプケは、欧米政府や組合労働者にとってつねに重要になっていた失業の問題に関連して、失業者のカテゴリーを「移動中の」「収益のない活動とより収益のある活動との間を移動中の」人々であると再定義している。ここでもまた労働者が、今や戦略的選択に基づいた「行動」という特定の形態に従事する行為者やエージェントであるとされ、重要な語彙の変化が見られる。彼または彼女は、特定のモノゴトを「施行できる」「能力装置」なのである（Foucault 2008, p. 224）。福祉はプロレタリア運動の基礎であり、したがってミドルクラスの利益に反するものであるという見解をともなうフライブルク学派による反国家的な批判とともに、この思想においては「新鮮で、非プロレタリア的な」産業を支援することも強調され（レプケはこの点を強く主張し、ものづくりを例に挙げている。Foucault 2008, p. 157）、こうしたことから起業家の姿が絶対的に中心化されていることも分かる。重要な点は、この種の人間は生命力としても理解されており、（オルド主義者の一人である）ロストウによれば、一種の生命の政治、エラン・ヴィタール（生の飛躍。ベルグソンの概念）を体現し、幅広い活動を展開してリスクを分散できる人物である。このような人間こそ、市場とその競争メカニズムを利用し、どこにいても、どのような機会においても起業家精神を発揮することができる。ロストウの生命政治《ヴァイタルポリティーク》は、新しい起業家たちを日常生活の豊かな構造に深く組み入れ、そこで彼女または彼は、「冷たく、計算高く、合理的で機械的な」活動の領域であるはずの日常生活に感情的な結び付きと精神的な報酬を与えている（Foucault 2008, p. 242）。仕事そのものに楽しみとやりがいを見出すことは、「疎外」というマルクス主義的な観念に対抗する重要なものとなる。この新たな種類の労働人口は、労働の単調さや退屈さに共通の大義を見出すことなど思いもよらない。したがって働く喜びは、労働者の不満が「同盟」に至る危険を取り除く道具となる。より多くの人々を小さな起業家にすることで、資本主義は刷新され、社会主義運動のあらゆる脅威を逸らすことができるようになるだろう。そして、「新しい統治術の誕生」は、絶え間ない警戒、活動、イノベーションによって、適切な種類の経済制度を確実に発展させていく（Foucault 2008, pp. 168, 176）。もちろんこれは理想像でしかなく、現実には到底そこまで辿り着けていないかもしれない。しかしながら、それはアメリカや西ヨーロッパ、特にサッチャー政権とそれ以降の政府が、経済的成功への鍵、そして労働組合と公共部門の機関に支配された戦後の古い社会秩序に代わるものとして、また競争の倫理によって「社会的なるもの」の残滓を一掃する行動様式を生むことが歓迎されてきたイギリスで、日常生活の文化を形成してきたし、形成し続けてもいる。

この起業家精神が日常生活の網の目に絡め取られると、仕事と生活の境界が無くなってしまうだろう。さらにこれは、自分独自の人生を生きている起業家精神的なビジョンを持つ小実業家や女性にとっての倫理であり、そのような人物であると認知されることによって金銭的な、さらには感情的な新しい種類の報酬がもたらされる。生命政治はリスクを受け入れる立派な人格を強調している。これを現代のクリエイティブ経済の場面に置き換えると、私が「やりがいある仕事」の倫理と呼んできたものが、文化起業家のアイデンティティを包み込み、この領域へ参加する適性を表す一種の意思表示や宣言として、彼や彼女の宣伝素材を美化していることをより理解できるようになる。それゆえ主体編制について語る時、このような環境の中での自己に対する見解とその見せ方において情熱は規範として求められるもの、まさに決まり文句になっていると言えるだろう。行動を支配するような規範はまた、人間性《パーソンフッド》に深く関与してきた。適切とみなされる個々のスタイルや行動様式の範囲を狭め、規定し、同様に自己を拘束する規範からの逸脱者を罰し、明るく、ノリがよく、情熱的で、起業家精神旺盛で、プロジェクトや契約の機会につねに注意を払い、つねに自分自身の報道官や広報担当者になれることを提示しなければならない。これは、人間性の平坦化と均質化、あるいはセネットが言うところの「人間性の腐食」(Sennett 1995) の要因となる。

フーコーが注目するこの一連の言説の最後の特徴でありここ最近の研究にも関わっているものは、シカゴ学派のゲイリー・ベッカーと非常に密接に関連する「人的資本」の概念である。ミシェル・フェーヘルもまた、オルド自由主義、シカゴ学派、そして「自己賛美」の流儀としての人的資本に関するフーコーの著書をさらに詳しく説明する機会を得ている (Feher 2009)。この新しい主体とは、自分自身の基礎となる価値の宝庫を築く能力、つまり自分自身に何らかの形で蓄積された人的資産を強化し、保全し、維持し、活用する方法をつねに考えている人間である。とはいえそのような資本を獲得するための流儀や方法についてはほとんど語られていない。フーコーはそういった、心理学における「生得的な要素」や遺伝的要因、または良好な家庭環境を強調する説明に注目している。もちろん、ブルデューは「文化資本」についてより細やかな社会学的説明を与えているが、ブルデューの説明は、フェーヘルが言うように社会的再生産のモデルと結び付いており、つまりは変化の可能性――階級移動、社会変動、さらにはラッツァラートの見ている革命というもの――の魅力をどのようにして進めるかではなく、権力がいかにして既存の社会的階層を支えているかという点にとらわれている（Bourdieu 1984; Lazzarato 2012）。しかし実際は、人的資本は資本主義に対して革命を起こす能力を持っている。ブルデューにとっては皮肉なことであるが、文化資本やサブカルチャー資本も潜在的にその能力を持っていると付け加えておきたい（Thornton 1995）。特にシュッツは、自己への投資のための重要な場として教育を強調している。合衆国でこれは「良い学校」に行くことを意味しており、フェーヘルが示すようにこれはかなりありふれた提案である。しかしイギリスの文脈において、教育機関《ティーチング・マシン》のブランド化やランク付けが新たに強調され、それまで比較的反エリート主義的な自己イメージが強かった領域に新たな地位や競争力の要因が導入されていることに注目すれば、確かにシュッツの指摘は明確だと言える。これにより、どの学部でどのコースを履修しているかに基づいて、人的資本の新しい分類を一層鋭く測る事が可能になる。ビジネス実務の科目群が「美術学校」の提供する重要な構成要素となるだけでなく、マイケル・クレイグ＝マーティンが「最良の方法」での競争だとさえ主張するように、個々の学生間の熾烈な競争が教育的戦略としてより顕著に現れるのである。[14] これらの手段によって人的資本は教室やゼミ室、デッサンスタジオなどで活性化される。そしてここで再度強調したいのは、ノーベル賞受賞者である経済学者ゲイリー・ベッカーの概念のように「透明性」があるように見える一方で、まさに「透明である」という性質こそが社会領域全体に牽引力と適用性といった概念を与えており、「健全な」競争を前提とした参加型のものとして社会変革を動員し、国民の支持と関心を集める能力を持つと評価されているのである。それゆえ個人の潜在能力としての人的資本は教育の道具となり、美術学校やクリエイティブ・メディア学科の卒業生のような集団を今日どのように教育訓練するかを決定する。例えば、複製不可能で個人に特有のものとなる署名、スタイル、つまり「ポートフォリオ」となる何かを開発し、独自性や特異性として活用し、最大限に利用するための教育だ。美大生にとってのプロフェッショナリズムという言葉の意味もまた、今では起業家精神として理解されており、想像力やひらめきにともなうものとして見られている。また、プロフェッショナリズムという言葉は想像力の経済化、創造性の市場化も示す。それは主体の既存の能力を補完するだけでなく、その能力を活性化し、芸術を志す主体に働きかけ商業的成功につながる特定の方向へと導く。ゆえに人的資本は「自己のテクノロジー」として機能し、創造性の〈装置〉の重要な側面となる。このようなひな型に沿ってデザインされた芸術家のキャリアは、リスクの高いキャリアパスの象徴となり、新たな文化産業の間でも標準化されている。芸術家は次の作品を生み出すアイデアを求めて自由に彷徨うことで、ある種の自由な精神や自由奔放さを歴史的に体現してもきたのだが、ここにもまた、クリエイティブ経済の政策の「界《シャン》」において芸術家が新たに重要な場所を占めるようになった密かな要因がある。フーコーが言うように、「危険と背中あわせに生きること」が「モットー」なのである（Foucault 2008, p. 168）。

芸術を志す主体の「種類」

ネオリベラリズムに特有の歴史、構造、搾取の様式に関する文書は十分にあるが、(……)この体制によって構成され、それを維持することを任務としている主体の種類は、どちらかといえばあまり研究されてこなかった。

Feher 2009, p. 25

私には仕事をしてるようには感じられない。まさに芸術家といった感じ。芸術家は自分の好きなことをしているだけで、一日中座って、気が向いた時に絵を描けばいい。

ファッションを学ぶ学生のインタビュー、二〇〇三年五月二九日、Bill 2012, p.54 より引用

果たして、クリエイティブ産業に携わる労働者たちは、フーコーが想像するように危険な状態で日々を生きているのだろうか？　加えて、現代の社会理論において自己表現的主体の概念があまりにも強烈に崩壊しているさなかに、どのようにしてフェーヘルが示したような方法で主体編制の研究を始めることができるのだろうか。透明で自明な見解や意見、あるいは物語的な説明を証言してくれるような、完璧に形成された芸術を志す主体を想定することの危険性は十分に認識しているが、とはいえそこには、自分自身を芸術家やクリエイティブであると定義した人々が実際にどのように自分の仕事生活について語っているのかを調査すること、つまり、そのような人々が自分自身の労働プロセスを実際にどのように体験しているのか考察することには何らかの価値がある。実際、芸術家やクリエイティブな主体の「種類」は、近年の文化経済学をめぐる論議に貢献してきた者たちの関心を集めて

きた。例えば、アマンダ・ビルは、自身のファッション学生に関する研究の中で、「女子学生たちはどのようにしてクリエイティブ経済の目標を「主体的に」、そして「進んで」担うようになっているのだろうか」（Bill 2012, p. 51）と問いかけている。ここで、人的資本の論理の下に形成された芸術を志す主体の類型を考えようとするフェーヘルの願望を発展させるのであれば、さらに別の問題が生じてくる。実際にはいつ、どこで、さまざまなツールキット、つまり教育のノウハウやその手段が実装されているのだろうか？　どのような教育パッケージで届けられているのだろうか？　このビジネス実務のアプローチの影響をどのように評価することができるのだろうか？　これらの疑問に答えられるだけの資料はないため、ここでは代わりに、より一般的な観察のいくつかに頼らざるを得なかった。例を挙げると、メディア、特にイギリスの新聞・雑誌やテレビは、高等教育や正規の教育・訓練を終えた後の考え方を一変させた多くの流儀やスタイルを普及させ、一般化させるための特権的な導線となってきた。国内の若者たちの間ではよりビジネスライクな展望を構築する方法について広範な議論が行われてきた。そして多くの場合これらの議論は、個人の野心や達成願望、著名なビジネスリーダーの指導、そしてもちろん競争といった物語に依存するエンターテインメント番組によって、興味深く刺激的なものにさえなっている。それゆえ、インターンシップ、職場体験とビジネスや企業に関する授業を必要とするツールキットアプローチは、メディアを介し広範な公共の議論の対象となることで、誰にも気づかれることのないまま規範化された。

クリエイティブな主体性を研究してきた研究者たちは一般的に、社会学的な視点からこれらのクリエイティブな分野で働いている人々やその訓練を受けている人々への半構造化インタビューに重点を置いて研究を行ってきた。例えば、ヘズモンドハルグとベーカーは、三つの分野（テレビ、雑誌出版、音楽）のインフォーマントが、短期契約や非正規雇用化率の高さやフリーランスの仕事の拡散を特徴とする分野において、時間と労力の多大な投資をどのように説明し、正当化しているかという点を懸念している（Hesmondhalg and Baker 2011）。著者たちは、インフォーマントの撮影スタッフが一二時間連続の労働に意欲的に取り組んでいるように見えることに当惑しており、また、インフォーマントにとって組合への加入は、仕事を失い市場から追い出されることを意味するのだとも報告している。テレビ関係の仕事に従事する人々は、良い仕事を成し遂げた時の喜びや躍動感を表現している。インタビューされた他の専門家と同様、人々はそれぞれが良い結果、達成した仕事の質の高さを支えるものについて明確な考えを持っており、これが長時間労働と低賃金もしくは頼りない収入を正当化するもう一つの要因となっている。ヘズモンドハルグとベーカーはこの分野において、良い仕事とは何なのかということに関する非常に重要な議論に踏み込んでいく。事実、これがヘズモンドハルグとベーカーの研究の特徴的で独創的な点の一つである。二人は、クリエイティブな労働に関する議論からそのようなテーマが抜け落ちていることを指摘している。そして「ポスト構造主義者」（すなわちフーコー主義者たち）は、何が良い仕事や悪い仕事を構成しうるのかについてのガイドラインを作成し、それを規定しようとすることを拒否しているし、ボルタンスキーやシャペロといった他の研究者たちは社会正義モデルが現代の労働経済にどのように適用できるか考えるという差し迫った課題への対処を避けていると指摘する。ヘズモンドハルグとベーカーは、クリエイティブな分野において、自己決定された自律的なフリーランスの仕事という幻想を生み出す容赦のない構造的要因があるため、「搾取される状態は間違っている」と主張する一方で（実際に、私が他の場所で主張してきたことを思わせるが、構造的特徴は個人に吸収され、負担され、受け継がれていく）、多くのクリエイティブ労働者が労働組合の結成や加入に関与しようとは、ほとんど、あるいはまったく考えていないことも認めている。しかしそれは驚くようなことなのだろうか？　次章で見ていくように、イギリスはサッチャー時代とそれ以降にサービス経済へと傾いていき、その代償として昔からの安定した仕事を過度のパートタイムやフレックスタイムの職に置き換えた。このような経済環境では、ほぼすべてのレベルでの組合闘争が現実的な戦略としては薄れてしまい、労働組合は弱体化し、「財産所有制民主主義」ではローンを支払わなければならなくなる。このような文脈では、（クリエイティブな）職場におけるポリティクスの概念は全体的に考え直す必要がある。

『クリエイティブ労働』に見られる一つの難題は、著者たちが、クリエイティブな仕事のそれぞれの領域を定義する明確な専門的職業文化――その領域の外でもすでに知られている文化であり、また、関連する知識が広く普及し、通常の労働環境に組み込まれることにより各分野内で長期的に独自の経路を生み出す文化――を十分に考慮していないことである。例えば、『レッド』誌で一年間かろうじて働いた後、すぐに『スタイル』誌への転職を考えている人間もいるだろう。つまり雑誌業界では労働者の流動性が高く、労働時間の大半がこれから出てくる新しい雇用情報に目を光らせるために費やされている。『クリエイティブ労働』は、メディアの専門職のキャリアパスに関する長期的なものではなく一定の期間内に行われた研究のため、緩衝材にも、あるいは皮肉なことに安心感のようなものをもたらしてくれるものにもなる転職や移動という職業的な慣習はあまり可視化されない。このような世界に入ることは、俳優や劇団としてのキャリアへ乗り出すことと似ている。長時間労働や不確実な未来はよく知られたリスクであり、定義上は型にはまらない職場であり、しかしその報酬は主観的にも個人的にも分かりやすい。演劇が好きで舞台監督を目指して興行の仕事に就いた新卒の人間に、長期的に予想できることについて聞いてみると、長時間労働、夜遅くまでの仕事、終演後にキャストと一緒に打ち上げをしてから帰宅しランチの時間まで寝て、また最初から繰り返す、というような答えが返ってくるだろう。[15]これはテレビやラジオの世界ではもちろんのこと、音楽業界で働いている人間の多くにも当てはまるかもしれない。このことは一般的な知識としてかなり定着しており、労働者は通常、進路の舵取りをするため、公式的な方法にも非公式的な方法にも適応する。ヘズモンドハルグとベーカーは、テレビ制作の舞台裏の雰囲気について言及し、それは「仲間意識と楽しさ」を持った「激しさの中に爽快さがある」ものであり、ともすれば不規則になりがちな仕事のポジティブな側面であるとコメントしているものの、インフォーマントが示す勢いと次のプロジェクトに移ろうとする驚異的な回復力を見くびっている。[16]著者らはインタビュー対象者の再帰性の高さを軽視している。愚痴が少なくあまり不機嫌でもない、というような話し方も職業文化の一部だ。また、若い人たちが持っているエネルギーや、子どもの頃からの夢だった分野で働くことになった際のエネルギーの費し方があまりにも容易に見落とされている。実際、クリエイティブな分野における主体編制に関する既存の研究のほとんどにおいて、幼少期のことや、幼い頃から絵を描くのが好きだったこと、クリエイティブな家庭で育ったことの影響、生涯に渡って影響を与え続ける展覧会に参加した経験などに言及する体験談は無数に見られる。アマンダ・ビルは、ある若い女性学生の「私は決して勉強熱心ではなかったし、全然スポーツが得意でもない！　だから、創造する能力が自分の特徴だと考えてきた」という言葉を引用している（Bill 2012, p. 57）。事実上、これらの仕事の多くは「夢の仕事」であり、すべてがうまくいく時はアドレナリンと陶酔感と興奮で満たされ、それがうまくいかない時にも感情がほとばしるので、そうした感情を披露できる仕事に途方もない魅力を感じている。この当たり前のように見える点も、「搾取されていることを知っている」というパラドクスの鍵を握っているだろう。クリエイティブ労働のポリティクスを徹底的に分析するためには、夢の仕事という考え方がどれほど「捕獲力」をもっているかを十分に考慮しなければならない。さまざまな要因がこの「仕事への愛」について説明してくれる。以前から若者も知っているようなすでに確立された職業文化は魅力の一部である。さらにこの高揚感は、その他の退屈な仕事、日常的な仕事、やりがいのない仕事だけでなく、いつか失業する可能性があるという認識によってもたらされる。こうしたことから、「失うものが何もない」場合には、ファッションやアート、演劇の世界への飛躍はより魅力的なものとなる。

社会貢献型の芸術家

芸術家の類型という観念を研究する社会学者は、人的資本と起業家精神という現代のネオリベラルな体制の観点において、さまざまな問題に直面している。以下では、三つの理念的な型を提示するが、多くの芸術家が必然的にこれらのうちの二つ以上に該当する。一つ目は「社会貢献型の芸術家」、二つ目は「グローバルな芸術家」、三つ目は「芸術家＝プレカリアート」である。いずれの場合も、既存の奨励金や、ロンドンとベルリンの視覚芸術家と一緒に数年前から現在に至るまで今もなお進行中の研究から得た知見である（McRobbie 2004）。プロの社会貢献型の芸術家とはどういった人物なのだろうか？　社会貢献型アートの定義にはさまざまなものがあるが、それぞれが強調している点は、芸術家やコミュニティ、組織との関係性を根付かせるアートや、コラボレーションやパートナーシップを促進し、観客や一般の人々との深く持続的な関係性を育むような、特定のコミュニティに向けられた目的と成果を持つアートなどが挙げられる。これらの芸術家からは、そのようなキャリアを追求することのリアルさと困難さへの強い再帰性が見えるが、これらはプロの芸術家が果たす社会的価値のある役割への目的意識や決意、信念によって埋め合わされている（Oakley 2009も参照のこと）。このタイプの芸術家は自分たちの芸術労働の状況をよく理解している。テイラーとリトルトンは卒業数年後のファインアートの作家たちに、匿名インタビューでスポットライトを当てている（Taylor and Littleton 2013）。例えば、そのうちの一人の女性は、自分の卒業制作ショーで作品がチャールズ・サーチ〔英国の広告関係者、コレクター、アートディーラー、ギャラリーオーナー〕の手に渡ったが、その後、ほとんど何も起こらなかったと残念そうに説明している。テイラーとリトルトンのインタビューを受けた芸術家たちは、教師の仕事、あるいは社会環境に関する仕事、公的資金で運営されている組織での仕事を探す傾向がある。あるインフォーマントが言うように、「（……）ファインアートの作家として、報酬が僅かであることを受け入れなければならない」（Taylor and Littleton 2013）[17]のだ。このような状況で将来の計画を立てることは難しく、これらのインフォーマントは（私自身の以前の短期研究でのインタビューに鑑みると）第三の、とまでは言わないまでも、第二の「本業」が必要であると強調している。別のインフォーマントの言葉を借りれば、「私は芸術家か、無職か、母親のどれかです。お好きに呼んでください」（Taylor and Littleton 2013）というわけである。私自身がこのカテゴリーに当てはまる芸術家集団を対象とした小規模調査に取り組んだ際に分かったことは、たとえ日曜日の午後にしかスタジオに行かないとしても、自分たちがプロの芸術家であることを認めてもらうためにはアルバイトのスケジュールに追われざるを得ないと自認していることだ（McRobbie 2004）。調査対象者たちはまた、商業的で起業家精神的なものに焦点を置くよりも、社会的に使用価値のある仕事に引き寄せられていた。社会的に恵まれない立場にある若者や社会的に排除された若者に写真を教えて報酬をもらう人間もいれば、アートセラピーのバイトをする者もいる。社会貢献をする意志を非常に強く持つ人々は多くの場合〔アート界への〕流入プロセスの一端を成しているが、ロンドンを利用して貴重な経験と社会的な人脈を得たのち、数年後に帰国し、出身国（ブラジル、ペルー、ギリシャなど）で芸術家主導のコミュニティ構想やユースクラブをも設立する。テイラーとリトルトンは、インタビューした芸術家たちのプロ意識の高さと、芸術活動で生計を立てることの難しさへの憤りを強調している。これは、芸術家は普通の仕事ではないという意識を、それこそが魅力の一部であるという認識によって埋め合わせている。つまり、あからさまな起業家精神ではなく、芸術家の仕事生活の物質的な状況と、予測不可能なライフスタイルを管理するために何をすべきかという点を理解していることが見て取れる。より一般的には、環境問題やセクシュアリティとジェンダー、ハイカルチャーではなくポピュラー文化への関心、市場の支配力から逃れたアートの成立可能性という果てしない問題意識が、このカテゴリーの芸術家だけでなく作品そのものに存在する。これらの芸術家は、文化政治に関するより広い対話への参加を望み、競争よりも協力と連帯に重きを置く傾向がある。興味深いことに、グラスゴーを拠点とし、そこで訓練を受けた芸術家についての著書で、サラ・ラウンズがインタビューした芸術家たちのほとんどすべてが――その中には世界各地で賞を受賞し権威あるショーを行ったことから「グローバルな芸術家」と表現される者がいるとしても――このようなスタンスを支持している（Lowndes 2010）。

「グローバルな芸術家」の行動

「グローバルな芸術家」というカテゴリーは、ここではアートの世界で国際的な成功や評価を得ている芸術家の人物像を指している。確かに、ハワード・ベッカーのよく知られた研究や、ブルデューによるいくつかの研究、より最近ではウーによるアートにおけるスポンサーシップの台頭についての研究や、サラ・ソーントンによる二つの研究など、グローバルな芸術家についての研究が行われてきた（Becker 1982; Wu 2003; Thornton 2008, 2014）。ソーントンの最新の著書は、選び抜かれた世界的に著名な芸術家たちとの一連のインタビューと出会いを元にしており、目下の議論にかなり有用な文脈を与えてくれる。一方でベッカーが説明しているように、確かにこれらの芸術家たちは広報係、ディーラー、コレクター、ギャラリスト、キュレーター、アートスペースのディレクターなどに囲まれているため、ここではアート作品そのものが大勢の助手や技術者、文化生産者による労働の最終的な成果として非常に重要なものとなっている。他方で、人を惹きつける力、カリスマ性、スタミナ、そして場合によっては冷酷なまでに起業家精神に溢れたものの見方で多くの人々の注目を集めることができる英雄的な個人としての芸術家像に限りなく近い主体性のモデルが登場する。例えば、ソーントンのインフォーマントの一人、ダミアン・ハーストは金銭に関する自分の下品さを故意にあざ笑う。ジェフ・クーンズも同様に、裕福なショーマンとしての芸術家という漫画のキャラクターのような人物を演じているが、逆に政治性の強いアイ・ウェイウェイは、芸術作品として、自身の身体と魂をもってある種の勇敢な芸術家のパフォーマンスをまとめ上げており、そこからは偉大さがさらりと滲み出ている。これらの面々は世界中の聴衆の注目を集めることができる人物であり、映画、ドキュメンタリー、テレビ、ラジオ番組の題材にもなっている。それゆえ、アート市場内での行動と自己の位置付けの問題は重要なビジネス戦略なのである。芸術家と作品の両方がいわば一つの声として物語られるのがこの分野であり、ソーントンがインタビューした芸術家たちの中では、アート市場の本質とその仕組みに関して明確な立場が出現している。そのため、ソーントンのインフォーマントはこの種の本のためのこの類のインタビューの枠組みで、一方ではどのようにゲームをプレイするか、どのように自分自身を位置付けるかを鋭く意識しながら、他方では自分たちが同意する社会的・政治的価値システムも明らかにしている。例を挙げると、マーサ・ロスラーは第二波フェミニズム的アートの象徴となる存在であり、「市場主導」のアートと現代のネオリベラリズムに対して厳しく批判している。アイザック・ジュリアンは、最新作『プレイタイム』で金銭やアート業界の商業主義という大きな主題への取り組みに言及し、他方、本の表紙に作品を提供したタミー・レー・カーランドは、「美大生が「ストリートの写真」という課題のために訪問したことがある」ような、「生活保護を受給している階級の居住区」で育ったと語っている（Thornton 2014, p. 71）。このように、ディーラーや富裕なコレクターの世界でかなりの成功を収めている芸術家のように、自営業的精神が必須とされる世界にあっても、芸術家はそのプロセスや、自分の活動を取り巻く期待や、自己の行動や、行動を規定すると思われるものについて、つねに批判的に考察しているように感じられる。芸術家は自分たちが生計を立てるための制度をつねに精査している。

次にソーントンの研究から離れてグローバルな芸術家の領域に焦点を当て、特に黒人やアジア系イギリス人の芸術家を考察してみると[18]、このネオリベラルな主体化の様式はつねに個人事業を展開する必要性が日常的習慣となるほど規範化されており（今日の学術界においても履歴書を更新して幅広く自己ＰＲをするのが日課となっているように）、この終わりのない活動が日常生活や健康に及ぼす有害な影響や、仕事自体に割く時間を減らしていることについても深く認識されていることが直接見えてくる[19]。「考える時間」は削られるのである。同様にこれらの芸術家のほとんどが、「危険な」生活をしたくないと思っているが、そうであるにもかかわらず仕事の要求には妥協している。成功とは、世界中でショーを行うための権限が与えられ招待状が来て、自分の望む作品を作れるようになることを意味する。ネオリベラルな主体化のプロセスに対抗するものとして、「逃走線」という概念はイギリス人の芸術家だけでなく、「グローバルな」黒人やアジア人の芸術家にも非常によく当てはまる。なぜならこれらの芸術家の作品全体には、人種の不公平や苦しみ、貧困や不平等という経験に根ざす世代間の記憶を超えた強く揺るぎない存在や痕跡が見られるからだ。スチュアート・ホール、ホミ・バーバ、ガヤトリ・スピヴァク、ポール・ギルロイ、フランツ・ファノンといった人物の著書を直接あるいは間接的に引用し、ある意味ポストコロニアル理論の恩恵を受けながら、これらの芸術家は植民地の歴史の問題や正義の誤謬、人種差別化された取り締まり《ポリシング》の政治に高い関心を寄せている。何よりもまずこれらの作品のかなりの部分において逃走線としての家族の記憶がある。このことは、例えばカイラ・バーマンの『アイスクリーム・プロジェクト』（2004）に鮮やかに表れている。彼女はこの作品の中で、イギリスへの移民である父親が、借りたバンをのちに購入し、マージーサイドのウィラルのビーチでアイスクリームや棒付きアイスキャンディーを売って生計を立てる労働を日々行っていたことを回想している。[20]インカ・ショニバレのバティックのテキスタイルを多用した彫刻作品にも親の労働（この場合は家庭での婦人服の仕立て）の記憶という類似した表現が見られる。[21]これらの作品全体が人種差別の経験について問いかけ、ポストコロニアルな経験を持つ人々の用いる戦略を探求していることから、多くの場合、この戦略によってこっそりと社会的支配に異議を唱えることが可能になる。アイザック・ジュリアンの作品『ヴァガボンディア』では、彼の母親が直接カメラに向かって話しだすと、逃走線が一挙に現れる。「私の母の言葉はクレオール語で、意図的に翻訳していない。観客をその（言葉の）元来の機能の中に位置付けたかった。（……）それは「植民地支配者」に理解されることを意図していない言葉だったんだ（……）。この作品は、差異がつねに翻訳できるとは限らないことを見せる一つの例だった（……）権力は、知識を差し控える能力の中にあるんだ。それがクレオール語を「聞く」ことの意義であり、英語圏で議論されることに一石を投じる」。[22]これは明らかに、グラムシ主義者たちの言葉を借りるなら、ポストコロニアルの芸術家が「有機的な知識人」となりつつもグローバルな文脈で活動するようになった例であり、実際に、これらの芸術家はトランスナショナルな芸術家＝知識人であり、その呼びかけの様式はディアスポラ的に離散させられたグローバルな人々に力強く向けられている。

芸術家＝プレカリアート

「芸術家＝プレカリアート」とは、銀行危機や二〇〇八年以降の緊縮財政の時代に対する、グローバルなラディカリズムや抗議運動に関連した芸術家たちの一種であるが、もともとは二〇〇〇年代初頭のユーロ・メーデー運動で生まれたものである。既存の左翼グループや政党やプラットフォームに幻滅したことを公言しているこれらの芸術家は、デジタルメディア、オープンソース、P2Pソフトウェアの可能性によって顕著に特徴付けられている（Terranova 2004）。これらの新しいラディカリズムの輪郭や様相は街頭演劇やパフォーマンスアートとともに、新たなソーシャルメディアによる即時的なコミュニケーションやギャザリングといった手法との組み合わせに大きく依存していることが多い。このタイプの芸術家の主体による政治的な人物像は、ドゥルーズとガタリに関連した「生成変化」の潜勢力による政治への関心、ポストフォーディズムに関するさまざまな議論、ネオ・マルクス主義者やアウトノミアのマルクス主義者であるハートとネグリの研究の一般への影響など、社会理論や文化理論の発展にもつながっている（Raunig 2013を参照）。ヨーロッパの「社会貢献型」の芸術家たちの多くがポストフォーディズムに関する社会学的な議論と出会い、前の世代の影響力ある特定の人物と結び付くことが多いという点で、確かにこのことを確認できるだろう。例えば、ベルリンを拠点に活動する現在五〇代の芸術家、マリオン・フォン・オステンのような人物は、パンクDIYの文化政治と、スチュアート・ホールのようなバーミンガムCCSの研究に、自身の活動が大きく依拠していると説明する。[23] フォン・オステンは、教育の場に加え、ギャラリーや美術館での非公式なイベントや会議、活動を通じて、創造性と創作力についての概念の再定義をドゥルーズやガタリに求める若い世代との交流を深めてきた。これらの若い世代にとって新しい世界を生み出すための身体の役割とはさらなる先鋭化をもたらすものであると同時に、新たなクリエイティブ経済の中で好まれるようになった芸術家の主体的な人物像に直接的に異議を申し立てるものである。このようなクリエイティブ活動の「リゾーム型」の戦術や戦略は、ツールキットやビジネス実務の科目群における言語表現とはまったく不釣り合いであり、「起業家育成大学」というものに直に異議を申し立てていると捉えることができる。不安定《プレカリアス》な政治の領域では、緊縮財政や若者の失業に反対し、「オキュパイ（占拠）」を支持し、貧富の格差が進むことに反対し、保障のない短時間労働に反対し、ゼロ時間契約に反対するといったさまざまな社会参加の面々が見られる。これらの活動空間にはスクウォット、ティーチ・イン、キャンプ、集会などがある。芸術家とその抗議仲間たちは、例えば自分たち自身の不安定な状況や、世界のさまざまな都市で同じような立場にある若者を対象にした社会調査を行っている（Lorey 2015を参照）。デ・プーターが言うように、「芸術家やその他の文化的労働者は、ネオリベラリズム時代の搾取と不平等に反対する闘争の中心となる存在である」（de Peuter 2014, p. 274）。この不安定な動きは、「新興のコモンズ」を創出しようとしている（de Peuter 2014, p. 276）。同様にロゴフは「芸術家、学芸員、美術館の館長が、あらゆるものの市場化に向けた政策的な流れに不満を抱いて開発した」特にクリエイティブな反対意見の示し方について記述している（Rogoff 2010, p. 10）。非常に革新的でダイナミックな急進主義の形態が生み出されているのはまさにこの領域の内部である。なぜなら、例えばインターンシップの増加など、クリエイティブ労働と強制的な不安定化《プレカリゼーション》に関する一見退屈な現場での議論から、変調、条里空間、脱領土化、再領土化、出口、脱出などの概念に基づいた、より哲学的な不安定化の考察へとそのつながりは自在に移行するからである（Raunig 2013; Lorey 2015）。生の脆さ《プレカリアスネス》は「ネオリベラリズムにおいて、支配できるよう規範化された政治的・経済的戦略へと変容する」（Lorey 2015, p. 56）。

芸術家は抑制された集団とはほど遠い。ここまで見てきた芸術家の三つのカテゴリーには、市場主義で異議申し立てなどしないクリエイター人口を確保するために作動する主体化という形態そのものについて論争する者が多く存在している。デ・プーターが指摘するように（この章の冒頭の引用を参照）、芸術家たちもまた、新しいクリエイティブ経済の先駆者として行動するよう期待されてきた芸術家の役割に、率先して異議を唱えてきた。これは、芸術家の人的資本に焦点を当てた生政治の体制が無力であるとか、覆されているとか、転覆されているということではない。この毛細血管状に広がる権力の前提となっているのは、権力とは物事を動かし、特定の言葉やフレーズを解き放ち、日常の語彙に入り込み、非常に多くの組織や制度を網羅し、また芸術家層の個人化された身体を貫通し、行動様式を植え付けようとし、反対や反乱の先手を打ちさえもするということだ。しかし一方で興味深い点は、企業文化の中で利用するために、皮肉にも洞察力やイノベーションを略奪できるということだ。さらに、これらの新たな言説の体制は、例えばツールキットを備えた教育、新たなビジネス教育、財政改革の方法などにおいて、安定した明白な介入地点を含む反面、負債を抱えたクリエイティブ労働者層を生み出し、現在ではほとんど解体された福祉国家の保護さえないまま短期労働やプロジェクトを特徴とする労働市場にそのような人々が乗り出すことを余儀なくさせている。しかし、このような新しい教育状況のさなかにいる人々はクリエイティブ経済に表面的な魅力があるとしても、この支配様式に憤慨して従おうとしない。これらの人々は鍛え上げられ、自分自身の力で生計を立てるよう任されていることを自覚している。この新しい批判の力は、ニューヨークを拠点とするオンライン雑誌「イーフラックス」（http://www.e-flux.com/を参照）のサイト全体に見られる。芸術家という主体は労働改革の象徴であり、「霞を食って生き」ようとする人間でもありたいと考えている。今日よく耳にする「人間は誰もが芸術家である」というスローガンは、ヨーゼフ・ボイスの言葉の皮肉な焼き直しである。しかし、プレカリテ運動の論理は、この異議申し立てに取り組み、このスローガンを政策決定者からボイスの平等主義的な意図に沿ったものへと取り戻すことにある。それゆえ、結果としてツールキットや手段、新しい起業家精神的な教育が制度的な（そして非制度的な）本拠地となる場所、つまりそれらが導入され、新たな正統性として埋め込まれる空間もまた拮抗と緊張の場となるという議論でこの章を閉めくくることができるだろう。究極的には、起業家精神に溢れた大学は大学や美術学校のシステムが持つ古い知的な「自由」を侵食し、「経営大学院モデル」と呼ばれるようなものに置き換えられていくことになる。現代の権力にとって手段やツールキットの策定といった政策の実質的な結果は、アートにとって急進的で社会民主主義的な課題によって特徴付けられた過去の時代を記憶にとどめている逃走線の痕跡――文化を公共財とし、初等・中等・大学レベルの三分野にまたがる無償教育を支持すること――を学術界から追放し大衆の記憶から抹消しようとする動きに比べれば重要ではないのかもしれない。これは要するに、クリエイティブ〈装置〉には、労働組合、学校の教師や学者、ニューレイバー以前のイギリス労働党、女性運動、反人種差別組織、美術館や博物館の教育部門など、さまざまな現場で繰り広げられた一九四五年以降の数十年に渡る政治闘争のおかげで存在できていた機関を歴史から切り離す役割も課せられていることを主張するものなのだ。

第4章

ポストフォーディズムのジェンダー

「やりがいある仕事」、「リスク階級」、「自分独自の人生」

リスク階級とジェンダーに基づく階級移動

本章では、以前執筆した私のフェミニズムに関する論文から二つの概念を部分的に用いる。一つめは、「ポストフェミニズム的な仮面」をひとまとめに構築する力の集合体だ。これは、ファッション美容産業複合体の定義する身体を精巧に造り上げる儀礼に若い女性をはめ込むことで仮の平等を無効化する方法である。この集合体は、「ポストフェミニズム」という皮肉な風貌で、不本意ながらも結局は男性の特権に、つまり（ホアン・リヴィエールの言うところの）[1]現行の体制に従い、その結果別のものを提唱する代わりに、現在のジェンダー階層を両義的に支持するような女性性を勧めてくる(Rivière 1928/1986; McRobbie 2008)。二つめの概念は「働く女子」(Mcrobbie 2008)である。この概念により、ポストフェミニズム時代の新たな（積極的だが従順な）主体が、（ニューレイバーがメリトクラシーに尽力した結果）その優れた資質とともに労働市場に参入した時に何が起こったのか、あるいはむしろ想像上は何が起こりうるのかを鋭く分析することが可能となる。私の仮説では、これらの若い女性は新しいフェミニズムのポリティクスという考えを捨て、権威に求められるまま、母親になった時点でキャリアの維持を望みながらも、「ワーク・ライフ・バランス」の原則を堅持した。こうしたことは、ある種の「性的妥協」または和解を引受けているという点において、ポストフェミニズム的な仮面と共通する要素をともなっている。この要素は、家庭と職場の双方において男女平等の考え方を放棄し、従来女性的とみなされる自己管理や計画といった実践を含意する戦略を選ぶことで、結果的にフェミニストたちの平等に対する要求に先回りするのである。概して、女性の多くはいわゆる通常の出世コースから退くことで自らのキャリアにおいて妥協し、忙しい母親業に適応し、男性パートナーが全面的に家事分担するのは諦め、衝突する――つまり典型的な「うっとおしい」文句の多い妻、あるいは挑戦的な怒れるフェミニストになるという――危険を回避する。女性たちはそういった明らかな不平等をなんとかやり繰りしているうちに、女性向けのメディアやポピュラー文化、高級紙やテレビといった、家庭や職場での「解決策」や経営の戦略を際限なく提供してくれるかもしれないものに傾倒し、ポストフェミニズム的な危機に対処する。このメディアの連鎖において最も重要なのは、快活で性的に魅力のある外見を維持することに重きがおかれている点である。働いている若い女性は忙しく、「ありのままに」なる余裕すらない。ニューレイバーにとってこの自己管理による解決方法は、先の時代の労働党内において男性パートナーと夫に家事を分担するよう挑戦したフェミニストたちの議論に取って代わるものとなった。それはまた、男性にとっては、申し訳程度の父親育児休暇の期間が終われば家事が自らのキャリアを妨害しなくなることを意味した。これらの懸念を念頭に置き、本章では、ポストフォーディズムと現代の仕事社会という観点から、働く女子と働く母親の両方に焦点を当てる。先行する各章で展開した題材を踏まえ、新たな労働の世界、この場合はクリエイティブな仕事や対抗への糸口、あるいは「逃走線」を形作る、規制と制御に対するさまざまな形での黙認や順応の間の糸筋を解読したい。女性にとって、生の脆さ《プレカリアスネス》のポリティクスとつながる新たなかたちのフェミニズムは新しい労働体制に対立するための空間を与えてくれるが、後述するようにこの空間は「やりがいある仕事」という支配的で強力なイデオロギーによって反撃を受ける。この「やりがいある仕事」は、女性のポピュラー文化の歴史において長く受け継がれてきたものであるとはいえ、（アップルの）スティーブ・ジョブズの「自らの仕事を愛そう」というようなよりマッチョな倫理の女性版として台頭した。この倫理が台頭すると、新しい形態での労働組合の組織化は考えにくくなるし、ましてや賃金の停滞と退行さえ正当化されてしまう（Gregg 2011; Adkins and Devers 2014）。

本章では、これらやりがいある仕事と不安定《プレカリアス》な労働を対置させることにより、以下の事項を提示したい。ポストフォーディズムのジェンダーは女性的なものであり、そして少なくともイギリスにおいて脱工業化によってサービス業が経済を主導するようになって以降、女性は社会階級やエスニシティの境界を越えて労働に参画してきたこと（とはいえほとんどの場合パートタイム枠であるが）。そしてその賃金獲得の能力は、「平等意識」と、その闘争においてリベラル・フェミニストたちが得た利益の限界の双方を示すことになった。実際は、平等に向けた戦いは、夫またはパートナーから経済的独立を獲得することが目標であるという考えの下に行われたが、これは一九七〇年代後半以降のフェミニストたちの権利要求の高まりに呼応した動向としてはふさわしい。労働によってスポットライトが当たるのだ。若い女性はやる気ある「キャリア女子」と呼ばれ、この「女性との和解」は、多くの主要な社会経済的変化を背景にしている。そのような「和解」の概念には一定の国家的特徴があり、その結果、イギリスにおいての和解は、ドイツやイタリアのように比較可能な西欧諸国やその他の西洋社会とは必ずしも一致せず、文化的差異の指標として機能するようになる。この章ではまたイギリスの仕事社会における原動力としての女性の考察に加え、ジェンダー、階級、仕事、社会的階級移動に対する考えについて、多々ある社会学的考察への反論を試みる。社会的階級移動の神話を打ち消しイギリスの貧富の格差拡大を指摘する社会学的論稿は多々あり、あらゆる政党の政治家たちが認めたがっている以上に社会的階級移動が減退する可能性が高いことを提示するものもある（Savage et al. 2013）。ここで強調すべき点は、従来労働者階級とみなされていた若い女性たちは、ある二つの決定的な力の影響下で労働者階級の生活の社会経済的および文化的文脈から象徴的なかたちで切断されてしまうことである。この二つの力とは、特に新しい大学や美術学校などでの継続教育と高等教育の拡大と、ポストフォーディズムが現代の労働経済を変化させるにともなって経済がサービス業へと移行したことであり、今日では「非物質的労働」、「感情労働」、あるいは私独自の言い回しを使うとすれば、「やりがいある仕事」を軸に組織されている部分が少なからずある。これらを前提とした場合、社会的不平等は間違いなく現代のネオリベラリズム社会の状況下で拡大している一方で、ミドルクラス、特に下層ミドルクラスも増大し、階級移動という幻想（あるいは意識、あるいは情緒的な環境）が女性性を成功に導くための鍵となっている。おそらくこのパラドクスは重要な点であろう。女性たちは男性たちに比べ、労働力という点において恵まれない状態（例えば、低賃金、賃金格差、ガラスの天井、パートタイム労働など）にあるが、若い女性たちは自身の当面の収入や物質的な生活状況にもかかわらず、メディア文化やポピュラー文化における強力なイデオロギー的力学によって、「野心的」といわれるような模糊とした社会的領域に駆り立てられ、自らを「前進的」であり、自らを妨げる過去の障害を乗り越えている途にあると感じさせられている。彼女たちは人種、エスニシティ、階級のもつれた状況から解き放たれ、単なる女性の集団として呼びかけられる。この（以前は労働者階級であった）若い女性たちは、自ら属する階級やエスニシティを否定はしない。代わりに、より刺激的な人生への可能性、あるいはウルリッヒ・ベックの言うような「自分独自の人生」をみつけるだけである（Beck 2000）。階級に応じた振る舞いに関するビヴァリー・スケッグスの論文は、階級を解体するように見えるこのプロセスの重要なダイナミズムを非常に正確に捉えている（Skeggs 1997）。スケッグスは、どのようにして規範的な女性性が伝統的な女性の労働者階級的価値観やライフスタイルから離脱したいという要請になじんでいったのかを示している。これは、一九九七年からのニューレイバー政権下で追求されたネオリベラリズム的政策においてより顕著になった。若い女性は、特に自己呈示的なもの、メイクアップ、ボディメイク、メディア産業や文化産業に特化したサービス業から波及した労働や、服飾の小売業や美容師といった、業界におけるヒエラルヒーの下位にあるような職さえも志向するようになり、労働者階級というアイデンティティから解放された。これらの仕事は人生の転機において決定的に何かを改善するものではない。にもかかわらず、若い女性たちは丹念に造り上げた魅力的な身体が仕事において重要になるという理解を頼りにし、それが今度は自らのプライドの証、つまり自己責任化の記号や自分の「気分を上げる」方法になる。個人化された社会において自己認知の矛先は、より階級に枠付けられない人々に向かう。これらの若い女性たちは自分自身を「捨て」、別の場所に行く。しかしながら飽和したミドルクラスへ新たに参入する場合、たとえ学位資格があっても経済的な安定も安全も保障されない。実際、こういった階級の拡大が進行するにつれ、「ミドルクラス」という観念も増大する不安定性《プレカリティ》と何ら変わらなくなってくる。

このため、近年ウルリッヒ・ベックによって提唱された「リスク階級」という言葉は、この動向のプロセス、あるいは「社会的階級移動」について考察するのに有用であると考える（Beck 2014）。私は社会的階級移動という考えを念頭に置き、それを逆手にとって従来引き合いに出されるようなお決まりの「上昇志向」とは異なる説明を提示したい。これは、方向性なき階級移動なのである。新たなサービス業界で近年門戸が開かれたような仕事を女性たちが手に入れた結果としての社会的階級移動という考えは観念的ではあるが、それが個人の失敗と表裏一体という点からすると、象徴的に多くのことを意味している。今日、若い女性の女性としての地位は、面白くてできるだけ創造的で、理想を言えば魅力的な仕事をしているかどうかにかかっている。サビーヌ・ハークがすでに議論しているように、フェミニズムによって築き上げられた生き方は、活躍の機会を得た女性たちにとって不評で受け入れ難いものであるとはいえ、機会の構造や可能な世界を開いたという点ではおそらく意図していた以上に奥深いものとなっているようだ（Hark 2014）。もちろん、だからといって上昇志向の人向けの職に就けなかった女性たちが多数を占めるサービス業界において、ヒエラルヒーや地位の低い労働が新たに作られなかったわけではない。ケア労働の業界、コールセンター、清掃業やスーパーのレジ打ち業はここ二〇年ほどで目覚しく拡大している。これらの労働もまた女性たちが多数を占めている。しかし若い女性のみに焦点を当てると、自主的でより自律した活動を支持する「労働の拒否」が、単調でつまらない労働から脱することという形を取っていることが分かる。この点を理解する方法の一つは、「ロマンス」という観念が恋愛や親密性の領域から逸れキャリアの実現という考え方に投射されている、と考えてみることだ。若い女性は、ただ一人の稼ぎ手としての夫を探すのではなく、キャリア志向を夢見る。やりがいある仕事を見つけようとするのだ。そして、やりがいある仕事は女性の分かりやすい成功の証となった。これは階級もエスニシティも超える欲望であるが、それと同時に階級やエスニシティの区別や差異をもたらす線に沿って階層的特徴を維持し、また強化さえするものだ。以下の部分で、この女性のための仕事に向けられたロマンスについて論じたい。もちろん、これは前代末聞の話というわけではない。二〇世紀の少女向けの大衆文学は、バレリーナや障害飛越競技の騎手になること、ポニーと仕事をすること、「遊軍記者」としての訓練を受けることなど、刺激的な仕事への構想を称える多くの物語を生み出した。これらの夢はもはやミドルクラスの特権ではなく、はるかに広く普及している。「夢の仕事」という言葉は、特に若い女性にとっては日常生活の領域に入り込んでいる。[2]

一九七〇年代半ば以降、特にイギリスにおいて、産業社会のパラダイムの中で仕事と雇用に関するフェミニスト的な学問が生まれ、その結果、工場で働いていた労働者階級の女性の経験に目が向けられるようになった。それは社会主義フェミニストの社会学者によって輪郭を示され、調査された領域であった（Pollert 1981, 1988; Phizacklea 1990; West-wood 1985を参照）。『少女、妻、工場生活』といったタイトルの本は、工場の現場にいる女性の日常生活への関心を伝えた。問題とされたのは抵抗と反抗という点であり、労働者階級の女性がルーティン的で、低賃金で地位の低い仕事の現実にどのように対抗したかということであった。たいていの場合、彼女たちは（自らの狭い作業スペースを飾る結婚式や赤ん坊の写真とともに）妻と母親という二重の役割を担っており、それが不当な雇用からの逃げ場となっていた。（例えば一九六八年のダゲナム自動車工場の撤退と一九七六年のグリュウィックでのストライキのように）労働者階級の女性がしばしば積極的な労働組合員として頭角を現すことがあっても、（一九八四年の炭鉱ストで炭鉱労働者の妻がオルグしたように）たいていは夫の活動を支える女性とみなされ、労働時間を超える組合のための時間は、母親と主婦としての二重の役割とは対立していると考えられていた。アニー・フィザックレアによる西部および東部ミッドランドにおけるファッション製造に関する重要な研究は、夫が自動車工場から解雇されたアジア系女性の、脱工業化の最初の瞬間に目を向けたものである（Phizacklea 1990）。調査対象となった男性たちは、妻が長時間、時には在宅勤務で縫製することで、またはマーケットの露店や、低価格のファッション小売業者向けの安価な既製服の組み立てに関与する、ほんの一握りの機械工やアイロン係などからなる小さな生産ユニットを用いることにより、わずかな支払いのみで小規模のファッションおよび衣料品の卸売業者として会社を設立することができた。アンナ・ポレットもまた、「第三のイタリア」（世界的競争力を持った中小企業が点在する、ヴェネツィア・ボローニャ・フィレンツェなどの中都市）についての重要な小論により、ポストフォーディズムの出現に関する考察を進展させた。ベネトン社がポストフォーディズム的なファッションの全機能を最もよく例証していたように、「第三のイタリア」は当時、ショートラン、ジャストインタイム生産システム、ＥＰＯＳ社の小売業への移行、そしてイタリアの北東部のエミリア・ロマーニャ地域の小さな町や村に散在する高度に熟練した（女性の）生産者を活用する模範であると考えられていた（Pollet 1988）。問題は、工場で、あるいは家庭のミシンや編み機で生活していた女性労働者に続く若い世代はどうなるのかということである。若い女性たちは逃走している。「第三のイタリア」に関する議論を更新するために、近年ハジミカリスは、イタリアの労働者の子どもたちが、親（または母親）と同じような仕事を断固として拒否していると指摘した。娘たちは代わりに、ファッションモデルになりたがっている（Hadjimichalis 2006; www.businessoffashion.com も参照のこと）。（手作業などの）古い作業方法と製作方法は格下げされ、ファッションはこの種のクリエイティブで野心的なプロセスの現場となった。今日、この娘たちは更に高い地位に就く機会を捜している。この欲求はファッション部門全体で大々的に繰り返され、ファッション生産部門の技術損失の要因とみなされている。若者は陰鬱で、おそらくは汚い工場環境ではなく、「スタジオ空間」で働きたいのだ。[3] ポストフォーディズムの発展には世代を超えた象徴的な表現と、労働者階級の若者の欲求と、やりがいのないつまらない仕事からの娘世代の逃避を見ることができる。彼女たちはこの機会に何か別のことをして、アウトノミアのマルクス主義者が「労働の拒否」と呼ぶものを生み出す。本書で議論したいのは、このような形での労働の拒否はやりがいある仕事への欲求や憧れであるだけでなく、将来の教育や高等教育へのアクセスを通じて目の届くところにあり、おそらく到達できるものであるということだ。この「逃走」はジェンダー的な特徴をも身にまとう。一九七〇年代のフェミニズムの影響により、「若い女性のキャリア」という考えは完全に受け入れられるものになった。私は、アウトノミアのマルクス主義者とは異なり、「社会的工場」〔マリオ・トロンティ『工場と社会』で展開された工場における社会関係の社会全体への広がりを分析する概念〕から生まれる新しい急進的な政治についてそれほど強く主張はしない。代わりに過去の親たちの闘争と、その子どもたちによる現代の労働経済における日々の経験とを結ぶ逃走線が存在する両義的で緊張感のある領域を観察していく。労働に関する不安は、創造性という考え方や自己組織化された仕事の要求を通して分析の対象から逸れていってしまう。私たちが見ていくのは、現代の労働改革と労働経済を背景に個人化された論争と探求の新たな領域だ。本章全体を通じて、アウトノミアに関するマルクス主義の批判的研究を用いながら、ジェンダーと創造性のポリティクスに関する新たな理論的洞察を提供したい。

バーミンガム対ボローニャ――オペライズモ（労働者主義）と階級闘争の成功（または失敗）？

イタリアのアウトノミア運動の伝統に関連した急進主義の流れは一九八〇年代から一九九〇年代初頭に比較的休眠状態であったが、ハートとヴィルノ（1996）の選集と『帝国』（Hardt and Negri 2000）、それに続く『マルチチュード』（Hardt and Negri 2006）の刊行により読者の注目を集めた。近年書かれた多くの記事や本では、不安定な労働、非物質的・情動労働のテーマはすべてポストフォーディズムの生産体制の包括的な枠組みの中で理解されているが、ジェンダーを前面に出してはおらず、ジェンダーとエスニシティを階級や階級闘争に関する一般的な概念に結び付けることができていない。「女性」のカテゴリーやフェミニズムのポリティクスを含むさまざまなグループとの違いや自律性を理論的に書き入れることは可能であり、ジェンダーやフェミニズムの問題は情動労働の観念と並行し、またその観念の中に包括されていると捉えられているにもかかわらず、マルチチュードの概念は男性労働者に暗黙理に焦点を当てて展開されていることから、ジェンダーやフェミニズムは後付けのようなかたちで現れている。完全に成立することなく形成されていくというドゥルーズの前主体性プロセスの概念を多用しているにもかかわらず、一九六〇年代を通じて従事していた初期の男性主義的な工場での階級政治が実際にはネグリらの研究のひな型のままであり、それに対する直近の応答として、例えばスチュアート・ホールの分節化《アーティキュレーション》概念（Hall 1988, 1992）のような類の構想はない。階級の問題からジェンダーがどのように切り離されるかを示すために、私はスチュアート・ホールの思想を再編成し脱分節化《ディスアーティキュレーション》という観点を用いて、「作業場の労働者主義」の「遺物」ではない、文化的で創造的かつフェミニスト的な労働のポリティクスを展開していく。私は、ポストフォーディズムのジェンダーは女性であると主張するつもりだ。また、ジェンダーに重きを置くことで、ハート、ヴィルノ、ラッツァラート、ネグリなどの研究者たちによる現代の新たな急進的政治言説の領域において、ジェンダーが不可視化されていることを批判するだろう。[4] 私は、これらの研究者たちが現代の労働を理解し、急進的な政治的未来を想像するメタ概念を定義するものとして階級を強調することに異議を唱える。基本的にこれは「労働＝社会」モデルであり、「労働の衰退」と非労働領域への重心の移行を「集団の不透明性」、広範囲に渡る非政治化、「自己破壊」などの幅広い現代の病理学として非難するものだ（Virno 2005: 20）。これらの研究者たちは労働の現場から出発し、その上で著しい社会的変化に即して「生活そのもの」、つまり労働以外の領域、日常生活の場所、あるいは文化やコミュニティの分野を考察するようになる。これとは対照的に、バーミンガム現代文化研究センター〔CCCS〕の研究は、日常生活の状況から出発し、拡散する闘争が互いに関連し、そして時には対立するものとして理解されることを可能にするような「マルクス主義的」アプローチを発展させた。階級は当初から経済的カテゴリーであると同時に文化的カテゴリーであり、スチュアート・ホールが主張するように、それはつねに他の決定的な力との分節化の中に存在していた。[5] もちろんそれは何十年にも渡るイデオロギー的な手段によって階級社会を切り分け、隠匿し、資本と労働の間の最も基本的な対立関係を軽視しようと試みてきた統治機関の思惑であった。今やこれらは（サッチャー政権以降のイギリスなど）四〇年以上に渡って成功を収めてきた戦略であり、階級のフェードアウトは、説得力をもったあらゆる社会学的分析において考慮されなければならない。労働者階級の政治的敗北、および労働組合への非難が若い女性たちに永続的な影響を与えてきたことこそが、私の主張したい点である。これらの変化は個人化の高まり、つまり、さまざまな誘惑により非常に魅力的に機能するように設計された、多種多様な自己のテクノロジーと共時的に起きている。女性が労働市場へと積極果断に動いているまさにそのさなかに階級はたそがれの領域に追いやられてきたので、これらのプロセスを一緒に見ていく必要がある。「年配の男性」としての労働者は、労働組合活動を仕事生活の中心におかない若い女性に取って代わられている。資本と労働の間、またはその従属関係が労働との独特の関係を必然的にともなっている従属的な社会的立場にある人々（例えば、失業者および病気や障がいのために働くことができず貧困状態に置かれている人々）と国家との間の闘争によって形成された敵対的関係は、階級編制のための重要なメカニズムを構成し続けている。しかし、この〔階級〕編制は、それと等しく影響力のあるジェンダーやエスニシティという要因から孤立して存在しているわけではない。そしてポストフォーディズム時代、あるいは脱工業社会の時代においては、往々にして「労働者」であるという経験はより複雑な人格の構成要素の一つにすぎない。ハートとネグリは差異と生成変化の概念に導入されているドゥルーズ的な流動の概念や、マルチチュードの概念をより広範に使用しているにもかかわらず、階級モデルの中で身動きが取れなくなっているため、ポストフォーディズム時代のジェンダーとセクシュアリティの重要性を反映する余裕がなく、その結果、しばしば仕事の女性化と呼称されているものの意味を考慮できていない。

ハートとネグリらは、マルクスの『経済学批判要綱』と、生産の仕組み（そして今ではコンピュータ計算コード）に具体化された抽象的な知識へ立ち返ることを促している。これは、この抽象的な知識、あるいは「一般的知性」の意義がより大きくなっているという点から、従業員同士の関係に悪影響を及ぼす。機械またはコンピュータが生産労働のほとんどを担う場合、実際の労働者によって行われる労働の価値の基準は失われる。マルクスは、これが広範な社会的混乱と階級闘争につながると予測している。ヴィルノやその他の研究者は、そうではなく、新しい形のシニシズムと日和見主義は労働現場の内側からではなく、外側、つまり日常生活、または「都会特有の教育訓練」の場となるストリートから発展すると捉えている（Virno 2005: 14）。ヴィルノはこの浅はかさと軽率さをもって、そのような不満が失望の政治によって新しい政治主体に転化していくことを想定した。しかし私は、「文化」の概念がなければ、「ストリート」の概念は店舗以外の脆弱な空間を暗示するだけであり、したがって、主に階級闘争の場所として期待されることはない、と主張する。この考え方では従業員が工場から「逃走」した場合でさえ、工員という概念は依然として優先されてしまう。仕事の女性化という考え方を通して検討される代わりに、ジェンダーの問題が取り上げられる時、それは家族賃金と、歴史的男性労働者に支払われてきた、この種の賃金労働が女性によって行われたケア労働や家庭内の再生産労働を価値ある分野の周縁に追いやり、ゆえに無報酬のものにしたことに焦点を当て、浮かび上がらせる。ハートとネグリの影響を受けたフェミニストは、まるでセクシュアリティと差異、ジェンダーと文化とイデオロギーに関する二、三〇年に渡る学問が存在しなかったかのように、まさにこの「昔ながらの」ジレンマに回帰しているように思われる。そして、現代の社会性を理解するための重要な力として、資本主義的生産とそれに従属する労働者との間の「古典的な」敵対性を構成する抽象的なヒエラルヒーに基づく還元主義が機能している。対照的に、カルチュラル・スタディーズのアプローチは、ホガートとウィリアムズに始まり、特にスチュアート・ホールとポール・ギルロイの研究を通して工場の重要性を中心から退け、社会的および都市的環境、女性、若者、移民のコミュニティ、レジャーとスポーツの分野、ポピュラー文化と娯楽に目を向けた。

議論の余地はあるものの、初期のCCCSの研究に多く見られた「文化主義」は、労働者階級の人々による抵抗の力を誇張し、おそらく、自分たちを識別するために選んだアイテム（ヘアスタイルやファッション、バイクなど）に付随する象徴的な意味の力を強調しすぎた（Hall and Jefferson 1976）。若い黒人や白人の男女、労働者階級の人々は、これらの文化資源を定着させ、時にその影響は目を見張るものであった。しかし、CCCSへのさまざまな批評が示したように、これらの人々による反乱はしばしば短命であるか、先行する各章で説明したようにほどなくしてメディア製品の商業的仕組みへと環流されてしまった（Thornton 1996）。そうであるにもかかわらず、一九七〇年代半ばから後半に行われたカルチュラル・スタディーズによる研究の大部分がいまだに重要である理由の一つは、研究を支えた文化の概念が歴史的にも政治的にも定着したからである。カルチュラル・スタディーズは日常生活とレジャー、さまざまな社会制度の働き、より広い都市環境を研究のテーマとして浮かび上がらせた。E・P・トンプソン、レイモンド・ウィリアムズ、リチャード・ホガードの研究により、抵抗と抗議の領域としてのポピュラー文化という考え方が社会的に正しく理解されるようになった。「オペライズモ」の研究は、政治的思考の最前線にエージェンシーの観念（ただし今回は主体なきエージェンシー）を回復させている点において注目に値する。これにより、台頭する力に対する異なる抵抗の構想が可能となるからだ。マルクスの目的論を放棄し、ドゥルーズの欲望の概念と「潜勢力」の概念とを組み合わせることにより、ハートとネグリは『帝国』の中で、「権力と力強さの分散という概念と大衆という概念」の可能性を見出している（Hardt and Negri 2000）。ここで三つの革新的な要素が機能する。まずはイタリアの左翼が敗北した文脈での前進を企図し、またヴィルノが現代の主体性の特徴でもある「感情的状況」と呼ぶものの分析により、急進主義の新しい可能性を想像し構想する決定的な試み。次にこの急進主義の可能性は、現在フローとして、波及する行動として、逃走線として、そして諸々の出来事として構成されている主体なき階級政治の形態を基盤とすること。最後にこの研究は、ヴィルノが言うところのポストモダン的なライフスタイルが謳歌された一九八〇年代の敗北を直視する一方で、資本主義のメカニズムに対して勝利の感覚を取り戻す試みを意図的に行っているという点。著者たちはポストフォーディズムを、一九六〇年代から一九七〇年代までの労働者階級によるこうした「潜勢力」闘争への資本の側からの応答として捉えている。ハートとネグリは、労働の規律に適合しようとせず、工場を抜け出した（イタリアとフランスの）若い工場労働者による「労働の拒否」を繰り返し引用している。具体的に言えば、ハートとネグリは資本を、労働者階級がより良い賃金によって新しい欲求やライフスタイルへの夢を表現できるようにするために〔最低限の〕譲歩をすべきもの（または何らかの根拠を与えなければならないもの）と捉えている。同様に労働者階級の若者は、他とは区別されたより良い生活をはっきりと希望している。しかしそこには労働者階級文化という強力な概念が欠けているため、ハートとネグリは労働の拒否と可処分所得を可能にするためのより良い賃金という点にしか根拠を置くことができない。対照的に、バーミンガム学派のCCCSの研究者たちは、親世代の文化とその世代の労働者が敗北したさまざまな労働の場から若者文化の場面に、今では抵抗が移ったと考えている。その場面とは、意味をめぐるサブカルチャー的政治という形で転覆させ再生させることのできる消費文化のモノやスタイルと関わることで、子どもたちが象徴的な手段を通して無力さという自分たちの親のジレンマを表現する領域である。イタリアの研究者たちの観点からは労働の拒否がどこにつながるのか（つまり、拒否する人は実際にどこに行くのか？）は明確ではないものの、その意義は資本主義を強襲し、譲歩を強いる力量にある。対照的に、（グラムシの「国民―民衆」の概念を用いた）バーミンガム学派は、その所有者の手に残りうる共通の、またはポピュラーな資源として歴史的視点から文化を定義している。私自身もCCCSの研究に対し、労働者階級の若い女性たちが若い女性としての礼儀正しさを求める社会的規範と自らの限られた選択肢に対する失望を示すために女性向けのポピュラー文化の一部を流用していることを論じて貢献した（McRobbie 1976）。例えば学校において、学力の低い労働者階級の女の子たちは髪や化粧やネイルに関する規則に従わないし、パンク少女は派手で「下品」な化粧をし、いわゆる白眼視されている女性、つまり「売春婦」または娼婦のような格好をする。ヘブディッジやその他の研究者が指摘するように、これらの女の子たちの表現はすべて、風化したり何らかの形で失われたりした労働者階級の生活の一連の要素に基づいていた（Hebdige 1979）。今この伝統を取り戻すことで、私はまたそれを再反映させている。今日の若い女性は特定の階級政治ではない「親世代の文化」のポリティクスの何らかを自らの創造的・文化的な職場に運用し、労働市場での従属的な地位を介して自分たちの親（あるいは母親）の生活に課せられた限界を克服したいと切望している。この文脈において文化は、過去の闘争を世代を超えて残し、支配の歴史を風化させずに残すために社会の接着剤的な役割を果たす。現代の「針に糸を通す《ヘアライン》ようなポリティクス」の特徴だと私が主張する逃走線を知らしめ、クリエイティブ労働の場で繰り広げられることになる若い女性やフェミニズムを取り巻くミクロな政治的緊張へとひときわ呼応するのは、まさにこのような歴史なのである。

私の議論が「オペライズモ」の研究者と建設的に結び付いているのは階級移動という観点においてであり、またルーティン的で地位も低くやりがいのない仕事の一生から逃れたいという欲求に関する点である（これは、イギリスのモッズに関するディック・ヘブディッジの画期的な論述でも見られた。Hebdige 1979を参照）。アウトノミアの著者たちはポストフォーディズムが求める人々の知力（大衆の知性）に関して独自の分析を行っている。特権として是認されたことの一つとして、仕事がより有意義になり、従業員が職場でより自律的に行動し、より大きな意思決定能力を持てる点が挙げられる。これは、新しい技術や新しい形式のコミュニケーションおよび情報ベースの生産の発展と一致しており、さらにはその引き金となる。この知力と新しいコミュニケーション技術の組み合わせは、資本主義がより流動的になった現代の労働者階級を含む一層多様化するライフスタイル志向の消費者層に、高度なカスタマイズとデザインの商品を提供できることを意味する。総じて階級闘争の成功は、賃金の上昇と、職場におけるこれまでより参画的で知的な役割を人々にもたらす。アウトノミアの論者たちによれば、資本主義は一九七〇年代の労働者の闘争に譲歩せざるを得なかった。これらの論者は、ポストフォーディズムの台頭に関するより一般的な議論（Lash and Urry 1994など）とは対照的に、労働力のエージェンシーと仕事そのものの性質の変化を強調する視座を提示する。これらの要素は、アウトノミアの論者たちが若者の「工場を出たい」という願望をどう表現しているかに注目した、きわめて重要なものである。イタリアでは労働規律に服従することを嫌う若者が比較的多いため、資本家階級は守勢に追い込まれた。労働者が仕事に対する意欲を持つには、仕事がより魅力的にならなければならなかった。それゆえ、ポストフォーディズムは取り込み戦略であり、資本はいくつかの点で譲歩しながら従来とは異なる方法で労働者の知的能力に依存し、弱体化する。また、労働者は脳を働かせることができ、批判的思考と反省のための一種の自律空間を獲得できるため、深い意味で現代の権力のドグマや命令にとらわれなくなり、資本は労働者に遅れを取り、労働者の考え方や取り組みにより一層依存するようになる。

さらに議論されているのは、これらの知的能力が協力関係と集団性気質を生み出す点であり、この気質は認知資本主義における新たな仕事場やアトリエでも必要とされる資質である。「今日では、富の生産、（……）は（……）協働的な相互作用の形をとっている」（Hardt and Negri 2000: 294）。今日、労働者は互いに話し合い、共同で決断する必要がある。人々は、商品をどのように生産するか、またはサービスをどのように提供する必要があるかについて議論し、意見を述べることができる。したがって、このような相互性により労働者は今や連帯的な相互支援と協働の形をより良く再想像できるようになった。それゆえ楽観主義にはまり込んだというわけだ。ラッツァラートによれば労働者は今や起業家になれるし、もはや従業員や単なる賃金労働者とみなされることもなく、そしてもちろん過去三〇年の間に若者の間で増加したフリーランスや不安定な個人事業主と、あるいは高度な資本主義化にともなって発展した文化的でクリエイティブな部門やメディア部門に関連した新しい形態のミクロな起業家精神ともうまく調和できる。また、労働政治は「労働者」の役割だけに依存しているとはみなされなくなった。しかし、このような共同体または「コモンズ」の可能性を想定するために、この

「潜勢力」をどれだけ拡大できるかに関しては、「オペライズモ」の研究者の間に微妙な見解の相違がある。ハートとネグリとラッツァラートの論考と、ヴィルノとベラルディによる鬱々とした論評には相違がある（Virno 2005; Berardi 2009）。共同性という喜びに満ちた観念や、共産主義的な情緒さえ、皮肉と日和見主義的見解を植え付ける強力な体制によって打ち砕かれてしまう。世間話やパーティーといった文化的環境のせいで、ヴィルノやベラルディは現代の主体性の精神病理学に言及せざるを得なくなった。仕事と趣味のしっかりとした境界線がなくなり、余暇が労働時間のような緊急性を帯びるようになるにつれて、ヴィルノやベラルディは、このパーティー文化とそこにある主体的な心理状態が職場に移行したと、つまり職場に影響を及ぼしたと見ている。ここで少し立ち止まり、この興味深い批評について考えてみよう。これらの精神病理もジェンダー化されているのだろうか？　これらの新たな非公式の仕事領域において自立した生活を送ろうとする若い男女は、それぞれどのように悩んでいるのだろうか？　そのような情動の状態はどのように分析されるのだろうか？　抑圧的な仕事に対する「健全な」動員の起こる可能性がうつ病、パニック障害、アルコール依存症、薬物依存などの生命を脅かす有害な精神病理によって相殺されるという逆説的なダイナミズムがある。また、これらの議論にはいくらか欠落している重大な部分がある。若い女性は男性と同じように知力と共同性に接近する機会を得ているだろうか？　あるいは、認知資本主義の新たな空間は、表面的には平等でも実際には依然としてジェンダーで分離された労働市場なのだろうか？　ロザリンド・ギルは新しいメディアであるＩＴ労働者に関して、フェミニズムを分かっているかのようにふるまいながら否定的な認識に基づいた皮肉な態度を示し、結局のところ男性の特権を回復して性差別への回帰を賞賛している職場の文化規範を指摘し、比較的温厚な批判を加えている（Gill 2007）。

『帝国』においてハートとネグリは、「マルチチュード」となって特定の国家に縛られなくなり、より良い生活を求めて大陸を移動する移民や難民をも含んだ労働者階級の拡張された概念を信頼している。女性の運動については核家族を崩壊させ、それゆえ（おそらく女性に子どもの出産数を減らすよう促したために）若年労働力の安定供給をさまたげた要因としてわずかに言及されているが、再生産における女性の根本的な責任を重要視している実態は更新されていない。これは、変化する労働の領域における階級支配的でジェンダー本質主義的な説明である。マルチチュードの内部にはジェンダーへと開かれる可能性があるにもかかわらず、ジェンダーは人種およびエスニシティと同様、階級の中に組み込まれ、フェミニストは、女性が家事労働または再生産のいずれかの言語で表現された時にのみ正当に尊重されていた時代へのある種の回想を経験することになるかもしれない。ゲイル・ルービンが私たちに思い起こさせてくれたように、マルクス主義は（マルクス主義フェミニズムでさえも）、労働を含む当時の日常生活の多くの領域で共感を得ていた幅広いセクシュアリティの問題を理解し、批判的に取り組むことができなかった（Rubin 1984）。ドゥルーズ的な概念の中心にある欲望、肉体性およびリビドーの流れではこの問題は解決できない。マルチチュードの概念は、階級概念よりも広く、包容力があるはずなのに、ドゥルーズを使うことで、ジェンダーとエスニシティに対する無頓着さを隠匿してしまった。言及されているほとんどの闘争の現場は伝統的に自動車組立ラインやその他の自動車産業に関連する活動といった男性的な分野である。論者たちが主張する資本主義の危機を生み出した産業界の労働闘争は、またしても男性支配的な分野で起こったのだ。論者たちが一九六〇年代の合衆国の黒人闘争に言及する時も、オペライズモの書き手たちは公民権の結節点であるコミュニティ（Gilroy 1987）ではなく、自動車組立ラインに再び焦点を合わせる。労働の拒否と工場からの撤退は、主に白人男性の運動であった。

では、どうやって、ポストフォーディズムのジェンダーについて言及できるのだろうか？ 女性運動は数年でピークに達したが、この状況は世界中の主要企業の収益が危機に瀕した時と一致している。そして、その当時の家父長制社会の構造によってジェンダー差別的な労働市場が生み出され、男性がより良い賃金とより高度な技術の産業に就職できていたために、その後の脱工業化経済への移行において労働者階級の男性の雇用の見通しは悪化し、女性には逆の効果がもたらされた。ポストフォーディズムの経済における仕事の特質は、女性従業員の大きな技術プールと柔軟性を支持したことにある。イギリスでは、女性は一九八〇年代半ばから仕事に就き、それ以来ずっと働き続けている。例えば小売業、ファッションと衣類、家具と家庭用品、ＤＩＹ、そして一九八〇年代にロンドン南東部が国際的な都市となり金融業界の中心となりロンドンで特に急成長した巨大なサービス部門など、さまざまな分野でポストフォーディズムの生産技術が成長している。女性が職場のより多くを占めるようになるため新たな商品や日用品が入手でき、家庭の母親よりも働く女性の要望に応えるようになる。シーン・ニクソンは、一九八〇年代初頭に設立されたファッション小売チェーン「ネクスト」が、新しいスタイルに敏感な上昇志向のホワイトカラー労働者をターゲットにし、デザイン性の高いコンテンツをそなえたファッションの模範例となったことを指摘した（Nixon 1993）。イギリスの「ネクスト」から広がったと思われるものは多くの製品や商品に拡大し、二〇年後にはその消費が世界規模で増加し、主なマーケットは女性向けのものである。女性の仕事への流れは、一九八〇年代から現在に至るまで継続教育および高等教育の拡大、そしてより一層多くの若い女性が大学へ進学している実態と連動している。一九七〇年代半ばにおいては大学に進学するミドルクラスの若い女性はごくわずかであったが、三〇年後、女子の大学進学は男子を上回り、一部の大学では女子が男性の倍の数を占めている。ヨーロッパやアメリカ、その他の裕福な国々では、三〇代や四〇代の女性が母親よりもはるかに高い学位を得ることは当たり前となっている。労働者階級出身の若い女性は、公共部門、健康、教育、福祉、保険のような新しい金融サービスを含むさまざまな行政および制度部門の地位を得て、訓練の機会を利用し、結果として自分の道を作り上げている。さまざまな社会経済的背景を持つ若い黒人女性やアジア系の女性は、より高い学歴とより良い賃金の仕事を求める。こうしたすべての活動が、必然的にかつて労働者階級の中心となっていた人々の衰退をもたらし、(ハートとネグリが論じた) 一九七〇年代後半に工場で働き始めた若い男性たちは、三〇年後、早期退職または解雇に直面している。この数年間、イギリスおよびその他の地域 (ドイツ、イタリア、フランス、合衆国など) で、一方で貧困と失業、もう一方で相対的な豊かさという急激な格差に基づく階級間での団結の解消、階級の分裂、および新しい形態の社会分断が進行している。女性たちは階級移動と移行のプロセスを具体的に表現するようになる。夫が失業したために時間外労働をする者もいれば、広範な人種差別と労働市場の状況がとりわけジェンダー化されたやり方で父親や兄弟を差別しているため、黒人女性、母親や娘も同様に主要な稼ぎ手となる場合もある。ジェンダーはより広い女性の個人化のプロセスと明確に分節化されることで、階級の重要性を一見低下したかのように見せ、女性の新しい政治的意味をこの色あせた地位に留まらせている（Bauman 1990）。労働者階級の若い女性が、メディアやライフスタイルを通じて労働者階級の立場から離れるよう促され、「カレンミレン」や「ウェアハウス」などのファッションショップの店長などの仕事をする時に、労働組合の伝統はないものの継続教育と「生涯学習」の可能性があるとするなら、概して、資本と国家がこの点で上昇志向のある女性労働人口を生み出すことに成功しており、労働組合の構想とハートとネグリの楽観主義は誇張されすぎる結果となっているのではないだろうか？「一般的知性」のポリティクスや認知資本主義の一部は、例えば、拡大するファッション業界でどのように展開されるのだろうか？　この質問への答えは、アウトノミアの書き手たちが想像するよりも平凡である。確かに、この分野全体にはより優秀な人材が流入するが、これは政治意識の萌芽を保証するものではなく、単に資本主義の仕組みが以前よりも効率的に機能しているだけなのかもしれない。

情動労働

一般的知性の支配によってもたらされた資本と労働の敵対性から離れて実際の闘争分野へと降りて行くと、その例は比較的少なくまれにしか見つけられない。ラッツァラートはフランスの「レ・アンテルミッタン・ド・スペクタクル」の行動に注目するが、クリエイティブな仕事領域の女性たちによる組合活動を通じた社会保障の改善、あるいはフリーランス労働者や個人事業主の権利――例えば出産休暇または雇用主が運営する託児所などの学童保育施設の提供――に関する同等の闘争をみつけるのは難しい。また、すでに示唆したように、女性が優勢なファッション小売部門内で組合承認の権利を求める労働運動は最近ではほとんど見られない。ＵＫアンカット〔イギリスの公共サービスの削減への抗議団体〕やオキュパイなどの運動の文脈では、主にその分野の内部ではなく学生など外部で取り組む人々によって組織化されている。さらに事が難しくなるのは、ハートとネグリの抽象的な概念のいくつかが、新種の分野の仕事に集まるコミュニケーション共同体内での解放的喜びの瞬間や共産主義的な衝動を想定する際にあまりに文字通りに取られてしまうと、高級ファッションモデルの場合のようなありえない場所におけるエージェンシーを称賛するようになってしまうことである（Wissinger 2007, 2009）。「一般的知性」の潜勢力と、西欧の不安定な労働者によって再結集されたユーロ・メーデー２０００集会にさかのぼる蜂起とを直接結び付けているローリー（Raunig 2013も参照のこと）がハートやネグリのような人物との理論的対話から直接生み出した論稿は例外として、情動労働のポリティクスは実際にその可能性を見誤りかねず、急進主義による支持できない概念に屈し、思わぬ行動や意図的な短期戦に重点を置く可能性さえある（Lorey 2015; Raunig 2013）。このため、私は本章の残りの部分と結論で、そのような（仕事の）喜びを見つけられず表現できないことが個人の失敗だとか職場に不適切な人物であるとみなされてしまうため、女性による情動の管理が「仕事の喜び」の必須事項になっている点に焦点を当てたい。この現代的な情動を得るためのツールが「やりがいある仕事」だ。

　情動労働の概念を論じるマイケル・ハートは、アウトノミア的マルクス主義の伝統の潜勢力を重視し破壊可能性と新しい形態の社会性の創造、つまり資本主義的な合理性の代替物をこの種の労働を通じて、実際にわずかばかり見出す（Hardt 1999）。ハートは、情動労働が極めてジェンダー化され、女性の活動に関連し続けてきたし現在もそうであるという事実を認めている。ハートは、非物質的労働とは「耐久性のある物質的財をもたらさないサービス生産」の一部であり、さらには、「知識やコミュニケーションなどの非物質的財」であると定義する（Hardt 1999, p. 10）。ハートは非物質的労働と情動労働を同じように使用しているが、「母親の活動」の領域を考慮するようになったのは情動労働（の視点）からである。ハートは、ケアや感情の要素を必要とする労働形態はさらに増え、これらの労働慣行には現代の資本主義の恐るべき力に異議を申し立てうる「集合的主体性」を生み出す能力があると指摘している。実際これは、ハートが「一般的知性」を、通常女性が行うある種の労働に拡大する部分である。ハートはここで、今や拡大しつつあるサービス経済（その中では製造業でさえサービスとして想定されている）の中で、そのような高度なコミュニケーションと情報学に依存する特徴を特定し、それが社会性の過剰の流入と変革する力の可能性を持っていることを指摘している。この可能性は、情動労働が現在「現代の情報経済における支配的地位」にあるという点で一層重要である。コミュニケーションと情報主導の経済が台頭した結果、今日の労働者は実際には非集団化され、工場の門を越えて日常生活の領域に分散し、組合は解体された。そうであるにもかかわらず無給や低賃金の家事労働から出現しがちな新しい形態のアウトノミア的集団行動の可能性がある。この点に関してハートは、女性中心のインドの農業労働者による生政治、およびフェミニズムの影響下で政治的重要性を獲得した高度資本主義におけるケア労働と家事労働の全領域に注目する。一方で、資本主義はこれまで、日常の労働状況において「人との触れ合い」と接近の度合い、一種の触覚的なものと身体的な性質を必然的にともなう「情動の操作」をフル活用することはなかった。しかし他方、伝統的に女性と結び付けられてきたこの種の労働には、（フーコーの概念を逆転させ）ハートが提示する「下からの生政治」を生み出す可能性がある。資本主義は今や「ウェルビーイング」を提供し、「興奮、情熱、さらにはコミュニティ」の状態を約束する経験を生み出すように組織されている。

しかし、ほぼすべての女性労働者が訓練され情動の操作を通じて作られた喜びと興奮の要素を、急進的な情動のポリティクスの萌芽であると捉えるのはあまりにも安易ではないだろうか。ハートは、フェミニズムへの言及を家事やケアの領域に限定しているため、「感情資本主義」に関するフェミニズムの新たな分析がどのようになるかはまったく理解していない。こうしたことから、オペライズモの書き手たちの中には、個人化、激しい競争、自立といった枠組みの中でこれらの課題を実行するための主体性が形成されてきた方法に対しいささか無邪気で無頓着な視点を持ち、非物質的労働のあらゆる側面を称賛する理由として、「共産主義」に内在している能力を備えた新しい資本主義の生命力を見出す者も出てきた。オペライズモの論者たちは情報資本主義内の亀裂が瞬間的にでも存在し当然起こりうるような、新たな内在性のポリティクスを構想している。私はこの亀裂がある種「針に糸を通すようなポリティクス」を構成していると捉えており、例えば逃走線が家族の搾取の記憶や過去の不当な労働の話に忠実である場合、そのポリティクスを取り戻すか、あるいは追求することができると考える。資本主義は若い女性に仕事の喜びを約束し、魅力的な誘いをかけてくるが、同時にその仕事が近年では従来の雇用のように保護されず不安定で保証のないものになることは確実である。オンライン活動家のコミュニティで展開されたＰ２Ｐの投げ銭といった類や、オープンソースソフトウェアの開発は、新しいラディカリズムがみずから迅速に多くの領域に拡大することを可能にしたが、自己再帰的で不安定なこれらの労働者の活動は、ユニクロやベネトンでセーターをたたんでいる政治意識の低い、小売業のパートタイム店員と並べて位置付ける必要がある（Terranova 2004）。ハートとネグリはファッションと美容産業における情動労働の形態について、非政治化されているように見える説明を意図せず受け入れている。非物質的労働によって区切られた領域内部での生命力に関する議論は、「資本主義に内在する共産主義」の可能性を秘めた大衆化された知識人の社会活動とともに、新たに起業した労働人口層にまでこうした興奮を広げ、有名人が支配するメディアやエンターテインメント産業でのエリートのキャリアを正当化し、再活性化させる情動労働という考え方につながる恐れがある。例えば、ウィシンガーは『エフェメラ』誌の特別号で、彼女が調査しているファッションモデルは通常きわめて高収入であると述べ、この労働を不安定な労働の新しい風景の一部と考えている。ニューヨークのストーム・モデル・マネジメントのようなトップの事務所と契約したモデルは、「生命力と生き生きとした感覚」を備えた「感情労働」を披露する時に「コミュニティを創り出す」。他の共著記事でウィシンガーは、ニューヨークの「ハイエンド」モデルを（フロリダ州ペース地区で）都市再生に積極的に貢献しているとみなす一方で、「ファッションモデルであるというよりむしろ自身の会社のCEOである」（Neff, Wissinger and Zukin 2005）と考えている。この種の視点は、フェミニズムが脇に置かれた場合に（ウィシンガーは「ジェンダー」が自分の研究の「対象外」だと認めている）、研究者が情動労働をいかに大雑把に利用できるかを実証している。となると、ポストフォーディズムの不安定なプロレタリアートという新たに出現した包括的な概念は危険なものである。この概念は、その労働に対し莫大な日当を意のままにするファッションモデルを、仕事が不定期で不安定であることが多いという理由で、この拡張された階級（またはマルチチュード）の一部としてみなすことをも許容する。これはフロリダの「クリエイティブクラス」のような万人受けするスタイルを織り込んで、ケイト・モスのようなモデルも、認知症に苦しむ高齢者との日々の仕事で感情労働を行う低賃金の女性介護労働者と同じ層に入れてしまう。端的に言えばマルクス主義のアウトノミア思想の新たな潮流が、フェミニズムという強靭な視点を持たないままファッションモデルなどのジェンダー規範に支配された仕事に向けられた場合、非物質的労働の広大な領域における厳しい階層区分を識別できなくなるような、紛らわしい祝賀につながる可能性があるのだ。

エマ・ダウリングは、自身がフルタイムとパートタイムの両方で高価なレストランで働いた時のオートエスノグラフィーを通して、情動労働のこの崩れやすい解釈に修正を加える。そこでは、スタッフは顧客との間にある明確に測られた距離に応じて笑顔をコントロールするよう教育訓練されていた（Dowling 2007）。この視点は、雇用主が提供する教育訓練マニュアルとハンドブックに従って、感情の管理と個々の品格が教化されていることを強調している。ダウリングの本には、「ミステリーディナー」と呼ばれる軽い会話で顧客を歓迎し魅了するという入念な実施要項をつねに遵守しているかどうかをテストする特定のテクニックについても詳しく記されている。ダウリングは、ハートとネグリやその他の人々による非物質的労働者の間の抵抗の可能性に関する主張について懐疑的である。彼女はレストランのフロアや家の前での自らの経験において、労働組合について考える余地はほとんどなかったと考えており、セルトーが「密猟」と名付けた種類のミクロな戦略――この場合はシェフが違法に仲間の労働者のためにレストランの料理を調理するという類――を超える抵抗はほとんど調査できていない。自分の知性と個性を職務に持ち込みリラックスした楽しい「食事体験」を創り出すことをスタッフに要求するのは、新しい経営主義の典型例である。ダウリングは、まるでゲストが個人的な友人であるかのように楽しませるよう叱咤激励された。泥酔した客にはタクシーを呼び家に送るよう世話をした。つまり情動はスタッフに必要なもので仕事の基本条件なのである。また、ホックシールドが客室乗務員の研究で論じたように、それは誠実であるべきもので、ウェイトレスは自分の純粋な楽しみを行動で示さなければならず、「働く喜び」を実証しなければならない（Hochschild 1984）。この情動の展開はまた、サービス料とチップが充分高くてレストランのスタッフの最小限の手取り金額を補償してくれる場合、賃金を低く抑えることができるため、ハートとネグリに反して価値の計算で測定しうる。さらに、ダウリングは、ウェイティングスタッフとしてゲストと交流する、よりエレガントで教育を受けた有給スタッフと、キッチンスタッフとの間の厳格なヒエラルヒーも指摘している。キッチンスタッフの多くは移民出身者で、人目に付かない可能性が高く、チップやサービス料という恩恵を得る権限もない。フェミニズム的解釈をさらに拡大し分析していたなら、このようなレストランの募集方針にも注意を払えたはずである。というのはこのようなレストランは、この種の役割のために細身で美しく、完璧に整った身なりの若い女性を探し出す。このことは、高級オートクチュールの高級ファッションブティックの営業アシスタントが自分自身のスタイルと身体イメージでブランドを具体化する必要があるのと同様に、提供する品物の質を示すことを織り込んでいる。ここでも非常に多くのアシスタントが職権や個人的な魅力、知性や機転に取り組んでいるこの場所で、労働者間の個人化された販売業績競争に加担し、利益を最大化させる一方で賃金を下落させている。近年このような仕事においてハンサムで身なりの良い若い男性も売り場やレストランのフロアースタッフに指名される可能性が高くなっているからという理由だけでは、フェミニズム的な分析を不要とすることはできない。それどころかフェミニズム的説明は、ジェンダーの属性がどのように具体的に展開されるのか、そしてそれによってどの程度まで性的階層が維持されるのかを十分に精査することになるだろう[6]。

仕事におけるジェンダー遂行性《パフォーマティビティ》

「やりがいある仕事」は、ドンズロが働くことの喜びについて考察する中で使用したいくつかの用語内でも労働組合の可能性を減らすようにふるまう力として理解できる。本章の事例では特に、賃金労働者になることを期待され、もしくはそうなることを規範として義務付けられているポストフェミニズム時代の、若い女性主体に対して作用する力である（Donzelot 2016）。望ましい職業は、文化的な理解を得るために必須とされる数々の属性の一部となる。創造性が、個人事業主を特徴とする新しい労働体制を推進するための〈装置〉になっている文脈においては、自らの内なる夢や幼少期の空想と一致する仕事という考えは、組合労働者という概念を完全に別の領域に追いやってしまう（過去数十年にはホワイトカラー労働者の組合化があったにもかかわらず）。やりがいある仕事は、それゆえ、本質的に個人的で保守的である。それは明らかに「女の子っぽく」て熱狂的なものであり、「考え方がすべてロマンチック」な、ジェーン・オースティンの主人公に見られる行動や態度の特性であり様式である（Austen: Campbell 1987, p.54による引用）。コリン・キャンベルは、マックス・ウェーバーの「プロテスタントの倫理」からの移行について考察し、それは消費主義の台頭とともに「ロマンチックな倫理」に形を変えたとしている。私は、消費ではなく、むしろ生産の（女性化された）ロマンチックな倫理という方向へのさらなる転換を提案したい。キャンベルは、ロマン派が独自性とクリエイティブな才能として個人主義を称賛し、ロマン主義につながる人間の情熱的な気質が想像力と「異世界性」を高めたことを私たちに思い出させる。現在の議論の文脈に置き換えると、これらの特性は、月々の収入の問題を軽視する自由奔放《ボヘミアン》な芸術家たちの反経済主義を擁護することで、逆に低賃金や賃金停滞の蔓延を許容してしまう結果をもたらす（Bourdieu 1993; Adkins and Devers 2014）。若い女性たちは、ネオリベラリズム的思考の価値に支配された政治的表現の中で、過去一五年ほどの間、学校や継続教育、そして高等教育で成功するよう強制されてきた。ポストフェミニズムの仮面はその主体に、女性の身体が（架空の人物であるブリジット・ジョーンズを雇用している「ファッショナブルな」ロンドンの出版社などの）オフィス空間やデザインスタジオでどのように見えることが期待されているのか指示している（Fielding 1996; McRobbie 2008）。このやりがいの〈装置〉と最も密接に連携する職業は、ファッション産業である。『プラダを着た悪魔』という映画のインターン生、アンドレア・サックスの純粋無垢な熱意は、若い女性によるロマンチックな働きがいの追求として「やりがいある仕事」が意味するところと、彼女が同僚と張り合いながら、ポストフェミニズムの仮面の求めるメイクやコーディネートを学んでいくプロセスを明らかにする（ファッション業界におけるインターンシップ生たちの、もはや恍惚と言っていいくらいの熱意の表現は、長時間労働でほとんど無給であると分かっているにもかかわらず熱心に職を見つけようとする学生を抱えた学者の間でもよく知られている。若い女性にとってインターンシップは、自ら搾取に陥らないよう忠告されていたとしても、夢の集大成となり得るのだ)。[7] 最近の研究で、若い女性とファッションの「親密な」関係を織り込んでいるものが三件ある――それぞれの事例の中に、私がロンドンを拠点にする若い女性ファッションデザイナーの仕事生活を調査した一九九〇年代半ばに、最初に遭遇することになったクリエイティブな仕事への激しい愛着と似たものがある（Arvidsson et al. 2009; Bill 2012; Larner and Molloy 2009; McRobbie 1998）。ビルの研究は、ファッション業界の労働プロセスにファッションを学ぶ学生がとてつもない自己投資をしていることを指摘している。私が一九九〇年代半ばにインタビューしたデザイナーのように（McRobbie 1998）、ビルの回答者はファッションショーの準備のために夜通し楽しそうに働く。彼女たちの言葉を使うと、「馬鹿みたいに長時間働いていた」そうである。同様に、アルビドソンらが実施したミラノの調査では、イタリアのファッションの労働条件に焦点を当ててそのことを明確にしている。回答者の六七％は女性、六〇％は学位取得者、平均年齢は三三歳である。アルビドソンたちは、収入が低く（二五歳未満の女性は月五百ユーロしかもらっていない）、仕事に長時間の教化が組み込まれているにもかかわらず、若い女性は、仕事と、新しいスキルを学ぶ機会や、パーティーやイベントなどミラノの華やかなファッション界の「話題」に参加する機会にとても愛着を感じていると述べた。論者たちが示唆するように、「そこに現れている情熱は生産の手段になり、計画的に促進され、ブランド価値が内部で生み出される制度的枠組みの一部として機能するようになった」（Arvidsson et al. 2009, p. 18）。ラーナーとモロイによるニュージーランドの新興ファッション業界で成功した女性デザイナーに関するフェミニズム的分析には説得力がある。この業界では、国内で成長したクリエイティブ産業に対する政府の支援があり、今ではニュージーランド経済の中で賃金労働者として活動する「忙しく働くその他の女性たち」のためにワードローブを提供している。こういったデザイナーたちは自身の企業を維持しようと奮闘し、およそ行き過ぎた熱意も働いて、仕事し続けようとする純粋な努力を正当化する。これらフェミニストの論者たちが直面するのは、「女性が起業家的な行為主体になるとは何を意味するのか?」という問いである。フェミニストの研究者たちは、小規模経営者ではなく女性従業員に重点を置いたこれまでのフェミニズム研究と、個人事業主による実践が仕事の風景の中で散見されるようになった今日、フェミニズム的社会科学に対して投げかけられる新しい問題との間で引き裂かれている。これらの問題は資本と労働の間の分断のどこに位置するのか? これらの女性経営者たちを、従業員やインターンから搾取しようと待ち構える強欲な将来の資本家と考えるべきなのか? あるいはフェミニズム研究は、女性個人事業主の要望に理解を示すべきなのか? 研究者たちは両義的な立場を取り、デザイナーの側にある不安の表現がコレクションの中に現れていると考えている。彼女たちのコレクションには「ジェンダー化されたネオリベラリズム的主体性」の不安と緊張が反映されているというのだ。これに対し、新興の個人事業主のカテゴリーに社会学的にアプローチしこの問題を解決する方法として、私がこれまで本書を通じて言及してきた要因を考慮に入れるという手段がある。拡大した新しいミドルクラスは、教育訓練と幅広い創造性の〈装置〉の枠内で起業家活動に駆り立てられ、さもなければその多くが、失業またはその他の不完全雇用という長く続く脱工業化社会の影の中で働いているのかもしれない。ラッツァラートによる、過去に「労働者」だった人々が、現在では起業家であることも多々あるという指摘も、こうしたことと一致している。

私は、やりがいある仕事という観念を、ポストフェミニズムの保守性が、若い女性たちにあてがわれたクリエイティブな労働市場などの活動領域内での成功願望を復活させる、（アドキンスが定義した）ジェンダーの再因習化の特徴的な方法であると提起した。それは「女の子らしい願望」といった極めて規範化された女性性を展開するための空間となり、そのような熱意によって仕事の領域で足がかりを得るために、若い女性たちは非常に少ない賃金で自分の時間をすべて仕事に捧げるということになる（Adkins 2002）。このことは、やりがいある仕事という考え方に対して、かつてないほど強靭なフェミニズム批評が必要だと示唆する。批評の生まれる場所の一つとしてプレカリテ運動が挙げられるが、この運動は、クリエイティブ労働を政治活動と政治キャンペーンの新しい流行とスタイルの中心的な舞台としている。前章ですでに論じたが、この議論はポストフォーディズムについての考え方次第で定まる。なぜなら、この考え方はアートや人文科学やクリエイティブな学部の学位取得者たちに影響しているためだ。フェミニズムの視点を加えるということは、女性労働市場のポストフォーディズム的経済への参加が、フェミニズムによってもたらされる変容を総括し、その限界を示すことを意味する。〔女性たちの〕仕事への参入は「女性性」の体制によって監視・管理されており、その体制は女性という主体を意欲的で、階級意識や特に労働者階級である、あるいはかつてそうであったという考えに比較的固定されない者として扱っている。女性の仕事は、コールセンターでの仕事でさえ、平等の達成に近づくことを意味するようになった。有給労働の枠組みの中で規範的な女性性という理想に固執することで、階級や不平等といった社会的現実にあまり染まっていないある種の世界に移行できるようになる。相応しい男性ではなく相応しい仕事を見つけることに対しロマンチックなエネルギーを大いに捧げることで現実に仕事を人生の伴侶とした女性は、相対的にまだミドルクラスとはみなされていない社会的カテゴリーに自分自身を押し上げることができる。いわゆるヴィジュアルマーチャンダイザーのような職に就いてこのような空間に身をおくこのような女性は、ミドルクラスをリスク階級の地位に転落させてしまうほどの規模の変化に直面している。イザベル・ローリーは、不安定化《プレカリゼーション》が今や生政治的な統治性による支配の方法となり、すでに最低限度の、もしくは低資格の労働人口だけでなく、すべての人に影響を及ぼしていると主張している（Lorey 2015）。ローリーにとって、現代のポストフォーディズムは不安定化の類語である。対照的に、私は本書で、教育と訓練の装置内部での政府による決定的な介入の結果として、若いミドルクラス層が積極的に生産活動を行っている点に注目している。若いミドルクラス層にとって、創造性は手に入れたい仕事ややりがいある仕事へのパスポートであり、それを捕獲する道具でもあるが、その代償として保護や保障という歴史ある形式は廃止される。このようなミドルクラスの拡大化に着手し、この新しいクリエイティブな職業グループに訓練を提供することで、統治性は不和と社会不安に先手を打っている。これらの手段により、すでにこの数十年の間、雇用の内側で確立されていた新しい（自己）管理主義が拡張し、自営業の領域にまで広がっている。このように、創造性は労働改革の的確な手段として機能するようになる。若い女性にとって学位を取得しメディアやアートギャラリーで職を見つけることは快適なミドルクラスの生活や経済的な安定を得られたとまでは言えないものの、ミドルクラスという地位を保証するものである。オルド自由主義支持者による社会の非プロレタリア化という目標を意識すると、今日、クリエイティブな若い女性をこのプロセスの模範と見ることも可能かもしれない。しかし、経済的な不安やフリーランス契約で生活することを学ばねばならないからといって、ミドルクラスの不安定な若い女性芸術家やクリエーターと、階級移動の可能性がはるかに低く努力しても夢の仕事にありつくことのできない女性たちとの間にある大きな格差はなくならない。子どもがいない労働者階級の若い女性には、イビザのクラブでダンサーやバースタッフとして働く選択肢もあり、それゆえそういった特殊な方法で移動することも可能だが、一方で住宅団地の家に閉じ込められているシングルマザーにはそのような機会はない。[7] 生活保護に頼っている場合、そのような女性たちはメディア主導のさまざまなモラル・パニックによって、自分たちが階級上昇できないことに対し途方に暮れ自らを恥じる。

ローリーは、ハートとネグリの共産主義的傾向にのっとり、彼らの〔偶発的な〕出来事や非均質な個々の事例からなる新しい政治編制についての深慮遠謀を踏まえた上で、一般的な生の脆さの状態を闘争の出発点として理解している。ロドリゲス[8]（2008: 390）によるスペインのフェミニスト「プレカリアス・ア・ラ・デリヴァ（Precarias a la Deriva）」〔二〇〇二年より活動する研究と運動の両方を兼ねたスペインのフェミニスト団体。https://krisis.eu/precarias-a-la-deriva/を参照〕についての先行研究に続き、ローリーは、主に学生、就職浪人、芸術家といった若いスペイン女性たちの連帯活動について報告している。彼女たちは市全体の、低賃金で不安定な他の女性労働者とつながりを作ることに取り組み、同時に、今日において不安定な女性労働者であるとはどういうことかという点について広範な知識を集積していく。アウトノミアの思想家たちの著書に影響を受けた他の研究者たちと同様、ローリーは、闘争の実践として逃走やエクソダスという着想を活用する。私もまた、個人化のプロセスと自らを個人事業主化することを越えていく何かとして、逃走線と、若い女性の側での運動の可能性を示した。私が逃走に関して強調したいのは、欧州の不安定さに抗する運動によって発展してきた成熟した政治組織化の方法よりも、世代間の関係と記憶のプロセスを通じて内省されることの多い、針に糸を通すようなポリティクスの問題である。ローリーは、エクソダスという考え方を通してヴィルノに同意し、また新しく何かを始める「潜勢力」について考える。これは新しい政治的想像の中で生きる方法を探求し、考案することを示唆しているように見える。それは、例えば親の家を離れ、現代の都市住宅の「家賃格差」経済を回避する方法としてスクウォット〔不法占拠地〕の実践へと移行することを意味しているのかもしれない。とは言うものの、貧困に陥りながらも子どもを学校に通わせ、状況に応じて経済的に支援することを法的に義務付けられた主体である、幼い子どもを持つシングルマザーのイメージに固執すぎてしまうと、この〔スクウォットを行う、もしくは何百マイルも離れた新しい場所に行くという〕逃走モデルは、法的のみならず倫理的な養育の責任によって移動という選択肢が抑制されるという限界に行き着く。そういった女性は高層建築〔低所得者用の高層階団地のこと〕から出て〔または逃走して〕子どものためにより快適で健康的な場所への移住を計画することは困難だと気づくだろうし、逃走すれば直ちに福利厚生や生活保護受給者対象の職をすべて失うだろう。ローリーは、ロベール・カステルによる福祉や生活保護の削減と福祉の解体への批判に対して、つねに限定された保護主義的なシステムであり、稼ぎ手である男性に妻と子どもが依存しているという条件でのみ家族の福利厚生を提供するものであるという理由で異議を唱えている。カステルが社会統合の手段および無秩序に対する保護装置として福祉の再構成に目を向けるのに対し、ローリーはこれらの政策は国民〔国籍を保持する集団〕の保護のみに基づいており内部に排除が組み込まれていることを的確に指摘し、すべての人を保護するための新しい方策が必要であると正しく提案する。グリジニッチおよびライツマー（2008）がまとめたさまざまな記事に見られる事例を受けて、ローリーの研究は、クリエイティブ経済に関する最近の議論の推移について考え、反資本主義を掲げる抗議運動やオキュパイ運動とより直接に結び付いている。ローリーは、「理論的アクティヴィズム」と名付けられたものを例として取り上げながら、アクティヴィストとして執筆し、クリエイティブ労働の不安定さを図表化した上で新しい政治運動について考察する。これらの運動は、政府が銀行危機、国債やユーロの価値の劇的な減少に対応するため緊縮財政措置を採用した結果として高まった不安な状態を共有しているという認識から生まれた。欧州全体を覆う失業問題に直面した若い学位取得者層が、新たな形の政治組織化に取り入れられた自己主導型のクリエイティブで起業的な労働の台頭と結び付いたことには説得力がある。フェミニズムの新しい波もまた、この拡大した不安定な〔人々の〕アクティヴィズムの中に根付いており、母親、ナニー、セックスワーカーなどを含む女性たちが、気が付けば担うことを期待されているケア労働に重点を置きつつクイアやトランスジェンダーやフェミニストのポリティクス間の協力関係を築くことが期待されている。これは世界的なファッション業界にも影響力を広げており、新しい労働搾取工場や、世界的に有名なデザインレーベルでの無給インターン生の搾取に対する批判の声を高めてきた。それは同様に、ファッション分野のように圧倒的に女性求職者が多い業界で、自発的な自己搾取を促す「やりがいある仕事」の異常性への認識を高めた。しかし、ファッション業界での搾取に関するこのような評判を分かっていたとしても、情熱ある若いデザイナーやデザイン関連の人材がこの分野に流入するのを止めることはできないし、一旦ファッション業界に入ってしまえば、フリーランス契約であっても、企業の幹部は異議を丸め込み、従順な従業員を確保するための策を講じる。これは、契約が一時的なものであり、求職数が多い場合に一層行いやすくなる。

私は創造性の〈装置〉が、ジェンダー化された「やりがいある仕事」の実践によって独自の勢いを獲得すると論じてきた。「やりがいある仕事」のジェンダー化は、とりわけニューレイバーのネオリベラリズム的な転換期に、「ポストフェミニズムの仮面」によって増幅され強化されてきた。これらはともに、新しい労働体制に女性が順応するための強力な力となる。若い女性が自分の仕事にやりがいを感じていると述べる場合、これは、彼女たちが労働市場に参入していく時点での若々しい宣言である場合が多い。しかしそれは、シェリル・サンドバーグ（フェイスブック〔現メタ〕のCOO）が、ベストセラーとなった『リーン・イン：女性、仕事、リーダーへの意欲』（2013）の中で若い女性につねに笑顔を忘れないようにと勧めているように、適切なビジネスの手段のような何かを分別あるもののように約束することで、笑顔（ヘテロ規範的な女性らしさの実践）は、再び女性のための出世コースを前に進めていく規定事項になる（Sandberg 2012）。この点に関して、若い女性たちに笑顔を「操る」ようにと教えた合集国の客室乗務員スタッフの訓練に関する、ホックシールドによるエスノグラフィー的分析を想起できる（Hochschild 1984）。この方法により、ポストフォーディズム的な労働、雇用、個人事業の主体は規範的な女性であることが求められ、やりがいある仕事は身体のスタイルや活気あふれる熱意の滲み出したものとして表現される。この種の行為は、高級レストラン、アートギャラリー、フライトデッキの上、デパート、さらには（序章で言及した）タティヤーナ・トゥランスキーの映画『しなやかな女性』が示すようにコールセンターにおいてさえも、まったく日常化されている。こう考えると、ハートやネグリやその他の、ポストフォーディズムと情動労働の理論家たちが、女性たちはこのような労働においては男性に優越した立場にあること、そしてこれらの労働市場において脱政治化された封じ込め戦略としてジェンダーを再因習化しようとする試みをまったくもって見逃してしまっているのには驚くほかない。このような状況下でキャリア女子でいることは、若い女性たちにとって祝福されるべきであると同時に、ありがたいと思うよう要請されていることでもある。職場での平等を求めてきたフェミニストの数十年の闘争があるにもかかわらず、今や不安定な仕事の世界に足を踏み入れる若い女性は、従順であるよう期待されているのだ。

第5章

ファッション・マターズ・ベルリン

都市空間、女性たちの仕事生活、新しい社会的企業？

はじめに

全国規模の発展の動向に関する評価を鑑みるなら、文化産業とクリエイティブ産業が「伝統的な仕事」を生み出す原動力になり得ないことを明言しなければなりません。

Creative Industries in Berlin, Wowereit 2008[1]

この章では、ベルリンの小規模ファッションデザイナーの現場に関する（半構造化インタビュー、参与観察、特別に準備した調査イベントを含む質的調査法を用いた）調査結果を報告し、クリエイティブ〈装置〉という呼びかけの形式がファッションデザイナーとして生きる諸主体にいかなる影響を与えるのかについて考察をさらに深めていく。私たちは、作家主義的な考え方を支持するベルリンの生産者たちが、ファストファッションやいわゆる高級ファッション、そして大手ブランドのビジネス体制に対して声高に反発していること、そして、ベルリン市議会によって（国家レベルでも）監督されているような新しいクリエイティブ経済という観念から生まれたプログラムが、ネオリベラリズム的計画によってますます推進されているにもかかわらず、社会民主主義的な考え方に強く影響され続けていることの二つを確認できるだろう。クリエイティブなキャリア形成の重要な時期に公共部門の支援が必要だという現実は、様々な公式報告書で何ページにも渡って報告され認められている。経営大学院で用いられる専門用語は、ベルリン市内のクリエイティブ部門を管理、監督する人々の日々の議論ではほとんど使われていないし、そのことはより商業的でいかなる助成金にも頼らない存在になるようデザイナーたちにつねにプレッシャーをかけることになる一方で、特にキャリアの初期段階ではデザイナーたちが「支援する価値ある」対象だとみなされていることを意味する。本章では、クリエイティブ部門で支配的なネオリベラリズムではなく、ベルリンという都市におけるファッションデザインのごく小規模な企業家たち（ほとんどは女性だが、女性に限るものではない）の事例に注意を払うが、それにはいくつかの理由がある。本章の分析は、これまでの章で提示された多くの論点の代替案になるものであり、文化経済の一部としてのファッションに対するさまざまなモデルを設定し、維持することの難しさと同時に可能性も指摘していく。そしてそれは、ある意味では、雇用創出という枠組み内で新たなファッションの想像力を示唆するものとなるだろう。ベルリンの場合、自ら起業することが重視されるのは別の手段による労働改革として政府戦略の内部に組み込まれるというより、それがベルリン市内における「代替的文化」の歴史の一部であるからだ。こうした文脈では、「やりがいある仕事」はさほど華やかに見えないしパフォーマティブなものでもない。議論が進むにつれて明らかになるように、（クラフトの次元も含めた）デザインからあらゆる段階に渡る生産とそのプロセスの細部を強調すると、デザイナーの主体性を陶酔感から遠ざけることになる。またイギリスのデザイナーの場合と比べても、ベルリンのデザイナーは裁縫や型紙の裁断に直接的に関わることが増えているし、全体的に見ても街や地域への関わりがより強くなっている。

しかし、ベルリンでのこのような生産文化の特異性は、より広い文脈の中に位置付ける必要がある。新しいクリエイティブ経済に関する優れた議論を踏まえると、生産に関するファッション文化研究は近年、社会学やカルチュラル・スタディーズの分野から文化地理学や経済地理学の分野に移行しつつある（Larner and Molloy 2009を参照）。そのような分野ではファッションが、プレイスマーケティングや都市ブランディング、ツーリズム、ローカルとグローバルにおける文化産業の成長に果たす役割について活発に議論されており、同時に、歴史ある街の光景も競争の激しいファッションの世界で差異と卓越性を生み出すようつねに（そして時に冷酷に）展開される（Florida 2002=2014; Breward and Gilbert 2006; Gilbert 2011; Rantisi 2004; Jakob 2009）。ロンドンを拠点とするデザイナーとその生活に関する私の初期の調査は「生産文化」研究に基づいており、ブルデューとフーコーの影響を受けている（Bourdieu 1993; Foucault 1988, Du Gay et al. 1997; Braham 1997; McRobbie 1998）。本章では、小規模なファッション企業に着目し、ベルリンの若い女性（および一握りの男性）デザイナーや生産者たちが起業家精神を通じた雇用創出を奨励しながら地域経済の振興を目指す積極的な都市管理の結果、空きスペースや路地などを活用しながらどうにかして自らの道を歩んでいく様子を問うていく。これらのキャリアを図式化するためには、グローバルなファッション産業内部での重要な転換に関するいくつかの考察を行うとともに、さまざまな都市のファッション実践に注意を払うことが必要となるだろう。ベルリンが、ファッションのグローバルシティと認められているパリやミラノ、ロンドン、ニューヨークと対等だとは誰も言わないだろうが、ファッションデザイン文化への参加を持続可能な生業とするために、強く個性的な都市スタイルを持つ他の都市（コペンハーゲンやストックホルム、バルセロナはそうした都市に該当する。グラスゴーやダブリン、ワルシャワ、ブタペストはどうだろうか?）がどのような努力をしているのかは興味深いテーマである。しばしばビジネスを維持するために戦い続けているデザイナーたちは、それぞれの街に応じたファッションアイデンティティの可能性を見出している。実際のところ、ファッションの生産文化を、より平等主義の視点に沿って再想像するベルリンという都市の力は、ミラノやニューヨーク、ロンドンを競争相手にしないという前提によって実現可能となる。

ここ一〇年で、ベルリンではファッション活動が拡散していく様子が見られるようになった。そこには以下のものが含まれている。（a）実際にはたった一人か二、三人からなる驚くほど多くの小規模企業の可視化、[2]（b）目に留まりやすい店の手前側にセール品の洋服を陳列するレールがあり、店の奥には梱包された生地やミシン、プレッサー、天井から垂れ下がる見本品が並び、空間と環境の重要性にも意識を向け、新しい職人技のイメージを生み出す生産のためのアトリエスペースを備えた、デザイナーの所有するショップ（あるいはブティック）、（c）最近再建されたクロイツベルクやノイケルン地域周辺に点在し、（ネモナ、コモン・ワークス、ナーデルヴァルトのような）コワーキングスペースとしても機能するファッション、裁縫、生産のプロジェクト、（d）年二回開催されるベルリン・ファッションウィークの活気あるプログラム、（e）アクネやコス、コントワー・デ・コトニエ、コム・デ・ギャルソンを含む、主要なファッション小売業者のミッテ地区への出店、（f）報道やイベント情報誌などのメディアによるベルリンの独特なファッションシーンへの強い関心、（g）地方都市の再開発のためのさまざまなオフィスや、地域の職業安定所による大量の助成金や補助金事業へのアクセス。[3]こうしたベルリンの企業は立地の良い手頃な場所に店を構えており、主にフリーランスや個人事業を基盤にする若い女性たちの手で運営されている。私が調査した事例では、編み物、縫製、仕立て、型紙の裁断、かぎ針編みを含む、（いわゆる）移民女性たちのプールされた労動力に由来するローカルなスキルを利用しようとする意識的な努力が見られ、この努力は、この仕事をしなければ家で過ごしていたであろう女性たちの賃金を稼ぐ能力にいくらかの影響を及ぼすと考えられている。[4]ドイツの多文化主義における支配的な言説や、国や地方、都市のレベルで展開されている「統合の政治」を典型的に象徴するため、このような努力は論争の的となってきた。デザイナーが起業の支援に関する申請を行う際、経済的に恵まれない立場にある場合や、あるいはエスニックマイノリティの女性の教育訓練やスキルアップを通じた社会的包摂の戦略を取り入れると支援を獲得する可能性が高くなる。このような取り組みは、地方自治体や国家、EUなどそれぞれの資金提供団体に好評である。なぜならそのような団体は、雇用創出の戦略に資する言葉を好んで使用するし、同時に移民女性の社会的統合に加え、生地やテキスタイル、リサイクルなど環境問題にも積極的であるからだ。[5]ベルリンには長い歴史と伝統のある社会的プログラムがあり、たいていは非営利の第三セクターやNGOの傘下で運営されている。そしてそれらは、多種多様なEUの計画やドイツ連邦のプログラム、ベルリン市議会（や市役所）による共同出資や支援を受けており、女性や恵まれない人々への教育訓練やソーシャルワーク、政治教育を提供する傾向にあった。[6]ファッション生産をこのような社会的プロジェクトの領域に取り込み、高い資格を持っていない女性や女の子に訓練の場を提供することは、ファッション文化のアイデンティティを変化させると同時に、エスニシティを道具化するという問題や、いわゆる伝統工芸に対するトルコ系ドイツ人女性の才能や技能に対する人種差別的なステレオタイプを生み出すことにもつながる。概して、ベルリンでのこのようなアプローチは、支配的なクリエイティブ産業の政策的表現を通じてエリート専門職をさらに拡大しようとしてきた二〇〇〇年代初頭からのロンドンにおけるアプローチとはまったく対照的である。ベルリンのファッションに関する社会的企業（私はそれらの小さな組織を、より広範なコミュニティや環境問題、社会問題へと深く傾倒している企業として大まかに定義している）は、経済状況に関係なく雇用を創出できることがいかに有意義でやりがいのあることなのか私たちに教えてくれるだろう。[7] 結論で議論するように、現実的な見返りは多くないかもしれないが、事業を展開する場所を確保するためのわずかな補助金や助成金といった政府による支援により多様な利益がもたらされているのである。

本章の目的は、ベルリン市議会や他の機関からの支援によるより広い社会的価値（例えば、女性雇用の拡充）を示唆するこうした新しい都市型クリエイティブ産業を支えているプロセスを調査し、同時にそれにともなう厄介な問題を示すことである。それらの問題は、グローバルなファッションシステムの加速化や、そうした企業の歩調と必然的に競合することになるファインアート的なファッション精神と新しい職人主義的なクラフト志向のアプローチが結び付いたことによる緊張から生じている。ベルリンのファッション界は、確かに特色ある都会的なニッチさを発展させたけれども、ほとんどのデザイナーはより国際的なレベルで活動したいと考えているし、もちろん、ベルリンのファッション企業は、グローバルなファッションの生産と消費のトレンドの影響を必ず受けている。この一五年間でファストファッションの高速生産技術が影響を与え始めており、ザラのような大衆向けファッションの小売業者は、キャットウォークで紹介されたものと同種の服を二週間以内に商品棚に並べられる。[8] ベルリンで競合している主要な大衆向けファッション企業にはH&M、ザラ、マンゴ、エスプリ、マルコポーロなどがあり、最近ではプライマークも登場している。最も大きな影響を与えるようになったのはスウェーデン資本のコスであるが、その理由は、コスのデザイン的特徴がベルリン在住のファッションデザイナーに関わりのある都市型スタイルからアイデアを直接借用していることにある。

コスによる先鋭的かつ少しゆとりのある美学は、ハイパーセクシュアル化された魅惑的なスタイルに挑戦し、しばしばビジネスを続けるのに苦労している（モングルールズインコモン、マジャコもしくはジゴツィアのような）独立志向のベルリンのデザイナーが創り出してきたヴィジュアル領域を直接的に侵食していると言える。こうしたハイレベルな競争があり、現代のファッションにおけるブランドの力や、最近ではセレブリティからの後押しが大きな力になっていることを考えれば、ベルリンのデザイナーと生産者の活気に満ちた独立した現場の存在というまさにその事実こそが、グローバルな力に対抗するものとして位置付けられるし、これらの小規模企業を手ごわい競争相手にしていると言えるのではないだろうか。つまり、二通りの見方ができる。二、三人のデザイナーからなる小さな企業は逃れられない重圧に晒され生き残れない運命にあると見るのか、それとも、ファッションはローカルな都市に雇用の可能性を切り開き、有意義な仕事についての議論に貢献する積極的な役割を果たす存在だと強く主張するかのどちらかである。このことは、業界全体で共存しているさまざまな種類の実践――例えばクラフトやデザインの精神、都市再生や地域活性化において鍵となる環境に配慮したファッション部門など――のすべてがファッションシステムの中で重要な位置を占めていることの認知へとつながるだろう。さらに政策立案者やキャンペーンの担当者は、地元のファッションを売り出すために消費文化の中でより強力に後押しする必要がでてくることだろう。

ベルリン――買い物をする街ではない？

高級紙やさまざまなビジネス雑誌で、グローバル産業としてのファッションや最近の不況期において急成長した「ファストファッション」に関する議論は多いが、この新しいファッションの政治経済学的な詳細についての広範な分析はあまり行われてこなかった。ベルリンの小規模デザイナーに関するいかなる調査であれ、政治経済学的な大きな見取り図と、ドイツの衣料品産業の特殊性やその分野でのファッションデザインの位置付けから情報を得なくてはならない。レーンとプロバートは、（合衆国やイギリスと並んで）ドイツの衣料品産業について優れた洞察を提供している。この時宜にかなった研究は小規模デザイナーの活動について言及していないものの、製造業者と小売業者を含むベルリン、ひいてはドイツの主要な経済の生産者と、ベルリンを拠点とするデザイナーのミクロ経済との間には大きなギャップがあるという主張についてては妥当であると思われる（Lane and Probert 2009）。実際のところ、ドイツやベルリンには、ロンドンでのデザイナー活動の決定的な特徴となっている他の経済の生産者とのコラボレーションはおろか、そうした生産者とつながる方法もほとんどない。ドイツでは他の先進国と同様、製造業と繊維産業が衰退しているものの、イギリスほどではないし、衰退にともなう確執に悩まされることもなかった。実際、労働組合や他の関連団体は「段階的な」縮小に関する交渉にも関わってきたが、ドイツ人労働者（おそらくほとんどが男性）の多くが、低技能・低賃金労働の職にあまり興味を示さなかったために交渉がスムーズだったのだと思われる。結果、業界に残ったのはさまざまな技能訓練を受けてきた高い技術を持つ労働者たちと、「スマート化」した繊維業であった。一般的に、ドイツで生産された衣料品、特に複合ショッピングモールや大型デパート向けの衣料品には作り手や小売業者の特徴が依然として残り、特に品質とコストが重視される一方で、レーンとプロバートが述べたように「フィット感」にすら関心がなく、ましてやデザインやファッションのトレンドへの関心も薄く、若者市場やH&Mのようなファストファッション企業と緊密に結び付いている（Lane and Probert 2009, p. 73）。戦後期（一九五〇年代半ば）にまでさかのぼる歴史的な競争制限の影響によって開業することのできる店舗数には制約があり、加えて、ベルリン中心部で店を構えようとする新規参入者が開業できる場所も制約されている。また、商品の特売や割引、店の営業時間に関しても制限がかけられている。さらに、「購買管理協会に加入する自立した独立企業」が集まり製造業者から大量購入または一括購入する仕組みによって、商品の外見的な機能性や相対的な均一性は保たれるものの、個性や卓越性といったデザインの特徴が薄れてしまう。レーンとプロバートが示唆しているように、こうした状況は「快楽主義を捨て去り、抑制された控え目な小売業」を生み出すことになる。実際、レーンとプロバードは、ドイツにおける「服や靴への支出は一九八八年以降、継続的、相対的に減少して」（Lane and Probert 2009, p. 74）おり、ファッションや衣料品への一人当たりの支出がヨーロッパの統計表で一一位であると指摘している。

このようにいくつかの要因が、ドイツにおける主流のファッションや衣料品産業と、ミッテやプレンツラウアー・ベルク、クロイツベルク、ノイケルンに至る、街中に店を構えるデザイン主導の小規模ファッション企業との間に差異（実際には隔絶）があることを示している。レーンとプロバートが指摘するように、保護貿易主義的な環境では、非組合労働者でさえイギリスの組合労働者よりも高い賃金を期待でき、非正規で（残念ながら）低賃金の製造作業や組み立て作業に従事する可能性を減らし、代わりに新規参入者または「独立企業」のコストを上昇させている。つまり、このことは、小規模ファッション企業が実際には個人経営、あるいはチームまたはパートナーシップとして互いに協力して働くごく少人数のメンバーによってしか成り立たないことを意味している。また、非公式経済に対する（移住制限を含む）障壁もある。イギリスではエスニックマイノリティの人々が非公式経済を主導していて、例えばフィザクレアが取り上げた小規模生産施設は、低い人件費と低い資本投資で市場に参入できる「エスニックマイノリティの起業家」が牽引している（Phizacklea 1990）。この二〇年間、人件費と資本投資の両コストが比較的抑えられ、独立しているか、自社ブランドを持つロンドンのファッションデザインの成長に貢献してきたのは、こうしたローカルな人々のネットワークである。繰り返しになるが、ドイツには資格に関する厳格な規則がある一方で、イギリスの場合とはかなり異なった「職業登録《ハントヴェルクスロレ》」と呼ばれる、仕立てや縫製のような工芸品や職人の活動に関わる制度がある（Lane and Probert 2009）。それゆえ、小さなスタートアップ企業は、（国際大手高級ブランドを含む）ドイツのファッションデザインと小売業の主流からほぼ完全に分離するような形で活動することを余儀なくされている。つまり、ドイツ版の『ヴォーグ』誌から『インスタイル』誌、『グラツィア』誌まで含むファッションメディア、特に雑誌メディアは、ベルリンの新進気鋭のデザイナーに見向きもせず、代わりに、ロンドンや他の都市で注目を集めている人々や、合衆国やイギリスの『ヴォーグ』誌が「新しい才能」と定義した人々を特集するのである。このことはまた、ベルリンのデザイナーの売り上げにも影響を及ぼしている。インタビューの際、「重要な問題は、ドイツのバイヤーがベルリンを拠点とするデザイナーやドイツのデザイナーに注文しないことだ。バイヤーは忠誠心を持っていない」[9]と語る者もいた。そして最も重要なことは、トップショップのようなイギリスの小売業によってイギリスの若手デザイナーに提供されているコラボレーションや支援へのアクセスが、ドイツでは限られている点である。だとすればこうした状況は、駆け出しのデザイン部門が独自の優先順位と計画に沿って自らを確立しなければならないという厳しい環境であることを示している。ドイツでは活動場所のための助成金や補助金にアクセスできるけれども、その利点は大企業と接点を持つことができないという欠点によって打ち消されてしまう。しかしそれは同時に、ベルリンを拠点とするデザイナーの間で、前衛的もしくはサブカルチャー的なアイデンティティへの志向が生まれていることを示してもいる。

「間借り《ツヴィッシェンヌッツング》」の空間

キャリアが始まったばかりの芸術家やクリエイターは、必ずしも有益なマーケティング環境がないとしても、自分の作品を一般に公開できるようにしなければならない。

Creative Industries in Berlin, Wowereit 2008, p. 81

小規模のファッション企業は、より大きなファッション業界でどのような活動場所を占めることができるのか？　小さな独立したファッション店の広がりが、ベルリンの比較的新しい観光地図に現れている。それらは、ニューヨークやロンドンのショップのように目抜き通りにあるわけでも、ミラノやパリで見られるような上品な高級マーケット向けのファッション地区にあるわけでもない。それらの店はミッテ地区で展開されている。ミッテ地区は、ベルリンの壁崩壊後に若者を引き寄せた中心地となり、東西ドイツの再統一後に都市にとって重要な文化的・社会的空間になるよう再生された。東側の壁にほど近いプレンツラウアー・ベルクには、当時、反体制派や芸術家が住んでいたが、一九九〇年以降、ミッテ地区と同様に近代化とジェントリフィケーションの波に見舞われることとなった（Mayer 2004; Cochrane and Jonas 1999; Bernt and Holm 2005, 2009; Kalandides 2007）。古い石炭を使った暖房や共同トイレが備え付けられ老朽化して黒ずんだ建物は壮大な高級アパートに生まれ変わり、取り壊されたアパートは世界の主要都市で近年見られるような、作者不明のカラフルなマンションに建て替えられた。このことが原因となって反対と抵抗の潮流が生まれ、反ジェントリフィケーション運動をベルリンの政治文化における強大な力にしてしまった（Ahlfeldt 2010）。ジェントリフィケーションや反ジェントリフィケーションという言葉は、ネオリベラルな統治性の時代における都市の変化や地価の上昇、国際的な不動産投機といった複雑な問題を簡潔に言い表したものであり、特に失業率が高く完全に脱産業化した経済都市では、収入を得るために貴重な土地を売却するよう地元の権力者や政治家から圧力をかけられるという問題も生じている。ジェントリフィケーションの遂行者だと思われている人々の中には、実は反ジェントリフィケーション運動に関わっている人も少なくない。そのような人々は最近その地域に移住してきて、貧しく恵まれない立場にある住民や入居者を追い出すことに何のためらいも感じない企業や人々の侵入を阻止するキャンペーンにも参加できる。同時に、このような地域活動に参加する人々の多くはクリエイティブなアートやメディアといった分野で活動し、アート市場や、年間を通して行われる多くのイベントやフェスティバルの観光客や観客といったベルリンの新しい観光事業もある程度当てにしている（Pul 2011）。ジェントリフィケーションという用語それ自体は、投機的資本がもたらす脅威や、歴史的な空間（テンペルホーフ空港など）や建造物が強欲で略奪的な不動産開発業者に奪われる危険性など、都市をめぐる政治経済学による広範な議論に道を譲る必要がある（Springer 2006; Pasquinelli 2010）。

建ち並ぶアパートの一階で営業している多くの小さなファッション店は、こうした急速な変化のプロセスを経験している地域にある。ベルリンの主要な新しいファッション通りは、現在、若い「クリエイティブ」な人々が生活し、交流する場所となっているだけでなく、子どもたちが学校に通う通学路でもある。[10] 例えば最近では、ノイケルンの労働者階級とトルコ系ドイツ人地区、特にヘルマンプラッツ周辺のにぎやかなエリアにつながる通りの周りにファッション地区が誕生した。この七年間で、この地区は空き家の多い閑散とした地域からまさにエネルギーに満ちた地域になり、留学生、芸術家、作家、ファッションデザイナー、映画制作者などが、その安さとスペースの広さ、そして突然出現したＤＩＹバーやクラブ、アートスペースに惹かれてこの地を訪れている。そこでは、利益率が高く、またジェントリフィケーションによって家賃統制の対象外となるという点で家主にとって魅力的なものとなっていることから、[11] パーティシーンやその派生物であるバックパッカーや若い観光客向けの収益性の高いホステルや、最近では短期滞在型の小さなアパート《フェーリエンヴォーヌンゲン》が出現するようになり、それに対して反対や怒りが強くなっている。このような政治意識は老若男女、ミドルクラス、労働者階級などの層を超えて広がっており、積極的に進められている不動産開発や、本来の都市環境の破壊に対する抵抗の存在を示している。[12] ロンドンとは異なりこれらの問題はデモやキャンペーンという形で動員され、新聞やテレビでの報道を通じて広く知られるようになっている。

よく知られているようにベルリン発のテクノミュージックが世界的に成功したことは、ベルリン最大の収入源の一つであり、こうした議論の中核をなしている（Bader and Scharenberg 2010; Lange 2012a）。それはまた、主にホステル、ホテル、バー、レストラン、メディア、マーケティング、クリエイティブ経済に関連付けられたサービス部門で、ベルリンの人々を雇用するその他さまざまな活動も生み出している。開業したばかりの小さなファッション店も、間違いなくこの活気に満ちた音楽シーンに惹かれて街を訪れる訪問者から利益を受けている。都市のクリエイティブ経済には、音楽とファッションの間の相互依存関係がある（Hauge and Hracs 2010）。とはいえ、このつながりを強調しすぎるのは間違いだろう。ベルリンでは、とりわけメンズウェアのストリートファッションとクラブウェアが活気づいているが、そのファッションは音楽シーンとは異なる時空間に存在している（Lange 2012a）。クラブ文化には、年齢や地位、サブカルチャー資本による多くの制限と排除がある（Thornton 1996）。もちろん、ファッションには独自のヒエラルヒーがあるが、そのリズムは日常生活とより強く結び付いており、夜型の一時的な経済体制には収まらない。ベルリンの若いファッションデザイナーの多くは子ども服を作っているし、ヴィンテージの分野も盛況である。それにもかかわらず、ファッションと音楽の両活動は、しばしば「間借り」と呼ばれる一時的な使用を前提とした低家賃のスペースに依存している。このような一時的な空きスペースを、芸術家や「クィアコミュニティの生活プロジェクト」から「異文化を育てる人」まで、ベルリンの様々なグループが非公式に、あるいはＤＩＹ的に利用していることはコロン（2012）によって広く考察され、これらの活動と「オープンソースアーバニズム」との関連が指摘されている（その際、コロンは Misselwitz, Oswalt, Overmeyer 2007 を引用している）。私はこの章の後半で、ファッションの社会的企業を女性による「ポストフォーディズム的場所づくり戦略」

として提案するつもりである（Colomb 2012）。

ベルリンの「間借り」は、一九八九年の東ドイツと共産主義体制の終焉という歴史的状況から生じている。このレガシーは独特なものだが、しかしながら、空店舗が増え事業所も放棄されるほどの深刻な景気後退の時代を迎えた他の脱産業化した都市環境とまったく異なっていると言えるほど例外的なものではない。ベルリンの間借りシステムは、直接的な補助金というよりも、「支援に値する」と見なされた非営利企業が、市所有の物件と民間の家主が所有するスペースの両方を利用できる制度である。場合によっては、申請者は暖房や電気などの光熱費《ベトリープスコステン》を支払うだけでよい。二〇〇五年以降、「間借り」は都市開発コンサルタント会社（コ・オポリス）に引き継がれている。この会社は、再生が必要とされる地域の有効な空間利用に関するコンサルタント業務も行っている。利用したい人が「よく練られた計画書」を提出すると、代理店は、家主候補との交渉を手助けしてくれる。ベルリン市議会（市役所）は莫大な負債を抱えているためつねに補助金の削減を求めているが、一方でこうしたクリエイティブな分野に参入しようとする若者（多くの場合、新卒者）が増えており、コストを抑えた仕事場を探している。[13] 実際のところ、作業場所と雇用創出は互いに並行して考えなくてはならない。求職者が個人事業主になるための制度は数多くあるが、そのすべてが複雑な個別の申請書を必要としている。しかし、それでも申請すれば、月々の失業手当を給付率の五〇％以下の収入で補うことができる。この「スタートアップ資金《アインシュティーグスゲルト》」ともいえるシステムは、低賃金労働者が職業訓練所の管理する上乗せ《アウフシュトッケン》給付を受けられる他のさまざまな制度とともに議論を呼んだ（月給四五〇ユーロの）ミニジョブ制度も含んでおり、事実上低賃金を制度化していると批判を集めている。同様に、より給付金額の大きい「起業助成金《グルンドゥングスツーシュス》」と「スタートアップ資金」の両制度から支援を受けている人は、ファッションビジネスを立ち上げるのに一、二年以上の準備期間を求められるため、この制度の時間的制約に不満を持っている。また稼働中のすべてのプロジェクトがそうであるように、助成の期限や期間はつねにたいてい二、三年ほどに制限されているため、助成金を申請し続けるという努力が必要である。それでもなお、市のクリエイティブ産業政策には女性の雇用への明確な関与がはっきりと示されている（それ自体がクリエイティブ産業に関する言説では珍しい規定である）。したがって、ノインケルンのような地区で小さなファッションセミナーが数多く開かれ知名度を高めているのは、これらの取り組みが支援に値すると考えられているためだと説明できる。[14]ベルリン市政府は都市再生と女性のための仕事の不足の両方を支援している。そのため、ファッション生産を含む女性の起業活動は他の都市と比べても高い水準にある。これらの小規模企業は単なる才能主導のものではなく、社会的包摂と平等主義を目指すクリエイティブ産業の課題に貢献している。

ポストフォーディズム以降のファッション生産

ドイツの主流のファッションと衣料品部門がベルリンの小規模デザイナーの活動からどれほど乖離しているかはすでに見てきたとおりだが、グローバルなファッションシステムの変化に関するその他の要因も、デザイナーたちの生存の見込みとその方法に影響を及ぼしている。グローバルシティは、ローカルにもグローバルにもファッション産業の運営方法に多大な影響を及ぼすことができる。一握りの世界的なファッション都市に見られる運の良い経済状況は、既存の大企業やファッションハウスだけでなく、今や現代のファッションデザインとその歴史に強い関心を持つギャラリーや美術館などの組織や公共機関の領域内でニッチな役割とマルチタスクの可能性を見出した文化の媒介者を含む数多くの小さな生産者とも、相互に利益をもたらしあっている。またこれらの若者は、雇用と個人事業を生み出す源泉としてファッション予測や情報収集のような新しい分野にもますます注目している。ニューヨークの事例では明らかに、合衆国の大手ファッション企業とともに、美術学校やデザイン学校、予測機関、繊維工房、小規模な製造部門、そしてもちろん主要なファッションメディアの存在、それらすべてが数ブロックのファッション地区の空間内に集中している。それゆえ、自分のスキルを多様化でき、しばしば予測不可能な方法で自分の道を切り開ける個人が、仕事を見つけ生計を立てられるのである。ランティシー（2004）は、ニューヨークのファッション方式に特有の機能、あるいは特別な要素について述べている。その特徴とは強力な販売方法志向であり、確立されたインターンシップや就職のシステムとともに、こうした理由からファッション工科大学やパーソンズ美術大学の卒業生の一部が高い成功率を達成していると述べている（Rantisi 2004）[15]。密集した社会的ネットワーク、集積のプロセス、および主要な組織間の緊密な統合は、こうした特定の学校で訓練を受けた若者に利益をもたらしている。ランティシーはまた、業界紙を含む知識経済が大手ファッション企業の商業戦略をいかに形成しているのか指摘し、予測不可能な顧客環境において計画を立てるために将来のトレンドの把握が優先され、あまり重要ではない立場にデザインが追いやられていると説明する。

ニューヨークに焦点を当てたランティシーの説明には先見の明があることが証明されている。彼女は、J・クルーのようなデザインに敏感な企業が市場でかなりの位置を占め、小売業が大幅に拡大したことを指摘している。また、セレブリティの支持には価値があり、この無遠慮で大げさな商業主義に代わる手頃な価格の空間を求める闘争もあること、そして最後に、独創性、想像力、才能や技術の源であるデザイナー自身の役割が低下していることを指摘している。デザイナーたちは、今やブランド戦略として利用できるほどの名前が確立されていない場合、ファッション業界のヒエラルヒーの下位に存在しているとみなされる。デザイナーが没個性化し、特にマーケティングやファッションの知識といった方向でより幅広いスキルと専門化されたポートフォリオの開発が求められるようになったが、それはこの分野のリーダーが取る方向性の決定的な特徴となっている。イノベーションと競争が原動力となる中、これらの生産者は大規模な学際的チームで働くことができ、加速化した商業的要求に余裕を持って対応でき、さらに新しい技術を学び、新しい情報技術を習得する意欲を見せることのできる従業員を求めている。ファッション企業の最近の分析では、スタイル、品質、小ロット、ＥＰＯＳ、ＪＩＴといった生産システムの重視に容易に対応できる（ベネトンを筆頭とする）企業が、第三のイタリアモデルに基づく生産の成功に最も関連した部門となり、現在、さらに激しい競争環境においてその進路を模索していることが分かる。それらの分析を行った研究者たちは、最近のファッション生産者がトレンドをつねに把握できるように、ファッション予測の高度なシステムを利用する必要があると主張している（Aage and Belussi 2008）。この脱産業化された特別なファッション環境は、ベトナムやカンボジアのような海外の生産地でフォーディズムの原則を迅速に取り入れ（そして投下し）、その原則を現地の高度な技術を持つ生産者と組み合わせるよう促しているため、海外の生産者はやがて入ってくる知識の流れの指示に応じて自分たちの仕事のやり方を（典型的なポストフォーディズムのやり方で）調整するようになる。大手グローバル企業で働く生産者は多くの場合つねに世界各地の工場を訪れ、品質管理を監督し、現地の契約業者と強い関係を築き、確実に納期を守り、複雑な産業プロセスの細部にまで精通している。このような企業（主に大手ブランド）は、最新のＩＴ技術を駆使すると同時に、縫製職人や手作業による最も基本的で平凡な技術も活用できる。フォーディズムとポストフォーディズムの生産プロセスのバランスがどうであれ、バングラデシュからベトナムまで多くの発展途上国と地域に広がる大規模な工場システムはしばしば危険で不健康な状況で働く、長時間かつ低賃金の海外従業員に大きく依存している部門であることを私たちに思い起こさせる。

世界のファッション都市全体では、最も予測不可能な消費文化の領域で精密なコントロールを行い最大限値下げを抑えているザラのような企業と、天候不順や在庫過多により顧客の要求に対応できず値下げに踏み切るしかない小規模なスタートアップ企業との間に大きな格差が生じている（Gilbert 2011）。この状況に対処するために、ベルリン市政府の意見を聞くファッション政策立案者やファッション研究者が取った措置は、たいてい大企業との協力関係を築くことであった。しかし、このような協力関係は大海の一滴と見なされうる。今日、企業はソーシャルメディアを通じて消費者に接近できるが、それはある意味、バイヤーが売り上げを下げてしまう間違った選択の可能性がつねにあるためにその役割を排除するためである。ソーシャルメディアは、若い消費者を生産プロセスの中心に招き入れることで、人々をプロシューマー（生産者＋消費者）または共同製作者にする効果的な手段となる（Arvidsson and Malossi 2011）。さらに、この脱産業的かつソーシャルメディア主導のシステム内に消費者が存在することによってかつてない規模でデータと情報を収集し、新しいデザインを市場区分に照らし合わせて確認し、ダブルチェックすることが可能となっている。そのため、企業が自分たちの地位と利益を確保しようとするあらゆる場面で、これまでとは異なるコミュニケーション志向のスキルセットが必要となる。このようなマーケティング主導のプロセスがあまりにも支配的になると、デザイナー自身の重要性が薄れ始める（Arvidsson and Malossi 2010）。窓口となる営業アシスタントを新たに重視するなど、別の戦略も絶えず開発されている（McCarthy 2011）。店長と営業アシスタントは観察力や洞察力と同様に、きめ細かいコミュニケーションのスキルに依拠し、絶え間ないフィードバックを提供することで利益を生み出している。これは、小売業者が今や非正規雇用や短期雇用、パートタイムとして大卒者を雇用したがるようになったことと一致する。また、大企業では、特定のスタイルや服装、アイテムを延々とチェックしフィルタリングするといった損失を回避する方法に注目が集まるようになった。これらの企業は、次々と現れるトレンドに合うアイデアを固めるために、社内のデザイナーとフリーのコンサルタントとして招かれた外部の専門家の両方を頼りにしている（Aage and Belussi 2008）。ザラは、二、三週間という記録的な速さで、キャットウォークで反響を得たスタイルを商品棚に置くことができるだけでなく、（同じ親会社が所有する卸売業者から）安価な灰色のひとまとまりの生地を買い付けて、顧客の好み（それらは日々モニタリングされている）に応じるためその後の染色をギリギリまで行わないといった、損失を削減する高度な方法を開発してもいる。テレサ・マッカーシーは、産業システムモデルによって、ザラが在庫の八五％という驚くべき数を定価で販売しているだけでなく、在庫の回転期間が業界標準の九〇日と比べ、わずか三六日であると指摘している（McCarthy 2011）。マッカーシーによれば、同社は競合他社よりも中央集権化されており、本社には多少なりともその場でサンプルを生産できる女性の裁縫師が常駐しているという。主生産拠点はスペイン国内だけでなく、ポルトガルやモロッコの「縫製工場」と呼ばれる場所にもある。このプロセスの厳密さと損失を最小限に抑えるために導入されたさまざまな機器は、インディテックス（ザラの親会社）が、七九か国に一八三〇以上のショップを持つ現代的なファッションのグローバルな生産者として、スペインで最も成功している企業であることを示している。これは、脱産業化された知識主導のシステムであり、そこではファッション予報士や市場情報、生産プロセスのイノベーション、安価に調達されるテキスタイル、そして方向付けの重視や「カタログ」、今やソーシャルメディアを通じて簡単に入手できるようになった若い消費者とその意見や好みの傾向の活用に重点が置かれるようになったことにより、デザイナーの卓越したスキルと想像力の価値が失われてしまった。

「仕事は仕事そのもののためになされる」

ベルリンのファッションは、多くの点で都市のクリエイティブ経済とグローバルなファッションシステムという二重の論理の中で展開しているため、ローカル化されたニッチとして自分たちの独自性を提示する以外に選択肢がない。しかし、このこと自体が興味深い分析の照準を提供してくれる。例えば、ラディカルな民主主義的要素と社会民主主義的要素それぞれの残滓から情報を得て維持されている、反資本主義のファッション部門としてベルリンのファッション見ることは可能だろうか？　その価値を、倫理的、環境的、クラフト的、社会貢献的、そしてそれゆえにより本格的なデザインの「特徴」を持っているという独自の観点から評価することは可能だろうか？　あるいは、成功したドイツ経済とその政治形態における（減少はしているものの）福祉の提供という緩衝材がクリエイティブな労働者を貧困や立ち退き、社会的疎外という本当に厳しい状況から保護しているのだろうか？（例えば、合衆国とイギリスではありふれた光景となったフードバンクをドイツでは見かけることがない）。福祉は、個人事業主になるという制度によって仕事への架け橋を提供する。そしていったん仕事に就いてしまえば、万が一事業が失敗しても頼りになる医療サービスの提供、子どものための学校や幼稚園、そしてさらなる雇用創出策が用意されている。このようなインフラが重要なのは、ファッションの小規模企業がいわゆる小売り大手企業の強さと権力に対峙しているからである。小売り大手の存在が首を絞める中、小さなファッション生産者はベルリンのファッションや幅広い文化シーンに浸透している独特で時に「反商業的」とも呼ばれる倫理を吸収し利益を得ようとしながら、どのようにして持続可能な生業を作り出すことができるのだろうか？　これは厄介な課題である。皮肉なことに、大企業には市場シェア拡大が期待されるのと同様に、零細企業にはどういうわけかカウンターカルチャー的な空気という魔法の材料の提供が期待されている。この一見したところ反資本主義的な精神が注目されるのは、小売り大手でも若者に魅力を伝えるのに役立つと思われる一種の「エッジさ」またはイノベーションを提供できるようになるからである（Boltanksi and Chiapello 2005=2013）。ナイキとコム・デ・ギャルソンは反商業的な雰囲気を取り入れたり真似たりする方法を開発したが、現在、この戦略に最も打ち込んで成功しているのはアクネとコスである。[16] 確実に言えるのは、この戦略が大企業による直接的な模倣や知的財産および著作権の侵害ではなく、革新的な、または「最先端の」商業戦略を開発するために「ベルリンという都市のシーン」の環境と雰囲気全体を利用していることだ。これらの小売り大手企業はミッテ地区の主要な場所に店舗をかまえ、その前を顧客になりえる多様な人々が通り過ぎる。批判的でカウンターカルチャー的な「ヒップスター《流行の最先端を行く人》」の倫理は、とらえどころのないサブカルチャー資本を提供し、それによって大企業が洞察力や知識、トレンド、イノベーションを追求するのを助ける能力だとみなされている（Thornton 1996）。[17] ベルリン市政府の側では、国内投資、特に市内で雇用を創出する可能性のある企業や小売り大手企業を誘致する必要性に迫られていることが、さらなる矛盾を引き起こしている。小さな企業への支援よりも、強力なビジネス主導の計画へと転換しているので、市長は都市政治という厳しい競争の場で、この反文化的な倫理を投資家にとって魅力的なものにする方法を模索している。[18] 結果的に、サブカルチャーが都市の資産として都市ブランディングのプロセスで粗雑に利用されている方法について、情報誌などのポピュラーなメディアや学術的な場において、さらなる議論の輪が広がっている（Bader and Scharenberg 2010; Pasquinelli 2010; Colomb 2012）。

　ベルリンは三四〇万人という人口を抱えている。むろん、ベルリンは現代ヨーロッパの主要都市としてナチス政権下の歴史的意味、そして第二次世界大戦後の冷戦におけるその重要な役割から非常に注目されている。ベルリンは、工業インフラ、脱工業インフラ、あるいは金融インフラがほとんどないため、五〇年以上に渡りドイツ政府からのさまざまな形の補助金に頼ってきたが、ベルリンの壁崩壊以降、補助金は減少しており、私営化と規制緩和に基づく計画や、東西の再統一によってもたらされる新たな機会を見据えた企業などから、地価やオフィス、家賃収入の上昇という形で収益を得ることが期待されてきた。さまざまな研究者が、過剰な借金と投資主導の過剰建設による過ちや、企業が都市に移転してかなりの数の新たな雇用が創出されるだろうという期待は誇張されたものであったと論じている（Ward 2004; Mayer 2004; Cochrane and Jonas 1999）。このような要因に加え、東西ドイツ統一後の人口移動もあり、ベルリンではヨーロッパの同程度の都市の中で最も多くの利用可能なオフィス空間が確保されていると言える（Ward 2004）。このようにドイツ経済は成功しているにもかかわらず、ベルリン市は約一二％という高い失業率を抱えている。（私が住む静かなシェーンベルクの住宅街でも、アパートの一階には、窓に賃貸の看板の貼られた空テナントが無数にある）。ベルリンは、九〇％近くが持ち家ではなく借家である「賃借人の街」だ。また家主の反対があるにもかかわらず家賃統制が実施されており、家賃の上昇や、より高額な家賃を支払うことを厭わない新しい人口に部屋を譲れという圧力への一定の保護がある。家賃は（上がってはいるが）法外な値段ではないし、クリエイティブで文化的な分野の人々の賃金は低いか不定期収入ではあるものの、それでも生活をやりくりすることは可能で、ビジネスや小さなファッションのスタートアップを軌道に乗せようと奮闘できる。つまり、ロンドンのように、家を失い生活が立ち行かなくなる危険性は低いのである。しかしながら、「ベルリンにおけるクリエイティブ産業」という報告書にあるように、ポストフォーディズムのメディア、文化、アート経済の全範囲に渡って、そこで働く人々には非常に控えめな、しばしば最低レベルの収入しかないのが現実である。この章の結論では、「有意義で生きがいのある人生」という文脈で、「見返りがないこと」についてより深く考えるつもりである。

私は、このベルリンのファッション界の、まさに、若い女性の大卒生が地に足の着いたボトムアップの活動として個人事業者になることを示唆するフィールドに調査に入った。この三年間、断続的にではあるがこれらの活動を観察し、インタビューし、対象者の話を聞いてきた。[19] 若いデザイナーの多くは非常に長い時間働いており、ベルリンの雑誌で良いレビューや宣伝がされているのに、やらなければならない仕事を遂行する人を雇う財源や設備投資がないことに気づいている。ある有名ブランドのデザイナーはインタビューで、「注文したショップでの実際の売り上げを（店主との友好的な社会的関係を維持し、注文を継続できるようにもしながら）管理するための人件費や、ウェブデザインやオンライン販売に移行するための業務全体を引き受ける人件費、そのどれもが必要であるものの財源がない」と語っていた。[20] 地方自治体の支援が突然打ち切られることもあれば、企業の中心人物が退職したり病気になったり、子どもが生まれて労働時間を減らさざるを得なくなったりと、状況の変化に対応する必要がつねにあり、しばしば高水準の不安定さにも苛まされる。ファッションのプロセスのあらゆる場面（悪天候、売れた服がハイストリートにコピーされる、売れ残った服、洗濯による生地の色あせなど）で失敗する可能性があり、そのためデザイナーは、しばしばバーでの仕事や、あるいは友人のために一回限りの現金手渡しを基本とした服作りをする追加のパートタイム仕事などのさまざまな戦略を立てる必要がある。このことは、小規模企業が隠れた、そして非公式な経済に近接していることを思い起こさせる。事業支援や確定申告を含む資金調達と、自営業者の資格について助言を受けるために利用できるさまざまな機関があるにもかかわらず、特にビジネスの初期段階ではほぼ必然的に「副業」を行わざるを得ない。冷静で十分な情報に基づく現実主義によってベルリンの労働文化の高揚感は薄れており、これは私たちが三年間に渡って行ったほぼすべてのインタビューで見られた。デザイナーたちは銀行からの融資を受ける難しさに直面していること、事業所の家賃が高騰していること、ベルリン市政府がデザイナーを支援する仕組みではなく、都市ブランド政策に傾倒していると感じていることなどを率直に語った。全体として、これらのクリエイティブな活動は強力な事業計画なしに着手されているように見える。確かに、それらの活動はブルデューが「芸術家の反経済」（Bourdieu 1993）と呼んだものに相当する。そして、ばか正直にも見える様子は、長時間かつ低賃金労働の正当化としておそらく重要な役割を果たしている。ベルリンで最も有名なデザイナーの一人にインタビューした際、彼はそもそも作品を売ることについて考えてさえいなかったし、作品やコレクションのコストについてはそれ以上に考えていないと述べていた。彼はアート活動を行うように、作品そのものの制作にあらゆる努力を注いでいた。[21]このようなファインアートの倫理に加えて、ドイツでは長年に渡ってハイレベルの教育訓練と専門的なスキル、そして職人技を重要視しており、このことによって仕事は誇りと自己報酬の源として手取り額の少なさを補っている。オーナーあるいはデザイナーにとっては、店やコレクションの方が貸借対照表よりもはるかに価値があるのだ。つまり、「仕事は仕事そのもののためになされる」[22]ということだ。客から見えるところでミシンに向かっている若い女性は、「これが私の職場であり、私の仕事です」と語っている。これらの小さな店のデザインとレイアウト、店内の特徴ある「シックな」雰囲気の構築、音楽の選択、服それ自体、これらすべてが「ハイストリート」の均質性に挑戦する倫理に貢献している。これらは独立した、しばしば女性主導の事業である（Jakob 2009）。仕事が不足していて失業率の高い場所で、これらの店は自己組織化し、都市の景観を変えるための努力と決意を表している。大量の生地とミシンは、顧客に生産の物語に関する何かを伝えるためにそこにある。通行人からも見える型紙とプレス機は、これが新しい職人主義的なクラフト志向のアプローチであることを示している。ここでの女性性は、情動経済の支配的な様式（「笑顔の仕事」）とはまったく相容れない、独立した表現力豊かな方法で展開される（Hochschild 1984=2000）。こうした女性主導のファッション活動にはさまざまな要因が関わっている。第一に、最近の不況後の自己組織化された経済とより広範に交差する新しい職人主義的なクラフト志向の様式。第二に、たとえ収益がわずかであっても、仕事に誇りと報酬の感覚を提供するドイツのミッテルシュタントの工芸的伝統の影響。第三に、ベルリンの、新しくラディカルなシーンの変化。ここには、エスニックマイノリティを含む恵まれない女の子や女性のための訓練と職業教育を専門とするフェミニストの非営利団体のような、一九七〇年代半ば以降、明確な政治的課題を持っていた集団なども含まれる。そして最後に、音楽とクラブの分野で最も明確な「反体制派」の態度を取り入れたベルリンの壁崩壊後のサブカルチャー経済である。これらの潮流が一体となって二つの異なる生産様式を生み出している。一つは「ファッション＝アート」、そしてもう一つは隣接する「ファッション＝クラフト」である。次節では、ヒップスターのライフスタイルとジェントリフィケーションに関する一般的な説明に代わるものとして、「女性のポストフォーディズム的場所づくり戦略」に大きく依拠した都市のカウンターカルチャー経済の可能性について議論していく（Colomb 2012）。

「ファッション＝アート」

銀行から五〇〇〇ユーロを借りることでさえ、難しい場合があります。

Derya Issever, 二〇一三年一一月六日インタビュー

私たちはパンクやアバンギャルドの思想の中で育ってきた。
Marte Henschel, *Common-Works*, 二〇一二年六月二八日

ベルリンの住民は間違いなく、他のどの場所よりも都市空間や都市計画という厄介な問題に政治的な関心を寄せている。[23] この強い愛着と帰属意識は、ベルリン・ファッションウィークのショーに使われるさまざまな場所にまで及んでいる（Exner 2011）。刺激的な都市空間は作品を展示するデザイナーにかなり積極的に利用され、意味や価値、雰囲気を与える宣伝装置として使用される。このように都市自体に目を向けることは、場所づくり活動の一種であり、（そのほとんどが女性である）ファッションデザイナーが通常よりも空間をめぐる政治に深く関わり、知識を持っていることを意味する。年に二回開催されるメルセデスベンツ主催のベルリン・ファッションウィークは、若いベルリンのデザイナーが国内外での認知度を高めるために必要な制度的枠組みのようなものを提供してきた（Exner 2011）。イベント自体と、それを取り巻くすべてのプロモーション活動は、デザイナーが自分の作品を見せ、世界中の主要な人々と接点を持つことを可能にするナラティブを作り出している。これは、ベルリン市のファッション部門への投資の重要な資源である。イベントのガイドと広報資料担当者はビジネス来場者だけでなく、一般来場者のためにも活動マップを作成している。例えば、二〇一二年夏のカレンダーにはショールームやショップ、ギャラリー、バックヤード、ポップアップストア、ホテル、ベルリン地下鉄Uバーンの各駅を含むその他の場所で開催される一〇四のイベントが掲載されている。イベントチェックの項目では、「エコ推進」と題された展示会や、「エシカル・ファッション

ショー」と分かりやすく書かれた展示会に注目が集まっている。主要な小売業者の役割も明らかであり、すべての主要なショップがパーティーやレセプションを主催すると記載されている。しかし、このような大量の活動の中で独立したオートクチュールや「ハイファッション」の地位を目指しているデザイナーやブランドは二〇ほどしかないようだ。そのデザイナーたちは、ベルリンの高級紙やファッションメディアだけでなく、ブログでも定期的に取り上げられている。

今回の調査の一環として、「ハイエンド」またはファインアート志向のベルリンのファッションデザイナーのうち五人にインタビューを行った。五人のファッションデザイナーとは、マイケル・ソンタグ、マジャコ、イッセヴァー・バーリ、エスター・ペルバンドと、パルマ在住のリタである。ただし、リタはレースカラーやクロッシェレースの下着、「イブニング・ドレス・グローブ」のようなクチュール製品を手掛けているため、私は彼女をクチュールのカテゴリーに入れている。また、ロンドンとベルリンで開催された多くの特別な「リサーチイベント」中に出た（二人組のクチュールデザイナーであるオーガスティン・テボールも含めた）コメントや議論も参照している。[24] また、二〇一二年六月以降、三年近くに渡って、デザイナーであり、現在は有名な生産者サービス会社コモン・ワークスのディレクターであるマルテ・ヘンシェル、[25] とある上院議員、その他にも政策立案者や学者、ファッションを専門とする二名の弁護士など含むさまざまな専門家との面談やインタビューを行った。明らかになったのは、ベルリンのアート志向のファッション（またはファッションアート）は、そのアイデンティティを主張するために苦闘しなければならないということであった。というのも、ベルリン、ひいてはドイツのファッションは衣料品産業のエリート高級品として存在し、地位や権力、裕福な消費者と結び付けられてきたし、あるいは、ベルリンのファッションはポピュラー文化の一部、またはアドルノが分析するところの堕落した「大衆文化」とみなされることもあり、戦後の消費資本主義の画一性と結び付けられてきたからである（Adorno 1991）。つまり、アートとしてのファッションという考え方を、イギリスや合衆国の美術学校など、他の国際的な文化空間や制度から輸入しなければならない。ベルリンのファッションデザイナーは一流大学での学位授与を経て、ファッションデザインに与えられた学術的価値を強調することにより地位の低さに異議を唱えなければならなかったし[26]、スタイルやレジャーのアイデンティティ、エスニシティ、クィアネスなどとの関連で自分たちの表現による価値、そして若者に声を与えることで果たす社会的役割のために、都市の「サブカルチャー」の重要性にも目を向けなければならなかった。ロンドンでは、デザイナーによる表現の価値と社会的役割のどちらも長い間注目され、実際に利益が見込めるコラボレーションで収入を得ることを熱望している大手企業によって搾取されてきたが、こうしたことはベルリンではほとんど起こらない。それに、商業的なパートナーの必要性を認識することと、ベルリンのファッションデザインの全体的な非商業的アイデンティティの一部としてブランドの純粋さや本物らしさを守る必要性を感じることとの間で引き裂かれ、苦闘しているデザイナーの選択肢としてコラボレーションというやり方はあまり人気がない。そうした考えのデザイナーはすべて、とりわけベルリン・ファッションウィークの開催中に賞を受賞し、好意的なプレスレビューやブログによって世間の注目を集めている人々ばかりである。これらのデザイナーはベルリンでかなりの知名度があり、ベルリン市政府によって監督されたベルリンのブランディング活動の一翼を担っている。マイケル・ソンタグ、マジャコ、イッセヴァー・バーリ、オーガスティン・テボールのウェブサイトは、大学卒業後の数年に渡る集中的な作業の成果である。これらのデザイナーは、卓越したオートクチュール指向であり、芸術指向のコレクションを丹念に展開してきた。その仕事は「作品」の役割を果たしており、ウェブサイトやフェイスブックに載せられた声明は現代美術理論や哲学、建築、（サブ）カルチュラル・スタディーズの影響を示唆するものである。例えば、マイケル・ソンタグはファッションの流動性やファッションが日常の目まぐるしさを中断することに興味をもっていて形、布、体の周りの動きで遊んでいることから分かるように、それは彼のファッションに正式に刻まれたねらいになっている。（フランスやイタリア、アジアにも小売店を持っている）オーガスティン・テボールは、複雑なクロッシェレースを用いて黒一色で作品を作り、女性の身体に疑問を投げかけ、再構成することによってセクシュアリティの限界を押し広げている。エスター・ペルバンドはファッションとパフォーマンスアートの境界を融解することを目指している。彼女はアンドロジニーに賛同するサブカルチャー的アバンギャルドを探求し、有名なイタリア人芸術家マルコ・フォ・グラッシとともに、その絵画技法を自分の服に直接応用する作業を行っている。さらに彼女は自分のバンドを結成し、歌手やミュージシャンとしてパフォーマンスしている。彼女の最新のコレクションには、「GROTESQUE（グロテスク）」というタイトルが付けられている。

このようなデザイナーたちは、（a）顧客の売り上げの低さや「市場へのアクセス」の問題（Kalandides 2014）、（b）特に三、四回コレクションが成功した後の、融資や設備投資資金の確保の難しさ、（c）スタッフを雇用するコストの高さ、（d）輸出の問題や、国外やベルリン以外の場所で知られるようになるにつれて生じる問題、といったさまざまな課題に直面する。これらのうち最初のものは最も手に負えない問題である。理想として、デザイナーたちは何が売れたか、何が値下げされるかという販売管理を自分たちで管理したいと考えている。というのも、無名の仕入れ業者はこうした報告をしばしば怠り、その販売レールに乗ってしまったコレクションがどうなるかを見失うからだ。そのため、立地の良い作業スペースや職住一体のスペースに店舗を持つことが有利になる。あるデザイナー[27]は、コレクション、ファッション展示会、高い生産性の維持など、すべてをこなそうとしていたかつての戦略を後悔している。彼女は、もし自分が店と作業スペースだけに集中していたとしたら、今では一つではなく二つの店を持っていただろうと語っていた。その一方で、彼女は現在、観光客への販売を行うとともに、プレンツラウアー・ベルクの近くに住む顧客たちが自身の作品の中で何を好むのかを学ぶようになった。現状、彼女はまだ初期段階で発生した借金を返済している段階にある。それに対してペルバンド[28]は、自分をアートディレクターとみなし、自分の店を単に「イメージのための」フロントガラスとしてだけ使うという、よりアバンギャルドなビジネス手法を選んでいる。ペルバンドは、（ブレヒトと一緒に活動した）俳優ヴァレスカ・ゲルトのイメージとスタイルを通してドイツの映画と演劇の歴史を掘り起こすために、ローザ・ルクセンブルグ広場にある世界的に有名なフォルクスビューネ劇場の一角ロータサロンでイベントを開催した。ペルバンドは、ベルリンのファッションの詳細について、専門的で芸術指向の視点を提供してくれる。つまり、彼女は自身が述べたように、「どうすればファッションが買われ、市場で売り出せるのかを発明している」のである。マイケル・ソンタグは、（大規模ファッションウィークの間にニューヨークとパリでショールームを開設したことをきっかけとして）[29]ベルリン市議会による支援を受けてきたが、ペルバンド同様販売の問題を最優先事項と見なしている。二〇一四年の夏の終わりに自分の店を開店したことで、彼は販売をより良く管理できるようになった。銀行側の設備投資が少なく不信感があることは、一九九〇年代半ばのロンドンのデザイナーの場合と同様に、それらが「資本なき仕事」であることを意味している（これは、「仕事なき資本」というベックの観念を逆転させたものだ）（McRobbie 1998; Beck 2000）。幾人かのデザイナーは、暫定的または実際にスタートアップの支援を得るためには友人や家族に頼らなければならないと説明しているが、これはアートを志向し、クラフトを基盤とするデザイン部門全体の問題である（Kalandides 2014）。デザイナーたちは止まることなく、今日のすべての小規模企業に必要な特殊機器や新しいメディア技術にアクセスするために急いで現金を投資する必要がある。より大きなパートナーとのコラボレーションがこの問題の解決に何らかの形で役立つかもしれないと徐々に認識されつつある。しかし、これは注意深く行われる必要がある。ソンタグは最近シューズ会社と仕事をしているし、その他のデザイナーのうちのひとりは、ドイツのミッテルスタンドの手袋会社と仕事をしたいと語っている。ベルリンのファッション研究者でコンサルタントのオリバー・マコネルが論じたように、「生き残るためデザイナーは数千ユーロ以上の投資を必要とし、その内の幾人かはファッション界の主要人物になる可能性もあるがそれには数百万ユーロが必要」なのだ。[30] この点は、人件費、インターンの活用、この分野での搾取に対する意識の高まり、ミニジョブ（短期労働）という形で雇用を促進する制度の多用、個人事業や現金払いの仕事という現実などに最も顕著に表れている。

　これらは海外市場との連携という最終的な課題とともに、ファッションデザイナーに大きな負荷をかける商業的要素のすべてである。デザイナーが芸術家であると公言するのは自負心から、そしてブルデューが私たちに思い起こさせるようにそうしたスタンスが低所得の現実をある程度正当化するからでもある。ここで皮肉なのは、ファッションは（イギリスにおけるイングランドとウェールズの芸術評議会の場合のように）美術やオペラ、バレエ、演劇と同じカテゴリーには分類されないということだ。したがって慎重に計画されたコラボレーションの場を検証し、第三の道を見つけざるを得ず、コラボレーションによって「本物らしさ」と全体的な評判を失うリスクを冒すことなく、コラボした両者ともに利益を得ることが目指される。では、デザイナーは実際には、市内のＤＪや独立した音楽プロデューサーに近いのだろうか（Lange 2012bを参照）。あるいは、ペルバンドが追求するアバンギャルドなアートの方向性は、一回限りのギグやコラボ、アートベースのインスタレーションを受け入れることによって、ファッションをパフォーマンスアートやアーキテクチャーに近付けたり、実際にそれらのカテゴリーの境界を曖昧にしてしまったりするような決定的な一歩を示せるのだろうか？　ファッションの市場を回避または切り抜けようとするそうした試みは、重要な問題を提起する。デザイナーが別の作業方法を模索している時、そのような努力は本質的にラディカルであると見なせるのだろうか？　作品自体とそれが支持する価値観についての疑問もある。反資本主義のファッションとは何であるのか？　デザイナーはファッションシステム内部の生産者でありながら、ファッションシステムに対してどのように批判的な態度を取れるのか？　おそらく、こうした問いがベルリンのファッションに顕著な、まさに決定的な特徴として際立っていることは今、重要なことであり、その点ではもしそうでなければ無批判で保守的なものになってしまうクリエイティブ業界においておそらく目を引く大胆なものであるということだ。次節では、ファッション活動を検討することで、この論点について追っていく。ファッション活動はより明確に社会的課題を持っている。つまり、その課題の中でファッションは社会的企業として営まれているのである。この種の仕事は、代替的で非営利な都市経済を生み出す上でどのような役割を果たしているのだろうか？

ショップは雇用創出しているのか？　ベルリンの社会的スタートアップ企業

荒廃した多文化地区として知られていたノイケルン地域が今や資本投機の対象であり、家賃が上昇し、新しいミドルクラスの好みに合う消費文化を持った人口が流入する地域として突然姿を現すようになったことについてはよく取り上げられている。これらの問題を論じることは、ライフスタイル・ジャーナリズムによく見られる、文化的差異に対する口先だけのエキゾチシズム、つまり統合を擁護し、多文化主義は失敗したというコメントを反映したアンゲラ・メルケルによる政策主導の言葉の一部と共謀する危険性をはらんでいる。オヌル・コムルクに倣い、ベルリンのこのような文脈の下で人種化プロセスが、移民あるいは移民文化の一部とみなされるトルコ系ドイツ人という主体に求められるもの、もしくは期待されるもののパラメーターを確立し、制御するために機能していることを意識する必要がある（Komurcu 2015）。その際に重要なのは、大卒のデザイナーや社会的起業家は白人のドイツ人にちがいないと思い込むことや、トルコ系ドイツ人の女性がトルコ出身の女性であり手仕事のスキルを持っているという固定観念を繰り返さないようにすることだ。確かにこの種の役割の固定化は、助成金申請書を作成するプロセスで頻繁に展開され、実際、人種化された語彙を用いることはほとんど必須事項となっている。私も含め社会学者は、どれほど意識していたとしても、コムルクが

「文化的多様性の誘惑」と表現したものに屈服してしまう。このようなことは、例えば社会的企業が創業する地域の概要説明をするために、研究者が地域の人々とその活動を素描する時に起こる。どうすれば人種化の「誘惑」に屈せずにいられるのか？　植民地主義的な視線を避けるにはどうすればよいのだろうか？[31]

ファッション活動の中心地となったのは、ノイケルンのヘルマンスプラッツ周辺にあるいくつかの通りである。小さな工房（店舗兼作業場）は移民街と呼ばれるような、世界中の貧民街によく見られるタイプの店が立ち並ぶ通り沿いに置かれ、これをシモーンは「ポピュラー経済」（Simone 2010）と呼んでいる。ノイケルンではフラワーショップ、葬儀場、窓に「ブラウスとトップス（三点目無料）」と書かれた昔ながらの「レディースファッション《ダーメンモーデン》」ショップなどがこれにあたる。またインターネットカフェ、携帯電話修理店、賭場、ゲームセンター、カクテルバー、ヘアサロン、ウェディングドレスのブティック、洗濯機修理店、自動車教習所、パン屋なども多い。このような店は、西側諸国のほとんどの都市における労働者階級地域ではおなじみのスポットであり、ヘルマンスプラッツ界隈は、プレンツラウアー・ベルクのエレガントで落ち着いた通りとはまったく異なった空間になっている（ヴァルター・ベンヤミンはベルリンでのブルジョア生活への反感から、二〇世紀初頭における労働者階級都市ベルリンの興奮と性的可能性を「探求」するよう駆り立てられた。Benjamin 2009=2014を参照）。デザイナーと話し合う際に、このノイケルンという立地がビジネスにとって有効であるという指摘が何度もなされた。なぜなら、教育訓練プログラムに参加したトルコ系ドイツ人のイスラム教徒の女性、あるいはすでに型紙の裁断担当者や編み物師やかぎ針編み師として雇用されていたその他の女性たちはこの地域から移動することはなかったし、プレンツラウアー・ベルクには居心地の良さを感じられなかったからだ。インタビューしたデザイナーの中には、「トルコ系の女性たちの多くは物静かで、とてもシャイだ」というステレオタイプを（友好的かつ共感的に）展開する人もいた。調査の過程では、このような瞬間に僅かな緊張が走る。市内の有名デザイナーの何名かがそうであるように、調査対象になっているオートクチュールデザイナーの少なくとも一人はトルコ系ドイツ人であるからだ。[32] ステレオタイプな語られ方をされてしまうと、トルコ系ドイツ人女性は、白人のドイツ人女性と同じような仕事を探している大卒者であるという可能性がなくなり、スキルが低く資格のない人物だという考え方が恒久化してしまう。

ファッションやクラフトの活動が最も目立つ通りは、ヘルマンスプラッツの横道に入り、カールシュタットの大きなデパートを通り過ぎたところにある。平日には、通りを見下ろす店先のスタジオで服を作る（「クンスト・ウント・ハントヴェルク」〔アート&クラフトの意〕のような）数人の若い女性たちの工房を簡単に見つけることができるが、週末となれば彼女たちは運河沿いの露店で商品を販売している（www.neukoellner-stoff.de を参照）。別の通りではカーテンレールと窓にドレスやトップス、スカートといった製品を陳列し、皮肉っぽく「フー・マンチュー・フラッグシップストア」〔「フー・マンチュー」とは、イギリスの作家サックス・ローマーによるキャラクターで世界征服をたくらむ戯画家された東洋人〕と名付けられた店で、若い中華系ドイツ人の女性がミシンの前に座っている。ノイケルンのこの通り一帯には、ネモナ、コモン・ワークス、ナーデルヴァルトという三つのファッション系の社会的企業がある。私はこれらを社会的企業と表現しているが、その理由は、これらの企業が教育と学習の側面、平等主義的な管理スタイル、ファッションと繊維生産における倫理的問題への取り組み、地域への貢献、そして縫製、製作、より一般的にはファッションに興味があるかもしれない女性や女の子とのつながりの構築に強い力点を置いているからである。三つの企業すべてにある種の門戸開放の姿勢が見られる。訪問した時も通りすがった時も、さまざまな年齢の女性がドアをノックして活動に関する情報を求めているのを見た。コモン・ワークスやネモナの場合、それらの事業の立ち上げに影響を与えた思想の領域は、明らかに社会民主主義の枠組みの中にある。ネモナはEUの社会基金からの支援を獲得し、三社すべてが家賃、スペース、設備の支援という形で地元の助成金を確保した。つまり、これらの企業は「支援する価値がある」とみなされたのである。さらに、創業者たちはファッションの訓練を受けたにもかかわらず、ファッションデザイナーとして身を立てるのではなくファッションプロデューサー、担当者、あるいはナーデルヴァルトの場合は共同縫製スペースの責任者としての地位を確立している。全体的なスタイル、自己イメージ、作品のプレゼンテーション、ソーシャルメディアでの知名度は、（それ自体がラディカリズムの緩やかな象徴である）一種のポストパンク的なDIY／DIT的感性の価値への愛着を示し、ファッションを学んだ人々とはあまり結びつかない、より集団的で協働的な方法で働くことへの愛着を示唆している。

本章の冒頭で提起した問いの一つは、クリエイティブ〈装置〉という形として現われている現在の統治性の道具と、さまざまな手段やツールキット、および「支援」の技術の存在を通じて展開される主体との関係性であった。ドイツ、特にベルリンという文脈でこれらの道具は、すでに述べたように、ファッション生産のさまざまなスタイルを反映した二つの形式を取っている。ファッションデザイナーの側には、ベルリン市議会によって監督され、潜在的な消費者の市場に影響を与えるように設計され、慎重に調整されたプログラムがある。これは最近、ニューヨークやパリで開催された公式のファッションウィークの期間中に、ベルリンショールームという形で行われた。クラフトとしてのファッション生産者の側では、補助金のプログラムや形態はより社会的な性質を持っており、教育訓練とスキルアップの二重の要素を含んでいる。実際、これらのファッションの社会的企業は文化経済の雇用を創出する職場（あるいはショップ）として機能する。こうした小さな組織を運営する女性たちは全員、「社会的企業」という言葉に比較的精通している。この言葉の目新しさは、地元での雇用を通じた地域の改善という社会目的を、ファッションやクラフト作業による自己表現という観念と結び付けている点にある。これらの企業はすべて創業して三、四年ほどの比較的若い企業であり、この分野に参入する新人に学習、製造と生産の技術、独立したデザイナーとしての仕事など、どのレベルにおいても教育訓練と支援（またはコーチング）を提供するという信念で結び付いている。「事業計画」や「キャッシュフロー」などの硬い言葉は、生計を立て、企業の存続を優先させる場合でも控えめに表現されている。

（ドイツ語と英語で入手可能な）ナーデルヴァルトの宣伝用の資料には「自分で縫製したものを自分のものに」というDIYの文字があしらわれており、天井の高い五つの大きな部屋の壁には荒々しいフラスコ画を描き、オートクチュール店のエレガンスさをみすぼらしくする装飾を施している。二つの壁に渡って一組の油絵がかけられた部屋にはスカーフやアクセサリーを含む販売用の洋服がある。他の部屋には型紙の入ったラックや雑誌、裁縫道具などがある。また別の部屋には工業規格の機器や機械がたくさんあり、ロール状の布やリボン、糸、ハサミなどの小間物類といったオーナーで創業者のスワンティエが言うところの「自作《ゼルプスト・マッヒェン》」のために必要な物すべてが置かれている。ここは洋服のデザインや作り方を学び、縫製や編み物からパターンカットなどに至るまでファッション制作のすべての段階を理解するための場所である（「裁断や編み物、かぎ針編み、縫製、描画、ポートフォリオコースなど」「材料を持参するだけで、作業を開始できます。そして、店で製品を売ることができます」）。コレクション全体のデザインや、ドレス、ブラウス、その他のアイテムの制作においては、低価格（あるいは割引料金）で短期コースを受講できる。ダルムシュタットでファッションデザインの訓練を受けたスワンティエは、二〇一〇年にベルリンに移り、共同縫製運動を展開するための幅広い計画とともに独自の事業を立ち上げた（「私たちはコワーキング運動の一部です。デザイナーとしてであろうと趣味としてであろうと、クリエイティブな精神を持っていれば作って売ることができます」）。これまでのところ、門戸開放の姿勢はさまざまな年齢の地元女性の関心と参加を集めており地域レベルでうまく機能している。ベルリンのほとんどすべての新聞と情報誌にはナーデルヴァルトに関する記事が掲載されており、これにより、市内のより大きなコワーキングスペース、特にベルリンの「ベータハウス」に関係する人々が注目されるようになった。さらにコワーキングという思想は、シリコンバレーでの世界的な成功物語に由来するものとしてよりダイナミックな側面を持っており、二〇一一年、ベルリン市議会の関心を集めた。その結果、ナーデルヴァルトは伝統的な女性のスキルを集め活用し、発展させ、フリーランスの在宅勤務の孤独を克服し、新しいアイデアを集団的に開発させる現代の柔軟で自己組織化され小規模な組織としての利点も持つようになる。このように、ナーデルヴァルドは二つの枠組みにまたがっている。一つは、将来の労働市場参加に向けて地元の女性のスキルを向上させるという考え方に基づくもので、もう一つは若いクリエイターのためのコワーキング空間という、より圧倒的にミドルクラスの世界に属するものである。同様のパターンは他の社会的企業にも見いだせるが、そのパターンは政策立案者に採用され、このようなファッション＝クラフト工房の形で展開される二重の雇用創出戦略のモデルとして現れる。これらは、ファッションの社会的企業やスタートアップ企業を一つの「社会的スタートアップ企業」にまとめたものである。

コモン・ワークスは、自身をファッション制作会社と表現している。その創業者はベルリン市のファッションデザイナーを十分に組織し、技術力のあるプロデューサーのサービスにアクセスしやすくする必要があると考えていた。「ベルリンのファッションシーンには、十分に機能するインフラがありませんでした。高品質の製品を作っている人々はいました。しかし、デザイナーはネットワークを構築し、適切なプロデューサーを見つける能力を欠いていたのです」。コモン・ワークスの機能は今やデザインの実務家を、コレクションを実現しなければならない製造業者、繊維の供給者、プロデューサー、エンジニアなどと結び付ける仲介型の機能、あるいは「中級者向けマスター」の役割を果たすことにある。コモン・ワークスのメンバーの間には、例えばグラフィックデザイン、「ハンドクラフト」、産業エンジニアリングなど、さまざまなスキルのバックグラウンドを持つコミュニティの精神がある。この専門知識により、チームは「製品の開発だけでなく、生産の価値連鎖の至るところでコレクション全体を支援すること」が可能となる。さらに、コモン・ワークスは、ファッションシーンへの新規参入者向けのコーチングと工房を提供し、地元の学校との地域連携活動を行っており、繊維生産および業界のすべての部門に渡ってエシカルな実践を強く提唱している。この企業は女性の「ポストフォーディズム的な場所づくり戦略」の好例と言える。クリエイティブ経済に関する派手な「ヒップスター」の宣言とは異なり、むしろ女性の雇用と経済的自立を支援する初期のフェミニストの伝統に回帰していることを思い起こさせるスタイルで、ベルリンの特定の地域内のほぼ女性主導の経済活動をまとめて生産しているからである（Colomb 2012）。

ネモナもノイケルンに拠点を置いており、その親会社であるインポリスは都市地理学者のアレス・カランディデスによって設立された。彼は一九九〇年代にギリシャでうまく機能していたことを実現できる会社を設立したいと考えていた。ギリシャでは、ファッション会社によってデザイナーと生産者、そして高度なスキルを持つ地元の女性からなる従業員を結び付けた極めて平等主義的な生産プロセスの開発が模索されていた。カランディデス自身はベルリン市内のクリエイティブ産業の政策立案に積極的に関わっており、いわゆるクリエイターの周辺で縫製や型紙の裁断などの作業を行い、クリエイティブなサービスのみならず、多くの実用的で技術的なサービスを提供しているのに見過ごされがちな労働者たちにもっと注意を払うべきだと明確に主張している。ネモナは、コーディネーターやイベント管理の役割を担っており、その役割は四〇人を超える地元ノイケルンのデザイナーと約六〇人の生産者（例えば、編み物師や裁縫師、仕立て屋など）とをつなげることにある。ＥＵ社会基金の助成金を獲得したことでネモナによるコーディネーターの役割は発展し、その役割には地元のトルコ系コミュニティセンターや女性グループとの「社会連携」活動も数多く含まれるようになった。この場合、最新の社会科学の語彙に基づくこの「地域連携」という手法は、「文化的多様性の誘惑」という問題をより広く理解することによって成立している（Komurcu 2015）。そのプロジェクトの運営に携わった二人の女性は、プロジェクトリーダーである自分たちと、トルコ系ドイツ人コミュニティの女性たちとの間の信頼関係を築くために細心の注意を払っていた。女性リーダーたちは女性グループやコミュニティセンターに参加許可を求め、その地域にスキルのたまり場があることを確認し、参加することによる利益を見積もった。これらのスキルをアップデートする方法を見つけ、今後の仕事を宣伝するためにフェイスブックなどのソーシャルメディアを活用することで、以前は無償労働を行っていた女性たちにある程度の収入を与え始めると同時に、地域に留まりながら子どもや家族の要求を満たす柔軟な働き方を可能にした。このことは、ネモナの新たな仕事や関わり、特に地元の職業訓練所との協力を示唆しているが、イギリス同様、職業訓練所は労働市場への第一歩として女性が希望する臨時もしくは非正規の仕事にまったく対応できていない。女性たちは働くことを望んでいるが、申請者が正式なパートタイムまたはフルタイムの仕事を行っているかに基づいて計算される低所得世帯のためのいくつかの児童手当や税控除を失うわけにはいかない。つまり、ネモナはファッションや服飾に興味はあるが、正規の資格をほとんど持っていない女性たちの雇用可能性を高め、教育訓練を提供するという役割を活動に取り込んでいこうとしているのである。このような活動によりネモナは、フェミニズムから生まれ、ＥＵの社会基金獲得のノウハウを持った既存の第三セクターや非営利団体に近づいている。ここでもまた女性の「ポストフォーディズム的場所づくり戦略」が、女性のスキルや専門性を地域のアイデンティティに組み込むというフェミニストの関心を通じて証明されており、その結果、ノイケルンは、女性のファッション＝クラフト能力や専門性と関連付けられるようになった（Colomb

2012)。これは、空き店舗のままであったかもしれない空間を、（ノイケルンでの二四時間ファッション・ウィークエンドの一環のような）活動のための陳列棚として使用することである程度達成されている。

結論

本章では、イギリスで普及しているものとは異なる、ベルリン地域（と国家）という現代的な統治体制に埋め込まれた社会民主主義的な語彙の回復力（とはいえそれをめぐる争いがないわけではない）の利点によってもたらされるクリエイティブ経済のモデルを描く努力を行ってきた。ベルリンのクリエイティブ業界の参加者のほとんどは、社会民主主義的な語彙が日常的に侵食されていると考えているが、本章ではその言葉の存在によっていくつかの結論を導き出すことができる。起業《アントレプレナーシップ》の喜びを謳う言葉や、都会のロフトに住み自転車で通勤する若者という単なる幸せなイメージを伝える語彙に完全には支配されていない場合、脱産業時代の雇用のための文化戦略をどのように考えられるのだろうか。同時に本章では、ベルリンを反資本主義的生活の一種の避難所と位置付けることを目的とはしなかった。この分野、特にファッションとクラフトの分野では、より強力な事業計画、持続可能な起業を求める政策立案者やアドバイザーと、商業化の呼びかけに抵抗するクリエイティブな行為者との間に緊張関係が生まれている。障壁はつねに補助金の問題であるが、「ベルリンにおけるクリエイティブ産業」(2008) という報告書が「クリエイティブ産業のための、よく機能し、焦点を絞った、効率的な公的支援システム」の必要性を述べた事実は、社会民主主義の思想が、縮小された権力基盤しかもたないにもかかわらず生き残っていることを思い出させてくれる。さらに、一九七〇年代後半にさかのぼる古い社会民主主義的想像力の存在もまた、ドイツ社会民主党の元党首であるゲアハルト・シュレーダーが首相時代に制定した「ハルツⅣ」の通称で知られる求職者基礎保障制度のように、公的支出を絶えず削除しようとする近代主義者の近代化への熱意や反福祉のレトリックに対する防波堤を形成している。しかし、これらのインタビューを通じて、社会民主主義の価値観と事業計画の役割との間になかなか調和をもたらすことのできない一般的な規範を身につけた女性主体が、この特定の小規模区画《キーツ》や地域の通りや商店街で女性の経済活動をダイナミックな目に見える活動として見せることによって、地域の精神を広げることに関心を寄せる批判的で熱心な市民として活動していることが分かったのである。J・K・ギブソン＝グラハムが述べるように、フェミニズム研究者は「コミュニティ経済の持続可能性を強化する実践的な政治」にもっと注意を払う必要がある。こうした指摘を行う研究者はまた、「地域文化の世代を越えた永続性、社会的なものの実践、コミュニティ経済を支援する生活戦略」、言い換えればフェミニズムの理想である「ポストフォーディズム的場所づくり戦略」を私たちに思い起させる（Gibson 2002; Gibson-Graham 2003; Colomb 2012）。ここで強調すべき最後の点は、社会的起業家、デザイナー自身、ファッション生産者や工芸家といった、市内のファッション部門全体のほぼすべての人の収入は僅かしかないという現実である。エスター・ペルバンドが述べたように、「誰も儲かっていない」のである。[33] こうした現実はつまり、多額の給料が見込めなくとも他の代償としての報酬、例えば積極的な市民としての楽しさや喜び、意思決定能力や主体的な仕事の感覚を提供する地域コミュニティがあればやりがいある仕事生活を送れるのではないかという問いを生起させる。これらの社会的企業には政治的な勢いもあり、その勢いが仕事の意味、つまり社会善と女性の機会拡大に参加するという考え方を強めている。このような女性主導の反経済、事業計画に関する競争がなく消極的にしか受け入れられていない点についてドイツの福祉制度が比較的無傷なままでいることによる恩恵だと説明する批評家もいるかもしれないが、私がここで強調したいのは、「仕事」が「仕事そのもののために」なされるという考え方であり、このテーマは本書の最終章で「やりたい仕事を成功させる？」というタイトルの下でさらに発展させるつもりである。また、この場合、ベルリンのクリエイティブ〈装置〉という体制の中にある社会民主主義的な要素と、女性の雇用へのより具体的な取り組みが、そうしたスタイルの統治性を自己のテクノロジーへと変換した時により一層成功するのだと付け加える人もいるかもしれない。ベルリンではこうした社会的影響があり、合衆国やイギリスの制度で繰り返される福祉の悪魔化がないことで、「クリエイティブであれ」という呼びかけはさらに魅力的なものとなる。そして驚くべきことに、女性たちは比較的少ない賃金であるにもかかわらず長時間働いている。最後に決して忘れてはならないのが、ユーロ危機について書いたウルリッヒ・ベックが読者に思い起させているように、ドイツはその強い経済のおかげで加盟国の中でも支配的な地位を占めているという点だ。つまり、このことが仕事や生活においてある程度の社会的保護を保証しているのであり、ベックはEU諸国全体に公平に拡大するような何らかの再配分の動きが必要であると主張している。これまで私が説明してきたベルリンの経済活動には少なくとも反資本主義的な精神の種が含まれていると考えられる。社会的に有用な仕事のイメージを構想し、そのイメージを保持していること自体が今日のファッション業界では珍しいと言える。この意味で、第三セクター経済としてのファッションは、ベルリンにおけるかつてのラディカルな伝統、特に雇用創出戦略をも内包するカウンターカルチャーのラディカルな活動を復活させ、さらにはアップデートしている。これは対抗勢力としてのアート実践という考え方に結び付いており、商業を後回しにして社会的価値を優先するものなのだ。

第6章

やりたい仕事を成功させる？

リチャード・セネットと新しい労働体制

慧眼なる読者はすでに気づかれているだろうが、本書において「創造性 creativity」という語が登場する回数はほんのわずかでしかない。

Sennett 2008 = 2016, p. 290

不完全雇用というフレキシブルな形態は（若い）男性と女性の間で高まる関心に応えており、実際のところ、賃金労働と家庭内の仕事、仕事と生活をより公平に両立させるためには、そうした労働形態が事実上、求められているのだ。

Beck 1996, p. 143

平凡な仕事への賛辞

リチャード・セネットの著書には一貫した独創的なダイナミズムがある。それはリーダーシップ、成功、創造性、才能を含む仕事の世界での卓越した業績に関するあらゆる概念が強調される現状を打破する試みである。彼の議論には四つのテーマがあり、この章で創造性という〈装置〉の批判をさらに発展させる機会を私たちに与えてくれる。そのテーマとは、（a）新しい労働体制の下での主体について論じた「人間性の腐食」〔『それでも新資本主義についていくか：アメリカ型経営と個人の衝突』での議論〕、（b）仕事生活における時間・記憶・物語、（c）クラフトの価値、（d）都市環境における「敬意」である。この章の後半では、セネットの著書の限界も考慮しながら、彼の思考がいかに新旧の仕事のあり方をつなぐ知的橋渡しとなるのか、また、彼の歴史社会学が少なくとも非常に衒学的であるにもかかわらず、理論的な言葉運びによる単純化を免れることで、新しい文化産業の渦中にすでに巻き込まれている人々に直接語りかけるための倫理的な声を提供している点について具体的に論じる。セネットの優雅な文体は、彼と同世代、もしくはそれより年上のアメリカの小説家に近い。セネットが労働や都市について具体的に書いているように見えたとしても、実はアメリカについて、それも、しばしば偏狭で保守的で道徳的なアメリカ人のある一部の生活についてしか書いていない。セネットは、もし日常生活の変化によってもたらされる影響を理解したいのなら、実際に憤りを覚えることもあるかもしれないが、人々の声に気づき、耳を傾けなければならないと主張している。これは素晴らしいことだが、しかしその一方で欠点もある。特にジェンダーのレンズを通して考察しなおしてみると、セネットが会話した男性の多くは明らかに家父長主義的であり、変化を悔やんでいたことが分かる。彼らはしばしばジョン・アップダイクやフィリップ・ロスの小説から飛び出してきたような人々であった。また本章では、重要であり続けている労働の尊厳に関するセネットの議論が、平等主義的な見解でありながら、皮肉にもクラフトの概念をより高尚なものに導いていると主張するつもりである。セネットは、作業台で制作に夢中になっている熟練した職人《クラフツマン》を見ている。あるいは、セネットが愛好しているクラシック音楽の世界を例に挙げて、理想的な男性または女性の職人とは、街のオーケストラのバイオリン団やパリオペラ座のバレエ団の中で、比較的地味な役割であっても絶えず練習し続けているような人物のようだと述べている。しかし、強迫観念に近い傾倒を必要とするこの種の仕事は、Etsy.comで売るための作品を自宅で制作している今日の女性クラフト愛好家とはかなり異なっている。クラフトの領域はデジタルメディアの台頭とともに、セネットが説明した集中力と細部へのこだわりといった領域をはるかに超えて広がっている。これは、現代の文化経済学の「アートとクラフト」内にジェンダーや新たなヒエラルヒーに関する問題を提起している。

セネットが好むテーマは、実は互いにとても深く絡まりあっているため切り離すことが難しい。セネットはクリエイティブ労働をその台座から持ち上げ、制作プロセスというありふれた側面に着目することによって、最近になって再び変容し、（ベックの言うように）フレキシブル労働という新体制の要件に合うよう脱標準化されつつあるより平凡な仕事や職業に近付けている。同時にセネットは、都市研究のためのより統合され平等主義的な方法論を提唱している。クリエイティブ経済に関する議論の文脈でのそうした方法論は、エスニックマイノリティや移民、先住民の労働者階級を含み、より貧しく恵まれない立場にある社会集団が暮らす都市空間に集う若者たちを多少なりとも対象としてきた。多くの職業の中でも、年老いて夢破れた労働者たちに耳を傾けるセネットは、リチャード・フロリダの著書とはまったくの対極にある。セネットは何十年にも渡って都市の日常生活を調査し、平凡で目立たない人々に焦点を当ててきた。セネットがフロリダと同様、政府に一目置かれているのは、荒廃した都市にクリエイティブ部門を設置するための魔法の公式のようなものを提供してくれるからではなく、恵まれない立場にある人々に敬意を払うことがいかに重要であり、複雑なことであるのかを説明するような、より深く持続的な倫理的懸念に基づいた意見を提供してくれるからだ。セネットはまた、仕事がプロジェクトになり、仕事仲間がチームのメンバーになる時、人々がどのような状態になるのか調査している。さらに、互いに会話するでもなくただ出入りするだけの人や、さまざまな種類の契約で雇用されている人、あるいは、新しいテクノロジーの影響を受けて、卓越した技術を持つ職人ではなくそれを操作するようになる人といったさまざまな集団に勤務表が配られるようになる、ということも調べている。[1] クリエイティブ労働というのはたいてい、セネットが興味を持っている活動とはかなり異なったものであるように見える。確かに、新しい仕事が生まれると古い仕事は消えてしまう。しかし実際そこには新たな中間領域がある。新しいテクノロジーやソーシャルメディアが老若男女を問わず生活に影響を与え、フレキシブル労働がさまざまな仕事のリズムを生み出し、母親と子ども、あるいは退職者や失業者しかいなかった昼間の住宅地ではかつてよりも多くの人が家で過ごすようになった。実際のところ、労働人口のほとんどの層が労働体制の変化の影響を受けている。私はクリエイティブ産業について新しい方法で考察するために、これらの要素をまとめることを本章の目的としている。私は、セネットのクラフトについての概念がクリエイティブ部門の台頭について考えるうえで、それほど誇張せず大げさでもない言葉を開発するのにかなり役立つ点を評価することになるだろう。クラフトの概念は、仕事についての日常的な倫理の基礎となり、いわゆる才能主導の経済において支配的な個人主義への抵抗を導くことができるのか？　クラフトの概念は、家事労働、育児、高齢者介護など、社会的に必要とされていながら、無報酬または低賃金である活動分野でどの程度機能するのか？　ベックに倣って、もし不完全雇用（完全雇用にまで達していない日数や条件での雇用水準のこと）の観点からみて、価値と豊かさの源になりうるこれまで無報酬とされてきた労働（例えば「家事労働」）への投資を検討する必要があるとするなら、クラフトはこれまでつねに苦役や単調さを含意してきたある種の仕事にどのように希望を与えるのだろうか（Beck 1996, 2000）？　セネットの考えるクラフトには、職人が忍耐力、集中力、そしてやりたい仕事を成功させたいという願望を持っている限り、すべての仕事をやりがいのある興味深いものにする力があると感じられる。セネットは、この点についてハンナ・アーレントの著書に反論している。セネットはしばしば、苦役のようなものは必要なく、すべての仕事には人生を豊かにする力があると言っているように思われる。確かに、クリエイティヴ労働が持つ華々しい野望を格下げすることによって、労働者とその御しがたい対象との関係にクラフトは一種の冷静さと堅実さを与える。もちろん、セネットはフェミニズムの問題に注意を払っており、彼の「クラフツマン」という言葉は注意深く繰り返され、ジェンダー中立的な言葉として使用されている。しかし、私はフリーランスの仕事やクリエイティヴ部門でのフレキシブルな仕事を続けながら、家の中をきれいに片付けようとしている疲れきった母親と思うようにならない子どものことが気になったままでいるし、その対極にいる、ウェブデザイナーなどのフリーランスとして活躍しているが、ネットワークの喪失を恐れて子どもを産み育てることを考えられず鬱になったり、酒におぼれたりしているストレスを抱えた若い女性のことも気になっている。[2] 出産と育児の実行可能性を決定する経済力という、より広範な構造的要因を、ウェブデザインにともなう高度なクラフト技術で補うことができるのか？　ここで仕事は、人生にとって代わられてしまう。セネットによる、「子育てはクラフトだ」という発言はフェミニズムの欠陥を隠している可能性もあり、このことは彼の分析の政治的な弱点を示している。例えば、セネットが大切にしている楽器の反復練習は、家で一〇枚目のおむつを換え、労働市場に復帰し、育児をする余裕を作ろうとしている母親にとってはまったく別の意味を持つ。セネットは同様に、新しいクリエイティヴ労働が若者に与える負の影響を見落としている。つまり、その影響を被るのは、失業に直面している高齢を理由に解雇され余剰人員となっているように見える人間だけではないのだ。セネットの「人間性の腐食」という考えは、新しい起業家精神の下で育ち、その訓練を受けた若いクリエイターが、それ以外のことを知らないために腐食のプロセスによって事実上あらかじめ汚染されていることを示唆しているのだろうか？　これら若者たちの仕事上での友人関係は、プロジェクトをめぐる駆け引きによって汚染されているのであろうか？　こうしたことによって、クリエイティブな世界に特有の非政治的な個人主義からの脱却はほぼ想像できないことになってしまうのか、それともこのプロセスを逆転させて新しい協力の精神を生み出すことができるのだろうか？　セネットは確かに、「若いクリエイターたち」が現在経験している苛烈な加速化とそれにともなう燃え尽き症候群に異議を申し立てている。セネットは自分の書くものに明確な政治課題を主張していないが、それでもなおクラフトは仕事の倫理として、マルチタスクや短期間で複数の仕事を保持する将来への不安に巻き込まれた人々に代替手段を提供することによって、支援を行うための足掛かりとなっているのかという疑問を突きつけている。正規雇用という持続的な労働の利益は明白であるが、そのような慣行はますます遠のいているように思われるし、こうしたことからクリエイティブ労働、あるいはより一般的に言うところの脱標準化された労働のどちらの台頭に照らしてみても、仕事をめぐる政治をより大幅に見直す必要に迫られるかもしれない。したがって、私は本章で、新しいクリエイティブ労働を日常的な仕事生活のルーティンから切り離して例外的なものにするのではなく、それとは正反対の方法で取り組むことができるか確認することを目的としている。つまり私は、クリエイティブ労働に改めて取り組み、インスピレーションのアウラとは無縁で、創造性という魔法的要素を必要としない他の種類の労働と同じようにクリエイティブ労働を認識することを試みる。また、クリエイティブ労働を空間的に組み込むことで、その労働に関わる仕事生活を都市の日常生活の中で考えてみたい。私はロマンスに対抗し、「やりたい仕事を成功させる」という点で、日常の報酬をもっと際立たせる方法を見つけたいのである。リチャード・セネットの議論は、私がこの方向に進むのを手助けしてくれるはずである（Sennett 1993, 1998=1999, 2003, 2006=2008, 2008=2016）。成功と失敗、陶酔感、あるいは燃え尽き症候群といった既存のモデルや、不安、うつ病、パニック、無気力などの新しい精神病理ではなく、ベラルディが検討したような並外れた労働の根本的な格下げといったものに結び付く別の可能性がある（Berardi 2009）。労働の重要性が低いと、労働者は仕事から距離を取り、仕事の結果で自尊心を感じることが少なくなる。彼もしくは彼女は、おそらく一日の終わりに「タイムカードを押し」、週末には子どもたちとリラックスして過ごすことができるだろう。セネットはまた、より長期的な見方を主張することにより、若さという前提に対抗している。彼自身の研究は、長期に渡る職業のダイナミズムを追跡することだ。そのために彼は、三〇年前に仕事と組織に関する研究の調査対象となっていた人々を再び訪問し、インタビューを重ねている。また、新しいフレキシブル労働の形式に関する議論も以前より広い範囲で行っており、彼の焦点は、新しいクリエイティブ経済と密接に関係する仕事とは遠く離れたものにまで及んでいる。パン屋、コンピュータープログラマー、バーのオーナー、ミュージシャンなどの働き方がセネットの考察対象である。彼の研究は、都市や建築、都市空間に関する分野で最もよく知られているし、本章の後半で検討する理由から、都市のクリエイティブ経済に関する現在の見方を広げることも可能にするだろう。あるいは創造性のアウラにつながる見込みのある報酬を探すとなると、必ずと言っていいほどその可能性に欠けるそれ以外の仕事は、せいぜい他のすべてがうまくいかなかった時に頼るくらいのものとして脇に追いやられることになる。ここで私が考えているのは、芸術系や人文科学系の卒業生が就くことのできる仕事、例えば図書館司書や福利厚生の事務職員、出版社の助手、ソーシャルワーカーまたはユースワーカーなどである。たとえ安定した給与や昇進、福利厚生、資格を与えられることを約束されていたとしても、それらの仕事は軽視されがちである。なぜそうなってしまうのだろうか？　今日、私たちは〔ワーク／ライフの〕境界線が崩壊した世界で生き、労働時間の増加にともなって今日の仕事生活は余暇や仕事以外の活動と融合していることから、仕事の一部として社会生活を約束するこの種のクリエイティブなキャリアが特に望まれるのだ。仕事は人生そのものと完全に絡まり合っている。少し前にあらゆる授業で高成績を獲得し、自分を政治的ラディカルであるとみなしていた最終学年のある女子学生が、続けていた夜職のパートタイムの仕事を、より高いステージにあると考えられているパーティーやソーシャルネットワークの運営などのフルタイムの仕事に変えたいと望んでいる理由を私に説明してくれた。彼女は在学中に、たんなるホステスではなく、他者との交流や知的な意見交換、交友、夜遊びを目的に集まる専門職で独身の若者を引き合わせることに特化したイベント運営会社のホステスとして働いていた。彼女の仕事はアイスブレイカー役となり、会話と社交の流れを維持することだった。その会社はロンドン郊外に支店を持っていたため、彼女は親戚の住む北部の都市で会社の支店を経営することを望んでいた。私がパーティー運営業の底の浅さについて批判すると、彼女は、例えば恵まれない立場にある若者たちを支援するような社会的価値の高い仕事なら考えてみてもいいけれども、現時点ではそういった仕事をするのは考えられないと応じた。

ウルリッヒ・ベックは、正規雇用やフルタイム雇用が少なくなっていることを指摘している（Beck 1996）。西側の豊かな国々では、この二〇年間で安定した雇用が縮小し続けており、現在も多くの若者が失業に怯えながら働いている。確かにベックの不完全雇用に関する分析は、実際にはマルチタスクによってもたらされる不安と熱狂的なペースが表裏一体になっているにもかかわらずクリエイティブ労働をより深く理解するための絶対的な中心となっている。制度化された長期の不完全雇用は、実際の失業の影響を管理し、失業者を出さないよう食い止める方法であるとみなすことができる。また、真の失業として、「休業」期間、つまりプロジェクトとプロジェクトの間の時間を中断させる役割も果たしている。その代わりに、短い休暇や家事に費やす時間、あるいは新しい仕事に取り組むための時間としてこれらの期間を計画し、進行中のプロジェクトによって経済面を補わなければならない。プロジェクトは不完全雇用と雇い止め期間の増加を象徴する中心的な存在だ。プロジェクトはしばしば資金不足であったりほとんど資金がなかったりするため、外部に対しては無限の活動という自信に満ちたメッセージを発するように見えるが、その数は著しく少なく有給労働として数に入れられることはほとんどない。しかしそれでも、忙しい不完全雇用がスティグマ化されることはなく、プロジェクトの奔流は人々の社会的立場を守る機能を果たしている。同時に、失業の文字がちらつく中で働くことによって、特権的に見える新しいクリエイターたちは脱工業化、仕事の脱標準化、伝統的な仕事の消滅という厳しい結果を経験している他の社会集団に近づくことになる（Beck 1996）。セネットが私たちに思い出させるように、膨張する仕事の層を生み出した巨大な官僚機構をスリム化することは、古い仕事が失われることを意味する（Sennett 2006）。機械やコンピュータが人間に取って代わる新しいコミュニケーションテクノロジーの成長は、世界中の多くの人々にとって終身雇用の機会を制限することにつながり、特に貧困に喘ぐ発展途上国では、失業率がつねに人口の大部分を占める水準にある。東ヨーロッパの旧共産主義国では失業率が高く、そうしたことから、若者たちはしばしば公的介護の分野での仕事を求め、西側のより繁栄した都市へと流出している。第三世界の国々からの人口流出によって、先進国のサービス部門で働き、同じようには移動できない家族や親族を支えるために故郷に仕送りをするまったく新しい社会階層が出現している。

こうした変化の力が示すのは、大都市の環境という文脈の下、多くの労働現場では新しいコスモポリタンたちの衝突があるということだ。これは、若者を魅了するロンドンのフレキシブルな労働市場において特に顕著に表れている。私が受け持つもう一人の女子学生は、大学に通い始めてからずっとある有名なコーヒーショップのチェーン店で働いているが、最低限の生活費を稼ごうとしている（アルジェリアやブラジル、エジプトなどから来た）若い移民たちもそこで働いている。コーヒーチェーン店側は、彼女が学生であることを知っており、カウンター越しに行う通常のサービス業務に加えて、プレスリリースやブランド開発などの仕事も任せている。店側は、彼女が卒業した後に管理職へ登用しようと考えているかもしれないが、彼女はフリーランスのライターやジャーナリスト、バンドのメンバーとしてのキャリアを築いていこうと考えているため、その打診を受け入れる可能性は低い。むしろ、彼女は今後もシフトに入りながら、本当のキャリアがスタートすることを望みつづけるだろう。

小売業界において従来型のフルタイムの仕事が著しく減少し始めていることから、都市部の百貨店でも多様な若者集団にたいして平等に仕事の機会を提供し、高い資格をもたない労働者階級の若者が採用されているのだが、その内の何人かはより長期的な展望を持ち、小売業経営への転身を図る者もでてくることだろう。そして、ここでもまた新たな組み合わせが生じている。そうした労働現場には全日制の学校を卒業した従業員が少なく、東ヨーロッパ出身でありながらロンドンのような大都市で生活している若年層も多くいる。その中にはいずれ労働市場で足場を固めたいと願う若者もいれば、パートタイムで働きながら勉強したり、もっと名誉ある別のキャリアを追求したりする若者もいる。[3] 実際に小売業者は、従業員として完全な責任を負うことのない、フレキシブルで教育水準が高く投資する必要のない人材を雇用するよう転換することによってのみ利益を得ることができる。つまり最初から、教育コストが削減できるのである。高級レストランのウェイターやウェイトレスが仕事の合間に俳優やモデルをこなしているのと一般に理解されているのと同様に、今日、コスやギャップやアニエスベーといった店のカウンターの奥で働く多くの若者は他の夢を持っている。セネットであれば、家賃の未払いを一時的にしのぐ方法ではなく自分の夢を叶えることが最終目的である人々にとって、この小売業のイノベーションがどのような結果をもたらすのかを調査することを提案するかもしれない。最近でも、そのような研究をする人はまだほとんど存在していないようだ。[4]

さまざまな従業員の層とさまざまな種類の労働者が、同じマクロな社会的プロセスに対応しつづけている。現在では自立すること、そして自分で仕事を作り出す創意工夫がより重視されている。本書全体に通底する議論は、アート部門やクリエイティブ部門が、変化しつづけるさまざまなプロジェクトから新しい形の仕事を生み出し、あるいは断片的な生計を立てるための経済空間を体現しており、そうしたプロジェクトが西側の豊かな世界に住む高学歴の若者の生活を決定付ける特徴になってきたということである（これが全体的に意味することは、西側の豊かな国では、若い中間層が再階層化され、戦後の社会民主主義的状況の特徴である福祉によるインフラと公共部門のさまざまな制度への依存を減らすことを余儀なくされているということだ）。これまでの章で確認したように、そのような仕事が刺激的で望ましいとする積極的な意味付けは、仕事をする機会が減少していることに照らし合わせて、政府や雇用主レベルで監視される生政治的な地勢学の中で生じている。その際、重要な道具となるのが起業家精神である。それは、意欲的な労働者層のための雇用社会が衰退し、そのことが引き起こす問題を解決するために機能する。その支配的な価値観がクリエイティブ経済の成長と才能の台頭を称賛する一方、才能のある人たち自身は失業の影におびえながら、集約型の不完全雇用と自発的労働の領域で長時間働きつづけている。しかし、このことは、そのような若者がかつて「プロレタリアート」と呼ばれていた階級に押し下げられることを意味するものではない。本書の第3章では、プロレタリア化の議論の弱点について取り上げているが、ウルリッヒ・ベック[5]はこれとは対照的に「ブラジル化」――ストリートでの非公式経済もしくは大衆による経済活動が、現在では西側のミドルクラスの個人事業者にまで拡大されていること――について指摘している（Beck 2000）。ベックの指摘は決定的な点において正しいけれども、ここで同時に、今でもなお福祉主義の残滓に支えられた西側の豊かな国々に出現している労働文化のパッチワークを、極限的な暴力と貧困に苦しみ、絶望的な貧困の中で暮らす膨大な人口を抱えた都市と比較してしまうという危険を冒している。それよりも、ベックの労働の脱標準化についての別の分析――「フレキシブルで、多元的で、脱中心化された不完全雇用というリスクをはらんだシステムでありながら、有給の仕事がまったくないという意味での失業問題はもはや生じないだろう」

(Beck 1996, p. 143) ——の方が適切である。

カウンターの裏側

セネットによる『まなざしの良心』が、クリエイティブ労働を現場レベルにまで降ろし日常的な活動の文脈に沿って、もしくはその文脈の中で分析できるようにするという私の試みに貢献したのは以下の点であり、ここで私は選択的に取り上げていく。セネットは、人々がビジネスを行う街並みや地域に注意を払い、インド人やパキスタン人店主のようなあまり注目されることのない経済活動に言及している。「その店のオーナーは、夏には戸口に立ち、冗談を言ったり、思い思いのことを話したりしている」(Sennett 1993, p. 128)。街並みや建築物のリズムは働く人生と働かない人生の交差を目立たない方法で示している。セネットは、ボードレールの遊歩者《フラヌール》の精神に基づいてニューヨークの碁盤の目を歩きまわり、都市の人間味のなさと主観的な生活について議論している。セネットの目的は、都市分析のための映像人類学の方法を、すなわち、都市空間において権力を行使できること、そして行使できないことという複雑な絡まり合いに関する「まなざしの良心」を開発することである。セネットは、多様な社会集団にまたがる都市の共感と自己表現力を取り戻し、「日常生活で芸術的エネルギーを (……) 動員する」(Sennett 1993, p. 149) ことを通じてその力の発露を促すことを望んでいる。これは芸術家がより外向きに、より精力的に市民生活を送るようになるための提案である。セネットは、ニューヨーク一四番街の小さな店を経営する店主たちを観察している。この通りは荒廃していて店主たちは追い詰められた状況にあるが、それでもみかじめ料を要求してくるマフィアを抑えこもうと一体となってさまざま試みており、一種の連帯感が生まれている。労働者階級の地域住民たちによって引かれた緩やかで隙間だらけの境界線は、人間味のない単なる共‐存在以上のものを提供しているとセネットは主張する。揺れ動く不連続性、差異、方向感覚の喪失が、新しく、より政治的な方法で人々を結び付ける基盤となり得るのである。セネットは、都市のクリエイティブ経済に関する現在の議論に、地元、地域、そこで一緒に生活し働いている多様な人々というアイデアを持ち込んでいる。彼は、私たちに店やパブの内側はどのように見えるのか、そしてバーの裏側で働いているのがどんな人たちであるのか考えるよう促している。

それでは、芸術家やクリエイターたちが荒れ果てた地域や資源が不足している地域で生活や作品の展示と販売のためのスペースを探し、アートを支えるミニビジネスとしてバーやカフェを立ち上げ、地元の店の店主のような役割も果たしているとしたらどうだろうか？　人々は小さな店を開き、自分の作品やコレクションを招待客だけでなく通りすがりの一般の人々に売っている。人々は他の零細起業家たちとともに、表現豊かなストリートの生活に影響をもたらしている。これらの店は、舞台裏でのクリエイティブ活動とその公開との間の重要なインターフェースとして機能している。クリエイティブな展示空間、クラフトショップ、デザインの直売店、バー、カフェ、新商品発売記念パーティーの場所を兼ねる店舗という一般の人々向けの前線はすべて、クリエイティブ経済の中で働く人々にとって非常に価値のある空間である。おそらくこうした空間は、A・M・シモンが移民の店舗経営による「ポピュラー経済」と呼ぶものと結び付けて一緒に概念化できるだろう（Simone 2010）。こうしたニューカマーを、必ずしもジェントリフィケーションの担い手としてみなす必要はない。これらの人々はむしろコミュニティ活動家となり、地域政治におけるより広範な再生に寄与することができる。ドリーン・ヤコブやシャロン・ズーキンの報告を除いて、この分野の成長に関する最近の研究でこうした店舗経営の機能について考慮したものはあまりない（Jakob 2009; Zukin 2010=2013）。ヤコブは市が資金を提供し、ベルリン市内の荒廃した地域に若いクリエイターが店を構えることを可能にする新たな取り組みについて考察している。しかし、彼女は芸術家と地元の人々との関係についてはほとんど考えていない。その原因が、新しくオープンしたギャラリーと、その隣にあるインターネットカフェは区別されるべきだという、芸術の世界にありがちな少しばかり強い願望にあることは間違いない。とはいえ、クリエイティブ経済とともに働くあまりにも大勢の人々にとって、現実とは、ちょっとした店の経営者として二足の草鞋を履いて働いているということである。私自身の他の著書でも、バーやカフェを同時に経営している若者や、地元のカフェとギャラリーを同時に兼ねたスペースからキャリアスタートした人たちのことをいろいろと紹介している。[6] つまり、これはアート経済を都市の日常生活に再び埋め込む方法の一つであると提起できるだろう。このような都市環境の中でその他の人々が背景に消え去り、地元の色に同化しているようにしか見えないのは既存の説明の弱点である。さらに、前章で明らかにしたように、女性、特に学校や育児のために現在住んでいる街から離れられない母親たちは、この場合には、私たちが女性の「ポストフォーディズム的場所作り」と呼んだ戦略を地域のクリエイティブ経済を通して展開するのに最適な人々であると思われる（Colomb 2012）。

都市の自伝

セネットの最近の書籍の多くに自伝的な傾向が色濃く出ている。これは、彼が地域や社会階級についてより直接的に映し出した『リスペクト：不平等な世界の中で』に最も鮮明に表れ、そこでは、ソーシャルワーカーとして訓練を受けた母親と一緒にシカゴの公営住宅の一つカブリーニ団地で過ごした幼少期について書かれている（Sennett 2003）。セネットはこれらの個人的な省察を通し、クリエイティブ労働自体について、もしくは芸術的な仕事自体についてあまり大仰ではない方法で思考する術を提供しており、その思考術はインスピレーション、天才、才能、競争などの極めて個人化された概念に対抗するものとなっている。セネットがこうした考えに至ったのは、幼少期にクラシック音楽の研鑽を積んできたにもかかわらず、左手を怪我したせいで成功を収められる水準で楽器を演奏することができなくなり、目指していたキャリアを阻まれたことによる。幼いセネットは自分の夢をあきらめ、人生について考え直すことを余儀なくされた。この個人的な悲劇は芸術と演奏の関係に変化をもたらし、個々のパフォーマンスの輝きよりも技能《クラフト》の質が前面に立つことになった。合唱団やバレエ団の一員として生きていくことを自分自身に納得させなければならないという問題だ。[7] ここで重要なのは、作業自体を継続させることであって、音楽家はオーケストラのどの役割を担うかに関係なく、毎日何時間も練習する必要があるということだ。ダンサーの場合も同様である。それは、やりたい仕事を成功させるためには必要なことだ。その次に、満足と報酬が焦点になる。このように、「やりたい仕事を成功させる」技能として楽器をうまく演奏する技能に細心の注意を払うことによって、競争心が少なく大成功や大失敗のような観点からは定義されない、キャリアや仕事生活との別の関係を築くことが可能になる。クラフトのアプローチとは、職人が望み願うことを簡単には実行できない素材や楽器を扱い、つねに失敗に直面しながら作業し続けることを意味する。そこには絶え間ない奮闘があり、華々しい速度ではなく忍耐と遅さがあり、静寂と集中力のようなものがある。セネットはまた、このクラフトという観念を、ほとんどの人にとって手の届くところにあると考えている。クラフトとは、身近なものであると同時に抽象的な概念であり、それに携わる人に尊厳と自己価値を与えてくれるようなさまざまな活動を行うためのテンプレートである。クラフトは、現代資本主義の「時空間の圧縮」やあまりにも緊迫したリズムから個人を解き放ち、平穏や静寂の感覚を回復させてくれるものの、それは後ろ向きのノスタルジックで牧歌的な感覚ではない。それは派手ではないし、華々しく煌びやかなものでもないが、細部に注意を払い、試行錯誤の値打ちをともなう方法で仕事をする能力のことである。このような精神は、生まれ持った才能のように見えるものへの依存に対抗するものとみなすことができる。絶え間ない練習を行い、改善し、問題の解決策を見つけることには、とてもたくさんのやりがいがある。これは、クリエイティブ部門における仕事生活に関する、より謙虚で現実的な考えとなる。

「長期的思考《ノーロングターム》はだめ」

セネットは、私たちにフレキシブルな都市の目まぐるしさについて考えさせる。そこでパターン化された仕事生活はもはやオフィス中心ではなく、しばしばカフェやバーで行われるミーティングのようなあまり固定されたものではなくなっている。これらの地域の通りは、人々がもはやオフィスビルに身を隠すことがないためさらに賑やかな場所になっている。このような、場所を選ばない仕事というリチャード・フロリダの影響を受けた考えは、強烈なジェントリフィケーションと結び付けられるようになり、若者たちは新しく洒落たエリアにあるコーヒーショップでラップトップを開いて仕事をするようになった。母親と子ども、祖母と年配の女性、公園、あるいはプールや公共の図書館などの地元の施設に焦点を当てている都市のクリエイティブ経済のライターはほとんどいない。高齢者は、攻撃的な若者や乳母車を押す一〇代の若い母親と同様に視界から消えてしまったようだ。ジェントリフィケーションを批評する人々でさえ、このような差別的視覚を繰り返してしまうし、新しいクリエイティブ経済に関する都市社会学者や解説者のほとんどが、自分自身のビジネスを行っている一般の人々と話すために立ち止まろうとはしない。これらの地域に住む人々にはめったに焦点が当てられないが、日々の移動が、その労働の不規則さを暗示している。労働者階級が長期に渡って失業している地域（例えば、ベルリンのノイケルンやウェディング、グラスゴーのパトリック、ロンドンのブリクストンとフィンズベリーパーク）では、日中の通りは男性たちでごった返していることが多い。女性よりも男性の方が多いのは、おそらく女性が働いている可能性が高いからだ。こうした男性たちに加えて、失業中のクリエイターもますます出歩くようになっている。社会学者たちは、ミドルクラスの到来によってより高級なマーケット向けに古い空間が再利用されるようになり、元から住んでいた人々がさまざまなフィルタリングプロセスによって選別され、最悪の場合は追い出されてしまうという結果に焦点を当てる傾向がある。こうした傾向には、しばしば絶対的な必然性がともなわれている。しかし、もし新たなクリエイティブ経済に関する政策用語がこのように深く個人化された言葉で投げかけられることなく、その代わりに、芸術家やクリエイターが他の人々にとって価値のある方法で働くことができるのか、また差し迫った社会問題や都市問題に関わることができるのか、という問題に関心を向けていたならば、現在の自意識過剰な流行《ヒップネス》への関心と労働階級や都市での移民の普通の生活との間の距離は、これほど深刻にはならなかったはずである。[8] 労働者階級の文化とその制度はよりよく保護されただろうし、人種差別に抗するコミュニティ政策は、その地域の若者への機会に影響を与えていたにちがいない。実際に、新しいクリエイティブ労働者が仕事の合間にできることはたくさんあったはずだし、その中には無給のものや、長期的な見返りを得られるものもあったことだろう。セネットはこうしたことについて詳しく説明していないが、彼の文章には、ニューヨークで前の時代に起こった都市アクティヴィズムの波がいくらか織り込まれている。

セネットを現在の社会理論あるいは文化理論の潮流に組み込むことは難しい。彼の社会学の訓練は、伝統的なアメリカの社会心理学や精神分析と（マルクス主義以前の）組織社会学とを組み合わせたものである。彼はハンナ・アーレントの影響を受けており、あらゆるマルクス主義の伝統に精通している。さらにセネットは、アメリカの伝統的なプラグマティズムを支持している。だがこのことがまさに、セネットによる最近の業績での政治的想像力を制限しているのではないだろうか。クラフトが仕事の世界を変える力としてどのように受け入れられるかを正確に理解することは困難である。すでに芸術家やデザイナーとして働いている人は、セネットが素材や作品を扱うことの困難さや、試行錯誤の果てしないプロセスに注意を向けることを歓迎するかもしれない。しかし、出来高払いの賃金制度を採用していて、ある程度手を抜くことも必要となるフリーランスにとって、クラフトという忍耐が必要な労働は遠くにある理想のままであり続けるだろう。『それでも新資本主義についていくのか』では、セネットはそれほど多くフィールドを歩いていないが、彼は哀愁を帯びた口調で、永遠の友情を築いた一握りの調査対象者の仕事生活の劇的な変化について一連の説明または見取り図を提供している。アーサー・ミラーやデヴィッド・マメットのようなアメリカの偉大な劇作家が、登場人物である普通の男女に、仕事、組織、個人生活についてセネットのように反芻させたことを思い起こさないわけにはいかない。セネットは、バーのオーナーであるローズが、人生の半ばで仕事を投げ出し、広告業界に身を投じた後、一年後に懲りずに「トラウト・バー」に戻ってきたことを感動的に書いている。今日の新しいアメリカでは、関係が切断され「長く続かない」状態になっている。フレキシブルな資本主義は、はかなく無常な関係を生み出している。かつて男たちが仕事の後にパブに集まれていた時代、仕事自体は単調なものだったとしても自分たちの仕事や同僚の話を生涯に渡って語り続けることができた。しかし、このような語りの能力は、「チームワーク」としてつねに浅薄な親しみを示すことが要求されるようになると失われてしまう。セネットが言うように、「チームワークとは、表面的にふるまうグループ実践」（Sennett 1998=1999, p. 99）なのだ。新しいテクノロジーがどのように効率を生み出しているように見えたかについて、セネットは次のように書いている。「コンピュータによるパン作りは、製造現場でのバレエのような身体の動きを大きく変化させた。現在、パン職人は材料やパンの塊に直接触れることはない」。その結果、「労働へのアイデンティティの弱まり」と「愛着の欠如」が生まれ、「混乱と結び付け」られるようになった。そしてセネットは、制度がより強大だった時代と官僚主義の遺産を振り返りつつ、その時代の普通の人々にとって大きな強みの一つが「組織化された時間という贈り物」であったと主張している（Sennett 2006=2016, p. 36）。

芸術家、職人、母親、都市居住者

セネットは、クリエイティブ労働に広がる倫理と目まぐるしくフレキシブルな労働というより広範な環境に対抗するために、クラフトマンシップという考え方の復活を提案している。これは、クラフトの概念を大幅に拡張したものでもある。「クラフトマンシップは、熟練した肉体労働よりもはるかに広い範囲を埋めることができ、コンピュータープログラマーや医者、芸術家にも役立つ。例えば、子育てが熟練した技術として実践されれば、子育ての市民権も向上するのである」（Sennett 2008=2016, p. 9）。しかし、それは単にクラフトの価値を専門的な活動に拡大するという問題ではない。セネットは単調な仕事、平凡な仕事の価値を強調することによって、人間が頭脳と想像力を働かせることのできるはるかに刺激的な仕事とは対照的な、人間の基本的欲求を満たすためだけに行われる単純な反復労働――過酷な肉体労働が達成された時、あるいは他の誰かによって遂行された時にのみ可能となるような仕事――の超越を構想していたアーレントに異議申し立てを行っている。セネットは驚くほど平等主義的な精神で、この分断に異議を唱えている。しかし、彼の主張は正しいのだろうか？　確かにこの二つの労働は結び付き相互に依存し合い、高い集中力を必要とし、うまくいくことで快感や満足感を生み出している。ある種のポストフェミニズムの戦略のように、セネットの文章は家事、料理、育児を再認識させるものであり、何度か子育ての技能に言及している。とはいえ、最近ではしばしば母親も父親も家事と育児の両方を行うようになっているにもかかわらず、それでもそれらは女性の仕事とされたままである。フェミニストの立場からセネットの文章を読む時、家庭内の仕事について考えないわけにはいかない。家事や育児の目まぐるしさは、資本主義の時間関係の外側にあり（一九七〇年代のフェミニストが主張したように、もし家事や育児が市場原理に従い、対価を支払われなければならないとするなら、授乳時間のコストは法外なものになるだろう）、その空間はしばしば家庭や公園、スイミングプール、図書館、サッカー場といった地元の公共施設にある。「やりたい仕事を成功させる」というアイデアは感情的な満足と母親であることの、深いけれども見過ごされがちな喜びという形で表現される。一九七〇年代後半には、ジュリア・クリステヴァが「女の時間」について議論している（Kristeva 1981=1991）。ガヤトリ・スピヴァクを筆頭にそれについての多くの異論が引用されているが、子どもと家族の世話をするという第一の責任を通じて女性の人生に課されたさまざまな目まぐるしさという概念には価値がある（Spivak 1981=1990）。さらに私たちは、すべてではないにしても子どもたちの世話をする速度を上げることには多くの点で限界があると付け加えておくことができるだろう。靴や上着の着脱にかかる時間は、さまざまな有給プロジェクトをマルチタスクでこなす必要性とは容易に折り合いがつかない。しかし、本当に育児という「女の仕事」を格上げし、クラフトの領域に組み込むことができるのだろうか？　クラフトは、モノを扱い目の前の仕事に没頭する孤独な男性労働者のイメージと、あまりにも密接に結び付いたままである。そして、仕事がうまくいかない時に経験するかもしれないフラストレーションは、就学前の子どもたちと毎日同じことを繰り返すことへのフラストレーションや疲れとはまったくかけ離れたものである。

セネットがクラフトのアイデアで重要だと認識していることのいくつかは、間違いなく子どものしつけの中にも存在していると考えられる。どちらも加速した資本主義の時間関係の外に存在し、体と心を一つにまとめあげている。つまり、職人と同じように、つねに目を配り、途切れることのない集中力で子どもを扱わなければならない。ここにもまた即興性があり、母親たちの間、そして実際には女性たちの間で、世代を超えて知識や助言がしっかりと受け渡されている。では、これはどこにつながるのだろうか？　セネットのクラフトの概念は、母親業や育児による見返りを含んでいるのか？女性たちは、母親としてつねにフレキシブルな労働者であった。さらに女性たちは家庭や地域に密着し、非正規雇用や掛け持ち労働、不規則な労働時間の中で女性の友情と支援のネットワークに頼り、そうした支援やネットワークは「長期的思考はだめ」という倫理で満たされた精神論に立ち向かってきた。母親たちの語りもまた、まさにセネットが非常に細かく耳を傾けていた年配の男性労働者の語りと同じように活力を与え、社会的な紐帯を維持するものである。しかし、家事自体が有償労働の一部ではないため、今では影が薄くなり、もしくは置き去りにされてしまった伝統的な仕事と同様に考察することはできない。清掃やケア労働のような、母性に関連付けられた仕事への需要が高まっているかもしれないが、これらの仕事は現在、新しいサービス部門の一部となっている。こうした仕事は、労働市場に足場を築こうと必死な移民によって行われる低賃金労働であることが多い。高齢者の介護はある程度の見返りをもたらしてくれるかもしれないが、繰り返される掃除やケア労働は多くの場合、単調で疲れる仕事である。これは平等主義的なクラフト観の限界を示している。芸術家やクリエイティブ労働者が他の人たちと一緒に過ごし、自分のために働くことを喜びとするゆっくりとしたペースで働けるようにするために、目まぐるしい期待を格下げすることは良い結果をもたらすかもしれないが、家の掃除のような、まったくもってやりがいのない仕事を格上げすることははるかに難しいと分かる。

セネットが「資本主義の新しい文化」と呼んでいるものには、社会病理を減らす対抗的な効果がある。新しいクリエイティブ経済に関しては社会階層を復活させ、都市の文化経済の空間に住む若者をその地域や同じ空間で生計を立てている他者から切り離している。多くの場合これらのコミュニティは、非公式な経済もしくは正規のものではない経済（青果店、タクシー会社、インターネット店、小さなカフェ、安物の衣料品店など）が支配する、貧しく恵まれないものばかりだ。また、芸術家やクリエイターたちは、才能中心の経済の台頭を報じるさまざまなメディア業界にはびこる「クールさ」や「流行への関心《ヒップネス》」などの普及した言葉を通じて、自分たちの仕事が特別で唯一無二のものだと思い込まされている。したがって、このクリエイティブ労働はまた、困難な状況で生計を立てようとするごく普通の人々とは何の共通点もないと理解されている。細分化へと向かうこの倫理は、クリエイティブ労働をさらに脱政治化し、他のより平凡な仕事との明白なつながりからその労働を引き離し、複雑な「分断の実践」によって人々を分離し、新しい、より競争の激しい社会階層の生成を可能にする役割を担っている。同様に、そのような若者がよく住んでいる都市の、たいてい荒廃し、ゆえに比較的物価の安い地域でも、若者たちは他者から孤立し、その代わりに自分たちのパーティーネットワークやクラブシーンに頼っている。このような状況はすぐに理解できるが、避けられないものでもない。

これまでの章で論じてきたように、私たちが現在、美術学校の卒業生を、自らの才能を発揮するための「場所特有の」ショーケースとして以外、都市環境にほとんど関心を持たない非政治的・個人化された存在だと考えるようになったことは、「クール・ブリタニア」計画の下でニューレイバーによって行われた戦略が成功した証である。この分野の教育と訓練の提供を戦後期を通じて歴史的に支えてきたクリエイティブ経済と社会民主主義的かつラディカルな価値観との関係を断ち切ろうとする非常に断固とした戦略があった。これは、文化的でクリエイティブな訓練や専門知識を通じて、反人種差別主義、多文化主義、フェミニズム、反貧困の問題のようなラディカルな政治的視点としばしば結び付いていたかつてのミドルクラス層を、ネオリベラリズム的な語彙を挿入することで切り離そうとする試みであると理解することもできる。また都市に住む新しい世代は、旧世代の都市のアクティヴィズムの歴史から切り離されているか、その歴史には無関心であるように見える。[9] これを覆すことはできるのか？　まさにそれが問題なのだ。フェミニスト、反人種差別主義者、芸術家、クリエイターがそれほど遠くない過去に、さまざまな多くの形態の都市や地域の政治に生産的に関与してきたという歴史を再考することによって、「ネットワークの社交性」としての創造性や、自分自身のブランドの経営者である芸術家に関する誇大宣伝を一掃できる可能性はあるのだろうか？[10]　誇張や魅力や興奮を拒否する語彙の主張によってフロリダ流の陶酔感を中断させ、不完全雇用、クラフト、献身、公共の精神、社会的ケア、加速したクリエイティブ機械からの時間と空間の回復といった話題を持ち込むために、より批判的な視点が開発されなくてはならない。現代のネオリベラリズム的価値観は、教育を受けたミドルクラス層を再階層化する手段として文化やクリエイティブ部門における起業家活動の重要性を称賛しようと努めた結果、以前であれば「生涯の仕事」を提供できていた公共部門への依存からミドルクラス層が引き離されてしまったと言えるだろう。その一方で、たとえそれが人的資本の新しいレトリックの一部として過度な家族経済への依存に向かうとしても、快楽的あるいは自己表現的な仕事という考え方を通じて自分たちの特権が維持されているようにも見えている。これは、不安定で心もとなく大抵は低賃金である労働の領域に、前向きで刺激的な意味を注入することによって実現されている。アートや文化は長い間高い地位と名声を享受してきたため、魅力と才能の奨励によるさらなる強化は特に魅力的なものとなり、魂や精神、心といったいくつかの内なる資源から創造性を抽出することを通じた自己の規律化、つまり自己統治の様式となっている。セネットの著書の価値は、創造性を格下げし、クラフトを強調することである。同様に、都市の風景に関する彼の著書は、「フレキシブル・シティ」の内と外における新しいラディカリズムの可能性を示してくれる。

新たなクラフト愛好家たち

セネットは、本書の主要なテーゼの一つを補完し、拡張する一連のアイデアを提供してくれる。読者は私が、（幸福でクリエイティブな主体を生み出すことを目的とした強力な生政治の権力という文脈において）新しい労働体制に抵抗する能力を、一見すると個人化され内面化されているように見えるものの、それでも記憶や家族の歴史を通じて継承され体現されているものであると示唆したことを思い出すだろう。労働者階級の子ども、あるいは移民家庭の子どもは、両親の苦労とともに自分たちの子孫の生活を改善しようとする努力を受け継いでいる。この世代間の伝達は、複雑で予測不可能で象徴的な形で現れることが多い。クリエイティブ経済が発展し、イギリスの初等・中等・高等教育ではアート教育が行われるようになるにつれて、かつて労働者階級だった若者や現在はミドルクラスと推定される若者の側からの抵抗の表現が、サブカルチャーというよりもむしろ美的な形を取るようになった。つまり、それらはアートや、最近ではクラフトによって形作られているのである。セネットが提供するものはアメリカに限定されているとはいえ、「親文化」からの証言である。彼は歴史と継続期間が重要であると主張している。イギリスにおける現代のネオリベラリズムは、特に社会民主主義的政策の歴史や、イギリスの都市部やその他の場所での旧態依然とした自治体主義の価値の社会的忘却を促している。例えば、一九九八年の調査で私がインタビューした人たちを含む若い大学卒のファッションデザイナーたちが、ロンドンのラディカルな大ロンドン市議会《グレーターロンドンカウンシル》の後援の下、芸術家や他のクリエイターのために指定された住宅協会による補助金付きの新しく建設された職住一体型の住宅への応募資格を得たのはそれほど昔のことではない（McRobbie 1998）。このような協会が設立したのは、一九七〇年代半ばから一九八〇年代半ばにかけて都市のアクティヴィストがかなりの時間と政治的エネルギーを費やしてくれたおかげであるが、その時点で活動していた人々は疲れ果て、政治の流れは圧倒的に逆方向へと傾いてしまった。今日の芸術家やクラフト愛好家たちがこうした都市の歴史のようなものを調査するならば、アクティヴィストたちのアイデアを現代の議論になんとか取り戻すことができるかもしれない。セネットはまた、最近ではソーシャルワークの役割や都市の恵まれない若者のためのユースクラブや施設の重要性といった、アートや文化の世界には入る余地のない事項にも注目している。これらは、『リスペクト：不平等な世界の中で』（2003）と、少し後に刊行された『共に：儀礼・快楽・協働の政治』（2012）という少なくとも二つの著書において、セネットの重要なテーマとなっている。本書『クリエイティブであれ』を通じて、私は若いクリエイターたちに、近隣の人々と関わり以前のコミュニティ活動の歴史を再発見してほしいと訴えてきた。以前の活動は自己組織化された取り組みとして、しばしば組織運営者やその他の人々への資金提供や雇用へとつながり、今日の「社会的起業家」の先駆けとなっていた。とはいえセネットの歴史社会学は、その男性回答者の多くによる社会的保守主義に全面的に共感すると同時に、反対もしている。また「私たちの感情的経験の長期的側面」としての「性格」が、彼の著書『それでも新資本主義についていくのか』に登場するような偏狭で人種差別的な怒りを引き起こす可能性もあるのであれば、家族の記憶の世代間伝達が親から子へとどのように作用していくのかについて、私たちは間違いなく胸襟を開いて議論しなければならない（Sennett 1998, p. 10）。セネットがエンリコの息子リコについて語った最初の物語が明らかに示しているように、人間というのは、記憶を本質的にラディカルなものとして持ち続けることができない。父も息子も、さまざまな形で家父長的な白人イタリア系アメリカ人移民の保守主義の側面を身体化している。勤勉な用務員である父エンリコは「黒人に対して不寛容」であり、一方でセネットは、反福祉のスタンスを示していたことから息子のリコは「社会的寄生を嫌っている」と説明している（Sennett 1998=1999, p. 22）。このことから私は、家族の記憶に基づく「逃走線」が抵抗の可能性をもたらすというテーゼをさらに再検討するようになり、少なくともそのような可能性は偶発的なものであり、親文化への感情的愛着は容易に右派もしくは左派の生み出したものに傾くのだと認識せざるを得なくなった。繰り返しになるが、ダミアン・ハーストやトレイシー・エミンのような芸術家は、どちらも公的資金を受けた機関で教育されただけでなく、サッチャー元首相の精神を身につけこの偶発性という観念を遂行してみせた。ハーストやエミンは一緒の方向に進み、ラディカルで社会的な理想を持った一流の芸術家として登場することもできたはずだった。しかしそうなる代わりに、ハーストはグローバル資本主義を皮肉ってダイヤモンドをはめ込んだプラチナの頭蓋骨（「神の愛のために」）を作り、エミンは高額所得者としてイギリス政府に税金を払わなければならないことを嘆いている。右派あるいは左派へと移行する間にあるこれらの微妙な道筋は、現代資本主義下での生——絶え間ない争いがあり、一見するとラディカルで進歩的なイノベーションの力が、より保守的な目的のためにほとんど瞬時に取り込まれたり再利用されたりする——における強力な指標となっている。ボルタンスキーとシャペロが示すように、一九六〇年代半ば以降、資本主義は、最も手厳しい左派の批評家の一部やアートおよび文化の専門家集団から借りたアイデアを組み込み利益を得る方法を学んできた（Boltanski and Chiapello 2005 = 2013）。このように、つねに新しいものを追い求める姿勢は、現在の「アート&クラフツ運動」の急速な盛り上がりにもはっきりと見て取れる。こうしたミクロな企ては現代経済の片隅に位置しているにもかかわらず、それでも私たちは非常に多くの横断的な流れに気づくことができるし、この流れこそが、現在、マクロな構造の中にあるミクロな実践を示してくれる。また、この運動が目に付くようになってきた背景には、セネットがクラフトについての著書を出版して以降のいわゆる緊縮財政の時代に、新しいデジタル技術とソーシャルメディアによって、小規模労働や時には在宅勤務が重要な役割を果たすようになったこともある。[11] この章の締めくくりに、クラフト経済がセネットの構想から大きく逸脱し、その代わりに社会的企業やスタートアップ企業、あるいは「イノベーション」に対する飽くなき要求という新しい語彙に不可避的に包含されているように見えていることを指摘する一連の議論を展開し、クラフトとジェンダーに関連するいくつかの問題を簡単に取り上げ、その後で新しいビジネス環境の下でのクラフトについて取り上げることにする。

　クラフトシーンを貫いているのは強い世代意識である。新しいクラフト運動は二〇〇八年の経済危機（リーマン・ショック）以降に加速化した過去一〇年間の産物として出現し、多くの形態の電子商取引《eコマース》とともに拡大している。興味深いことに、クラフトの台頭に関する学術資料のほとんどは、フェミニストの社会学者、そしてフェミニストの歴史学者によるものである。後で説明するように、研究の対象となるクラフト愛好家はたいてい女性であり、しばしば「アマチュア」である。このこと自体が、セネットの取り上げている吹きガラスや石工の技術を伝える、作業台での高度なスキルを持った男性とはまったく違う存在があることを示している。女性のクラフト作業の多面的な側面には彩りある女性的な活動の痕跡を都市空間に浸透させる鮮やかな試みがあり、その多くは、キルト、編み物、レース編み、かぎ針編みなど、ともすれば見過ごされていた女性の家庭的な技術を意識的に再発見した一九七〇年代に遡る、かつてのフェミニストによるアート実践の書き直し、あるいは再発明なのである。しかし、これら女性的実践の両義的で政治的な価値についての指摘を強調するために公共の場で編み物をすることが都市のヒップスターの知名度を示すものとして初めて登場した時、それはまったくフェミニズム的な雰囲気のものではなかった。実際、ロンドンのショーディッチ地区（ロンドン中心部の東側ハックニー区にある地区で、再開発によるジェントリフィケーションが進んでいる）では、若い女性の多くは、ポストフェミニズムやポストモダン的な皮肉をまとい古風で家庭的な婦人会に所属していた。こうした身振りは、新旧フェミニズムの興味深い交わりを目撃しようとして多くのジャーナリストが押し寄せたことから、宣伝行為としてもうまく機能した。編み物サークルの台頭は、（第2章で言及した）ヒップスターに引き寄せられた若い女性たちがフェミニズムをまだ否定し、代わりに『ヴァイス』誌をスタイルの指針としていた過渡期を総括するものであった。そしてそのわずか二、三年後、フェミニズム活動の新しい波は、より肯定的で誇り高い再主張の姿勢をもたらし、フェミニズムという言葉をもう一度取り上げる意志を示し、忘却に委ねたり意図的に忘れたりするのではなく、まさにフェミニズムの歴史を参照することでそれを実現したのである。そのためラックマン（2013）やウォレス（2012）の最近の論稿に目を向けると、女性のクラフトという新しい現象についての洞察を得ることができる。ラックマンやウォレスの説明では、現在のクラフト経済に進歩的な性格を与える歴史的つながりに注意が向けられている。例えば、ジェンダー階層や女性の家事役割を示すものとして「アマチュア労働」が強調される。ラックマンは、一九世紀のアーツ&クラフツ運動の急進的な伝統との関連を明らかにするため、クラフトの復活における「（主に）女性の家事労働の再分節化」という主張を行っている（Luckman 2013, p. 249）。彼女は、デジタル文化によってクラフトがグローバルなバーチャル世界に再浮上していると主張する。実際、それは女性のスキルを再浮上させているだけでなく、女性の特別なものではない日常的なスキルをより広く明らかにしている。ウィリアム・モリスの「父権主義的社会主義」への一九七〇年代のフェミニストによる理解と批判を再び流通させることは、今日の女性のクラフトの位置付けに関する議論において有益な機能を果たす。さらにラックマンは、イギリスにおけるオリジナルのアーツ&クラフツ運動の中心であった「家庭生活の歓び」が今日の若い世代にとって本物らしさ《オーセンティシティ》の源としてみなされるようになり、このような家庭での活動こそがウォルマートに主導される現代資本主義の消費文化に対する代替手段を提供していることを今日の若者世代に思い起こさせる。同様に、ファッション業界がスリムな体系の女性だけを対象としていることに憤慨している女性たちにとって、家庭での服作りの魅力は、多様で個性的なスタイルを可能にすることにある。ラックマンは、家庭への回帰にともなうノスタルジアに的確に言及している。ラックマンの言うノスタルジアとは実際には新しいクラフトシーンよりも前にあったもので、例えば一九五〇年代の主婦の地位の皮肉めいた昇進に関連した、キャス・キッドソンのような家庭用品や台所用品を扱う気取らない素朴な製品を作る企業の成功やその商業的な表現のことである。ここには、男性が男性として生き、女性が女性として生きていた一九五〇年代の、一見分かりやすく複雑ではないフェミニズム以前の裕福な白人アメリカの時代への皮肉めいた憧れがある。実際、「ジェンダーの再因習化」は、クラフト作業とヒップスターへの展望の重要な部分に浸透している（Adkins 2002）。ベルリンのノイケルン、あるいはロンドンのホクストンにある本格的な「自家製」ベーカリー店のカウンターの後ろに立つ若い女性の「アットホームな」ギンガムチェックの衣装は、ある種のフェミニズムにとって常識《コモンセンス》とされている考えへの挑戦として、牧歌的で家庭的な女性らしさをよみがえらせる。同様に、サウスロンドンのペッカムのような、急速にジェントリフィケーションの進む地域には昔ながらの「ママ＆パパ」ストアが出現し、スーパーマーケットが台頭する以前の家族経営の時代を彷彿とさせている。[12] かと思えば、そのような小規模のものとは対照的に、新しいクラフト作業を行う女性芸術家側の戦略として、都市空間を流用し、カラフルで平和的な介入を通じて空間を装飾する様子も見られる。そうした介入には、街灯やベルリンにある一九世紀に造られた馬の噴水の形に合わせて編み物をしたり、駐輪中の自転車に編み物の車輪やハンドルバーを取り付けたりするようなものも含まれる。

ウォレスが指摘するように、ここではフェミニズムが臆することなく再主張されており、もしフェミニズムが再主張されていなければ軽蔑されていたであろう女性たちの活動に、グリーナム・コモンも強く言及している（Wallace 2012）。ウォレスも示しているように、このフェミニズム・クラフト運動の新しい波は、今日、世界中の街で行われているさまざまな反戦闘争の一環として平和の提唱を目的とした「糸爆弾」など、政治的アクティヴィズムの言葉を公然と取り入れている。ここでは公私それぞれの生活や闘争における女性の歴史と役割をフェミニストが積極的に再起動する一方で、クラフトは生計手段としてはあまり重視されていない。

しかしながら、小規模なオンラインビジネスやスタートアップ企業の成長にともなわれるより商業的に推進された多くの活動と切り離してクラフト作業を考えることはできない。したがって、すでに述べたように、ベルリンにおいてすら、貧しいエスニックマイノリティ出身の女性のスキルを開発し、そのスキルに基づいて生計を立てる方法を見つけようとする地域に根ざした社会事業が存在している。このような新しいクラフト志向の企業には、ミラノの高級ファッションハウスとの提携やコラボを希望するデザイン専攻の卒業生がおり、セレブリティの顧客に向けてこうした伝統工芸の独自性を売り込もうとしている。実際のところ、反資本主義をも含むさまざまな資本主義の形態が、互いに折り重なるように存在している。電子商取引やグローバル市場と密接に絡み合いながら最も商業面に焦点を当てているクラフト活動を、メンズウェアとメンズアクセサリーのファッションの分野に見出すことができるだろう。ここでは、ズーキンが最近の著書で論じているように、本物らしさの観念に重点が置かれている（Zukin 2010=2013）。これは、かつての製作技術を見つけ出し復活させることであり、遠く離れた場所、しばしば中西部でほとんど廃業してしまったが、例えば馬具の専門知識に基づいた高品質の革ベルトを製造している古くて無名の小規模製造業者を探し出すことである。あるいは、凍えるような気温にさらされる労働者が着ていたカナダグースのジャケット（ダウンとフェザーをさまざまな丈夫なテキスタイルで丁寧に作り上げたもの）のような、忘れられた古い高級服を、それらの唯一無二の「知る人ぞ知る」コレクターズアイテムとして流通させることを意味する（Burrell 2014）。特にメンズウェアでは、クラフトは「クラシック」商品の選択的な復刻を含めたリバイバルに熱狂している。古いものは、もはやこの分野では見られない高品質のクラフト技術と関連付けられているため、現代の大量生産商品、特に「ファストファッション」と比較して、過去の「お高くとまった高級感」に基づいて価値が蓄積されるのである。メンズウェアのトレンドを設定する環境でのこうしたクラフトの復活は、実際には新しいソーシャルメディアの空間、つまりブログ、インスタグラム、およびオンラインのスタイルマガジンの記事に基づき根拠としている。そしてそれらの情報は、サブカルチャー的流行のメンズウェアに精通している選ばれた読者に向けて発信されている。例えば、バンクーバーの小さな拠点から年四冊発行され、ロンドンのアート系スタイリストショップのショーウィンドウに並べられた雑誌『インベントリー』誌をクローズアップしてみると、そこには時代遅れになって久しいクラフトへの目利きの姿勢が描かれている。[13]ここでの商業的な可能性は、元来、ヴィンテージや中古品の、セレクトされているとはいえ広大な市場にあるのだが（www.covetique.com のようなオンラインの「中古」専門サイトや、www.therealreal.com/ と題した高級ヴィンテージビジネスによって加速されている）、このビジネスの洞察力はもっと先にまで及んでいるので、これらの旧態依然の企業の価値を主流のファッション企業または実際に新しい取り組みを始めようとしている未公開株式投資会社に知ってもらうことができる。この文脈において、クラフトはイノベーションの拠点になる。最近の最良の例は「シャイノラ」（「シャイノラ――アメリカ人はここで作られる」）というブランドである。シャイノラは、閉鎖される前はデトロイトに拠点を置いて小さな金属製品を製造していたが、近年、美術学校と共有され管理された古い建物で、時計、自転車、革製品を製造するクラフト工場として復活した。[14]これはおそらく、セネットが考察したように、クラフトのゆっくりとした静かで控えめなリズムが、目まぐるしく変化するファッションやライフスタイルの世界の中でニッチな場所を見つけた予想外の結果なのであろう。アップサイクリング（使用済みの製品や再生品を使い、元の製品よりも付加価値の高い製品を作り出すこと）、リサイクル、中古およびヴィンテージ品、あるいは『自転車による蒸留所ツアー：ポートランドの職人経済学』（2010年、チャールズ・ヘイ著）など――これらもまた、ソーシャルメディアとインスタグラムの魔力の影響下にある（Heying 2011）。社会的課題や環境への配慮とともに、多くの場合、社会的企業モデルの立ち上げに提供される支援に依存しながら、よくできたアイテムは最終的にショールームや百貨店に入り、既存のコレクションに「本物らしさ」を加えることになる。[15]

現在、さまざまな関心をともなう多くの参加者が、クラフトシーンの開発に取り組んでいる。離れたところでは未公開株式投資会社が投資の準備をしており、さらにLVMHのような巨大グローバル企業も、一見「インディーズ」のベンチャー企業に資金を提供したりすることを通じてアイデアやイノベーションの源と密接な関係を保ち、新興の若者市場に対する洞察力を得ようとしている。スーザン・ルックマンが主張するように、「プロとアマが混在した」メーカーはクリエイティブ経済の一部であり、インターネットの新しいビジネス文化を利用している。こうしたメーカーの見通しは一種の厳格なプロフェッショナリズムなのである（Luckman 2013）。とはいえクラフト作業には女性も含まれ、自宅で編み物をしながらEtsy.comや地元のクラフトショップ、ポップアップショップで少量のセーターを売りたいと考えている母親も多くいる。全体的に見て、私たちはクラフトのゆっくりさにある皮肉を見出すことができるだろう。というのもセネットは、ポストフォーディズム的資本主義の加速されたフレキシブルな時間に対抗するためにクラフトのゆっくりさという価値を際立たせていたが、ポストフォーディズムの特徴であるジャストインタイム体制による「本物らしさ」の源になりうるものとしてクラフトを発見してもいるからである（この兆候は、おそらく一〇年以上前にロンドン中心部の旗艦店であるトップショップの売店に古着が導入された時に現れていた）。

このことは、クラフト生産を思い出したという歴史的知識、さらには製品だけでなく生産プロセスの重要性を主張したセネットの全体的な貢献を無効にするものではない。現代の労働経済をよりよく理解するための歴史社会学の価値は、セネットによる貢献の決定的な特徴であり続けている。おそらくセネットは、「キャリア」というものに対して、私たちが全般的にあまりにも過剰な期待を抱いているというようなことも述べている。まるですべてがキャリアを頼っているかのように、自分自身の印としてあまりにも強くなりすぎているのである。パンを作るというルーティンワークが、コンピュータによるオーブンやパンの種類を選択する画面に置き換わって久しいが、セネットが調査したパン職人は、そのルーティンワークによって物語を創作し、やりとりするための時間と空間を得ていたのである。パソコンやラップトップが普及する際、勤めている会社がついていけず余剰人員となっ

ベルリンから来た青少年交流研究生。スポレート・クラフトワークショップにて。（写真：Monika Savier）

てしまったコンピュータープログラマーのように、パン職人たちは自分の仕事生活について耳を傾けてもらい、評価してもらえる状況の下で長々と話すことができた。職人たちの喪失感は、セネットを大いに悩ませる。社会性や相互性の時代の歴史や労働組合史を復活させようとするセネットの思考は、本書の目的ともうまく調和している。セネットの文章には、どの仕事がやりがいのない仕事であるのかはっきりしない部分が残っているが、彼の思考の流れは現在の仕事の組織化、名簿化、非正規化が仕事をやりがいのないものにさせているということを示唆している。セネットはこの点について世間知らずなわけではないけれども、どのようにすれば現代の低賃金あるいは報酬の低い仕事でより良い見返りを受けることができるのか、どのように労働者が組合を結成または加入することを奨励されるのか、そしてどのように従業員の権利がよりよく保護されるかという問題は彼の目的ではないし、私の本章での目的でもない。このような懸念を、パートタイムやフリーランスの従業員、あるいは個人事業者にまで広げるには、さらに別の種類の議論が必要だろう。しかし、私たちがはるかに社会化され公共に開かれた仕事という展望を見ることのできる場所はネオリベラリズム時代に魅力も地位も失ってしまったが、もしかするとどうしてもやらなければならない仕事の中に存在しているのかもしれない。これらの仕事は、荒廃した都市近郊の貧しい住宅に不遇な状況で暮らすことの多い、脆弱で恵まれない立場にある人々の生活を豊かにし、力を与えるのに役立つかもしれない仕事である。都市生活の基礎構造《ファブリック》を改善する際に必要な仕事が不足することはないし、十分な資源を備えた家族や若手のプロフェッショナルたちとともに、十分な人材を備えた社会事業の時代に戻る可能性が低いことにしぶしぶ同意するのならば、私たちは少なくとも、社会的企業の支援の下でクリエイティブ経済がこの方向に再定義されうる方法を探求するという選択肢を得られる。本書の結論で検討するこのような選択肢は、セネットの精神の下、新しい文化産業の目的としてのコミュニティ構築と社会的なケアという観念を主張する上で、何が賭け金となっているのかという議論への道を切り開くことになる。

結論

ヨーロッパの展望[1]

本書の結論部で新たな調査に乗り出すことには違和感をもたれるかもしれないが、イギリスの状況とそのクリエイティブ〈装置〉の先を思い描き、その二つが相互に関連する一連の批判的考察を提供したい。まず、欧州委員会が資金提供している二つのプロジェクトの観察から洞察を提供する。[2] 次に、より簡潔に、アメリカの経営大学院から輸入された多くのアイデアとともに、イギリスで脚光を浴びるようになった「社会的企業」について見ることで幕を引く。ここでひとつ質問がある。文化産業の枠内で、どのような別の形態の社会的企業を想像できるのだろうか。もちろん欧州委員会は、加盟国における若者の失業や恵まれない都市生活などの緊急の社会問題に取り組むためのプログラムに数十年に渡って資金を提供してきた。そうした点から、今よりも「統合された」ヨーロッパ市民を生み出すべく考案された多くの手段やツールキットの中で機能している統治性の様式や特質について、本格的な研究を行うことには価値がある。加盟国全体、そしてブリュッセル自体に、専任の専門家として雇用されている人々が何千人もいる。その多くが、ヨーロッパ中の大学システム全体でアカデミーの類似物を構成し、その任務として数十億ユーロに達する予算で「社会的課題」に専念するプログラムとイニシアチブを計画、考案、管理、実行している。これらの政府部門とともに成長してきた機関や組織が、「社会的かつ地域的なヨーロッパ」という特徴を示すのならば、特に緊縮財政と経済危機の時代にEU自体が要求する政治的方向性に従って、どのように自らを変革するかと問うのは当然である。結論部では、イギリスで「雇用創出計画」と呼ばれる二つの事例について言及するが、実際には名称以上の計画だった。以下で説明する二つのプロジェクトは、ソビエト連邦崩壊後のEUの拡大プロセスで優先された、若者の雇用を促進するための主要な取り組みの一部である。両プロジェクトにおいて、文化、芸術、メディアは一〇年前の同様の取り組みよりもはるかに重要な位置を占めていた。（その移行の時期は、デジタルメディアやソーシャルメディアや芸術活動が、雇用創出や単なる市民権、そして雇用適性計画に協力する人々のためのカリキュラムの一部として導入された頃に特定できる）。このような理由により、この取り組みの展開を労働改革の観点から追うことが重要になるのではないか。つまり、本書の関心をヨーロッパというより広い枠組みに拡大して芸術や創造性が（現在の大量失業と広範囲に渡る不完全雇用という文脈において）若者の雇用を創出すると同時に、雇用主または企業のコストを削減するという利点を持つ短期的なプロジェクトベース、またはフリーランスでの雇用を創出するためにどのように動員されているかを確認することである。そのような推測の通りであるとするなら、欧州委員会の複雑な制度的基盤の中に、「創造性」の助けを借りてキャリアアップや資格、年金の獲得が可能な仕事という考えからよりリスクが高く不安定《プレカリアス》なものへと、私たちの知っている仕事を微妙に変化させる方法がここにも見られるという議論が成り立つかもしれない。もちろん、現実はもっと複雑であり、以下に示す私自身の調査の結果は、欧州委員会の改革の手段としてのネオリベラリズムの影響がより具体的に組織レベルで感じられ、より争いの多いプロセスであることを示している。この変化によって最も影響を受けたのは実際にプログラムを提供する部署であった。長期的に見るならば、これらのプログラムは新しい「起業家精神にあふれた」大学のような、より大きく資金の潤沢な機関に飲み込まれるだけである。さしあたり、EUの定義する「文化経済」における仕事生活の特殊性やニュアンスを理解するために、将来的にはさらなる議論と分析を行っていくことを期待しておきたい。その一方で、いくつかのあまり目立たない展開に注意を向けることも有用であると思われる。例えば、さまざまな

EUプログラムの枠組みで実施された「行動する若者」イニシアチブの文脈において、社会民主主義の価値が徐々に低下し、より完全にネオリベラリズム化された取り組みに変化したことを指摘できる（Mitchell 2006）。二〇〇六年から二〇一二年にかけて実施された二、三のプロジェクトの全体像をざっと見ただけでも、ネオリベラリズムに向かう議論が始まっており、クリエイティブ〈装置〉の展開を通したヨーロッパの展望を見ることができる。これらのプログラムの公式文書には、起業家精神に関連する新しい語彙と社会民主主義の要素とを組み合わせた興味深い混淆が示されており、結果として、教育訓練プログラムが移行期にあることが判明した。古い枠組みは新しい枠組みと共存し、いくつかの共通点を見いだすことを強いられている。社会民主主義的価値観は、人員が配置されているという単純な理由のために多かれ少なかれ頑強な残滓としてその場にとどまっているが、個人事業、イノベーション、創造性の価値についての考えと結び付けられるようになった。古いものと新しいものとの互換性を高め、事実上人道的で平等主義的なものとし、ジェンダーや多文化主義、社会的不平等に関する問題を認識させる方法を見つけたのは、プロジェクト担当者の功績である。それゆえ、両方のプロジェクトが進行するにつれて、目に見える緊張も生じることとなった。全体を通して確認することができたのは社会的なものから文化的なものへの転換であり、これはメディア制作やクリエイティブ活動全般に加えて、若者による自己表現としての芸術に対する熱意を取り入れたものである。その結果、社会的要素はしばしば失われる危険にさらされ、重要な位置を保つために苦労を強いられることとなった。繰り返しになるが、このヨーロッパ型の統治体制内部における「文化」は、労働改革のおそらくある程度小さな、しかし重要な側面への導管として機能するように作られていた。以下で報告する二つのプロジェクトには、複数の行為者が関与している。すべての行為者がこうした新しい語彙を使う主体となり、そして新しい語彙の使用を各現場で実行することが求められていた。三〇代の若い専門家はこの移行に適応することができ、自分たちの実践において労働を根本的に変える方法を模索していたが、プログラム責任者や上級管理職であった六八年生まれの年配者たちは、「クリエイティブであれ」というこの新しい要求についてあからさまな抵抗感を示していた。[3] 各プログラムはベルリンとつながりがあったが、実際の活動場所はイタリアの、一つはシチリア島のパレルモ、もう一つはウンブリア州のスポレートであった（イギリスの提携組織はこれら特定のプロジェクトにいなかった）。どちらの取り組み[4]も、社会的企業またはＮＰＯによって実施および管理されていた。予算が減少し、共同出資の仕組みで高いコストを負担できる大規模組織、あるいは東欧で生まれた人件費の安い新しいＮＧＯとの間で新しい報酬をめぐる競争が激化していく中、それらの取り組みは評価基準《ベンチマーク》に支配され目標に向けてつき進み、業績といった新しいタイプの言語に対応しなければならなくなっていた。さらにそれらの取り組みは、加盟国全体で若者の失業率が高く、二〇〇八年のユーロ危機の発生で何倍にもふくれ上がったという背景の下で行われた。

パレルモのＳＴＥＰとスポレートのＰＩＡ／ＩＤＡ

クリエイティブな労働人口を訓練するための、つまりクリエイティブな〈装置〉を行使するための機関やインフラは多々ある。これまで本書では、美術学校と「クリエイティブな」大学の役割に注目してきたが、その特徴は実のところ、芸術、人文科学、社会科学を新たに変革するものである。また一方で、二つの小規模なヨーロッパのプロジェクトを検証することによって、社会的不平等に取り組み恵まれない立場の社会的集団に奉仕する政策を実施するために設立された専門的な非政府組織やボランティアの領域が、設立の目的に反してどのようにしてクリエイティブな個人事業主的精神の育成と同じプロセスに取り込まれているかを見極めることができる。そこで、以下ではEUが資金を提供している二つのプログラムを大まかに紹介する。このようなプロジェクトは通常、主に社会民主主義的な枠組みで考案され展開されているが、これらの活動のプロセスで見られるのは、より可視化された形でネオリベラルな計略へと徐々に取って代わられていく状態である（Mitchell 2006も参照のこと）。成果物や評価基準といった表現、そしてプロジェクトの仕上げには事業の成功の根拠として「感じのいい」幸せな物語を提供することへの期待が存在感を増していった。また、（プロジェクトを）反省し、白熱した議論を交わすための時間と場所を絞り出すことも行われた。実際にはどちらのプロジェクトも過渡期にあり予算が削減される中、最優良実施例《ベストプラクティス》という従来の考え方が広範な批判的議論を排除した評価指針へと変化していった。プロジェクト作業のスピードが速くなるということは、プロジェクト期間半ばには、主要な行為者がすでに自分たちの応募できる新しい「公募」を探し回っており、既存のプロジェクトが実際に終了する頃になると良い仕事をしたことを証明するのに不可欠な広報活動を行う報道機関向けのイベントを開催するだけの時間やエネルギーがほとんど残されていないことを意味していた。このような労働の増大、つまり仕事を成功させるためには時間がいくらあっても足りないという考えは、「リスク社会」（Beck 1992）内部で何らかの形で公的資金の提供を受けた社会的・文化的な仕事の特徴となっている。

「パレルモ・プロジェクト」[5]は、EUや、シチリア島のパレルモ市からの資金提供を受けた重要な事業であった。ベルリンを拠点とするNPOとコンサルタント会社が主導していたが、当時はブリュッセル、パレルモ、ブダペスト、モスクワなど東西ヨーロッパ全土にいくつかの支部があった。これらの事務所には、社会基金、第六・七次構想や、グルントヴィ、エラスムス、テンプス、レオナルドなど確立された構想のさまざまなプログラムに該当する欧州委員会の助成金申請という複雑な手続きを熟知した、優秀な社会科学者が揃っていた。この間、若者の市民権、多文化コミュニティの構築、難民の同化、反暴力への取り組み、自己啓発、カリキュラムの開発、そして（最も多かったのだが）移民やエスニックマイノリティなどの恵まれない立場にある人々を有意義に雇用させるための教育訓練構想に関する言葉には手をつけないままであった。パレルモの取り組みは（多少の中断はあったが）四年に渡って行われ、対象となったのは市内に住む無職あるいは非正規雇用の若者三〇～四〇人だ。[6]学士の学位保持者もいれば、学士と同等のディプロムを持っている者、まったく資格のない者もいた。これまでこのような若者たちにとって意味のある仕事といえば、社会福祉事業やコミュニティに関わる仕事や環境保護プログラム、あるいはホームレスや依存症問題など社会的に疎外された人々との仕事を指していたが、この注目すべきプロジェクトはより文化やメディアに焦点を当てたものへと発展していった。すでに歴史的にみても高い失業率と貧困を抱えていたパレルモの経済が、さらに高いレベルの若者の失業率に直面していたからである。[7]都市の政策担当者たちは、すでにサービス業の改革と拡大、観光経済の構築、そしてこの地域の名高い歴史や遺産、名だたる芸術施設や美術館を取り入れた新しい仕事の形を再発明することに取り組んでいた。[8]このような背景から、参加者はクリエイティブな実践に重点を置いたメディアやアートに関するさまざまな短期コースを受けられるようになった。このプロジェクトは、街の旧市街にある以前は教会だった場所を拠点としており、若者たちはここで音楽制作からパフォーマンスアート、写真から映画監督術まで、芸術や文化のほぼすべての分野に関わることができた。[9]しかしこれを最終的にどうやって収入につなげるかという問題が出てきた。南イタリアでは、卒業資格や中退証明書を持つことは、ギャラリーを併設していたとしてもカフェを開くこと以上の良い人生を意味していた。カフェ経営というのは、「子どもには自分の人生よりも成功してほしい」と願う親がやってきた小規模なビジネスだったからである。私はこのプロジェクトのアドバイザーとして、参加者だけでなく、教師やソーシャルワーカーなど地域の幅広い専門家に、イギリスでクリエイティブ経済の議論がどのように発展してきたかについていくつかの視点を与える役割を果たした。[10]私は、ヨーロッパにおいて議論されている「アルバイト」や不安定な労働に関する点も考慮に入れつつ、批判的かつ分析的な視点でこの役割を果たすことができた。第1章で紹介した「クラブから企業へ」という選択肢は、若者たちにとってあまり魅力的ではなかった。というのも若者たちが望んでいたのは、（劇場やオペラなどの）芸術管理部門における行政や自治体の文化部門でのフルタイムの仕事だったからである。このような仕事はほとんどなく、シチリアでは縁故や「マフィオソ《マフィア》」のファミリーネットワークですでにつながっている人に与えられることが多いと考えられていた。それならば、失業が蔓延している状況で収入を生み出すことができる何らかの文化プロジェクトを立ち上げるほうがいいのではないか？　第2章でのフロリダ批判を考えると多少の懸念はあったが、私は写真プロジェクトなどの地域のオーラルヒストリーの収集を提案した。このプロジェクトの価値は、世代を超えた対話を生み出すことにある。確かにキャッシュフローや貨幣価値は不確かなものではあるが、それでもわずかな収入を期待することはまったく非現実的なことではない。ここで紹介したプロジェクトや、ベルリンのＮＧＯが同時に行っているいくつかのプロジェクトでは、イギリスにおける類似した分野の最新動向を説明することが私の主だった役割であった。[11] イギリスとこれらのヨーロッパの制度との最大の違いは、イギリスでは失業した大人や若者のための教育訓練コースを提供する「提供者」に私営化が急速に浸透したこと（トレーナーは正式な資格をほとんど持っておらず、このような取り組みは、多かれ少なかれこの分野の全体的な脱専門化を示している）、受講しなかった場合には制裁措置をともなう、より明白に規律的なアプローチが導入されたことであった。[12] ロイック・ヴァカンは、アメリカとフランスの文脈で、これを「懲罰の急増」と呼んでいる（Wacquant 2009）。だが、パレルモとスポレートでの取り組みは、明らかに懲罰的なものではなかった。

この種のＥＵプロジェクトは何十年にも渡る社会民主主義の原則に支えられており、平等主義的で制裁のない雇用創出プログラムの良い例となっている。パレルモのケースでは、オーラルヒストリー、博物館や記録保管所との連携などのアイデアは軌道に乗るまでにかなり時間がかかったと思われるが、実際には経験豊富なプログラムの責任者が交換留学方式という、より迅速（で効果的）な戦略を考え出した。実は「相互交流訪問」という概念は、長年に渡ってＥＣの社会プログラムの基本となっており、加盟国間の文化をまたいだ対話に参加できる人々の個人的・経済的な利益を中心に据えている。交換留学はＥＵの同一性意識のまさに根幹を成している。プログラムの責任者が提案したこの考えは、ドイツのアンゲラ・メルケル首相が「労働力移動は不況に苦しむヨーロッパで雇用を創出するための重要な手段である」と発言し（広く報道され）たことと一致する。この交換留学の構想は、労働者の流動性に基づいた職業訓練や就職準備の一形態として機能しており、ＥＣの礎となっている。このパレルモのケースでは、教育訓練と学習の計画は単に仕事があるところに行くという問題ではなく、別の仕事や雇用環境から学習するプロセスであった。これらの若者たちはベルリンで最長半年の仕事に就くことができた。プロジェクトの責任者が何百時間もかけてホステルや旅行の予約を行い、有意義なインターンシップを手配するためにさらに時間をかけて、責任者自身が昼夜休みなしに彼女自身の知り合いに電話をかけ続けた。そのうち半数の人間が就労の機会にありつくことができ、このような計画の利点は、さまざまなネットワークやフェイスブックのページを通じて非公式に証明されている。ベルリンのクリエイティブ経済がどのように機能しているかを知った若者たちは、自分たちも同じような方法で仕事を見つけることができるのではないかという、より活動的な考えを持つようになった。もちろん文化的起業家精神といった言葉は、政府や政策立案者などから輸入されたものであり、芸術行政の仕事、あるいは単なる専門的活動（映画のセットや小道具のデザイナーなど）とみなされてきたものに押し付けられたものではあるが、こういった機会に参加した若者は小規模な文化活動における起業《アントレプレナーシップ》の現場を実際に体験することができた。ある若い女性はベルリンの舞台デザインのワークショップに参加し、別の女性はフェミニスト系書店で働き、別の女性は性に関する相談所の報道部門で働き、他の何人かはイベント管理の仕事をした。プログラムの責任者は、このような組織に直感的に「若者」を入れた。ほとんどの人間が交換留学後に帰国したが、中には残った者もいた。

これらのプロジェクトには実の所、「アクションリサーチ」のような要素はない。プロジェクト終了時には、「評価」を行い「将来の優れた取り組みのための教訓」を与えることが標準的な習慣となった。もう少し時間があったなら、老若男女を問わずプロジェクトチームの思考を牽引してきた、深く根付いた社会民主主義的な要素と、「成果物」や知識経済の競争や起業家精神、さらにはプロジェクト運営の新しいモデルなど、ECのさまざまな方面から本質的に現れてきた新しい考え方との力のバランスを見極めることが重要視されたことだろう。しかし対照的に、プロジェクトを遂行するチームは、自分ではどうすることもできない家庭内の問題に抑圧されていたり、単に仕事に就けないといった、恵まれない立場にある若い人を支援する方法を見つけようとするある種の理想主義に突き動かされていた。その教育は、個人の関心に訴え、少人数で新しい技術を学ぶことにかなり傾倒していた。また、個人的な成長を重視し、参加者がより自然に幅広い熱意を持つようになることを目指していた。（制裁的なアプローチがないのはおそらく、プログラムの対象者が「ユース」や「若者」、さらには「ティーンエイジャー」と呼ばれており、プロジェクト実施当時、このような言葉が少年少女の状態であることを意味し、支援や育成が必要だと考えられたことにもよるだろう。対してイギリスでは「ニート」――つまり学生でもなく、仕事にも就かず、専門的技能を学んでもいない若者たち、というような否定的な言葉が使われていた）。要するに、欧州社会基金（EU域内の経済・社会・地域的格差の是正と総体的な成長のための基金）の下では、年齢や経歴にかかわらずプログラムに登録された恵まれない立場にある人々は依然として丁寧に扱われており、それに対しイギリスでは、合衆国の「福祉依存から就労への移行」制度を連想させるようないわゆる「愛のむち」戦略の多くを輸入していた。それは、俗語での呼称（最も酷いのは「福祉の女王《ウェルフェア・クイーン》」）や、より頻繁に使われた「受給者」や「給付金請求者」のような、著しい敬意の欠如によって特徴付けられている

(Sennett 2003)。

プロジェクトを監督するのは三つのチームで、一つはパレルモにいる年配の職業訓練専門家チーム、もう一つはイタリアの他の地域からプロジェクトを現場レベルで運営するために集められた若い卒業生チーム、そしてその上には責任者と二、三人の上級EC専門家やアドバイザーチームがあり、チームの人々は皆、このようなプロジェクトに関わった経験を持っていた。これらのプロジェクト担当者たちすべてにとって、NGO活動の財政難によって既存の組織の存続はさらに難しくなっていたため、仕事の内容自体が変化していた。より軽く、より柔軟で、ネットワーク化された別の種類の構造を考えなければならないのは明らかだだが、ECのプログラムという官僚的な重荷の中でどのようにすれば良いのだろうか。結果的に、欧州委員会に報酬の請求書を提出し、人々が給与を支払われるためには複雑な勤務時間記録や支払い手続きの「後方支援」に膨大な時間を費やさなければならなかった。このプロジェクトの運営に最も深く関わった若い卒業生たちは、ロンドンやベルリンの新たなクリエイティブ経済圏で働く人たちとまったく同様に不安定な立場にあった。しかし、いずれの都市でも、低賃金ではあるが面白くやりがいのあるこういった仕事による稼ぎの少ない状況は、夜間アルバイトのような形で同種のプロジェクトに週二、三日携わることで補える見込みがあった（例えば、家賃の支払いを保証するために、一つの仕事を二、三日離れ、映画の撮影クルーに参加して現金を手にする、など）。しかし、パレルモでは稼ぎを補う可能性はなく、三つのチームはプロジェクト期間中、市内に補助金付きの宿泊施設があったにもかかわらず、各自の地元で家賃を払い続けていた。加えて、学生を指導し、学生と互いに知り合うための時間は、授業の準備時間と同様「労働時間」の管理表に数え入れられることはなく、さらに、時間外に学生とパブで集まることは大学の客員教員の契約時間としては計上されない。実の所、プロジェクト運営にかかる「やりたい仕事をする」ための実際のコストは全体の助成金で賄えなかった。より経験豊富な別の者は週一以下のペースで働いていたが、実際には監督、マネジメント、スケジュール管理については、特に問題が発生した場合にはフルタイムの仕事よりも時間のかかることが多かった。これらの人々は、週の残りは並行して他のプロジェクトに従事しており、それらは月に二、三日で事足りるものもあれば、フルタイムで配慮する必要が生じるものもあった。不況に襲われた欧州で見られたパターンと同様に、このプロジェクトの統括者の実際の給料は減額されていたが、一方で労働時間は限界まで増加していた。このことは社会的なプロジェクトの運営や助成金の申請が、ある種の愛に基づく労働となっていることを意味し、最初から共同資金を要求されている場合、例えば助成金の持ち主（この場合はＮＧＯ）が二〇％の資金を提供することで活動を下支えしなければならない場合は特にそうなっている。このようにして、幾重にも重なる雇用の創出が維持されていたのである。トップにいる者たちにとっては激しい競争の中で勝ち取った名誉ある契約だったが、実際には経済的見返りが持続しない。だが、能力の高い大卒者にとってはこの仕事がポートフォリオの一部である、つまりヨーロッパの大規模な助成金をもらえる仕事をした証拠として名誉あるものであり、履歴書にも良い影響を与えるものであると捉えられないこともない。手取りは少なかったが、次の仕事を探すには地位を手に入れることが必須であり、この活動の受益者である「若者」にとって、これは来るべき仕事の前触れとなり、福祉が事実上存在しないイタリアの状況においては「福祉依存から就労への移行」計画の一部である。大学や高等教育が親の仕事に比べてより安全でより標準的な専門職を保証することになるシチリアのミドルクラスや労働者階級の若者は、このプロジェクトにカルチャーショックを感じていた。実質的には、ほとんどの者が地元の州での仕事に憧れていた。若者たちは官僚や上級管理職になって給料や年金をもらうことを期待していたが、それは次第に現実的ではなくなりつつある。

二つ目のプロジェクトは「ＢＥＫＯＲＥ」[13]と名付けられていた。これはベルリンの職業紹介所《アルバイツアゲントゥアー》とともに欧州社会基金の助成を受けた労働移動プロジェクトであった。このプロジェクトでは、責任者はベルリン在住で非営利のスキル訓練機関に携わっており、この取り組みをもってオランダのヒルバーサム、マルタ、そしてウンブリア州のスポレートにある組織をパートナーとして参加させた。私自身はこのプロジェクトの中で、交流のためにウンブリアに滞在しているベルリンの人たちとミーティングをしたり、フィナーレのイベントで話をしたりとごく臨時的な役割を果たしていた。イタリアからの参加はウンブリア州に拠点を置くＮＧＯのリーダーが主導し管理していた。[14] これは、少なくともイギリス人の私にとっては異例のことだった。ドイツ風に仕事などの実際の成果よりも教育《アウスビルドゥング》に重点が置かれ、ベルリンの長期失業者グループ（合計一〇二名）は、マルタ、イタリアのウンブリア、オランダのヒルバーサムのいずれかに最長三か月間滞在し、ガストロノミー（料理法）、文化観光、芸術行政のいずれかの分野で質の高い職業体験プログラムを提供された（Briedis and Minks 2007も参照のこと）[15]。ウンブリア州を選んだグループには、ベルリン在住のチリ人の芸術家がおり、年に一度の高名なスポレート・フェスティバルの壁画プロジェクトに取り組む機会を得ていた。また、ウンブリア地方の芸術祭の一つに参加し、ベルリンのクラブに長く従事した経験を活かしてイベント運営の経験を積もうとしているロシア人の若い女性や、子連れのシングルマザーが一二人（計一九人のシングルマザーが参加していた）もいた。実際この取り組みの特徴は、シングルマザーたちに新たな文化的環境で集中的な教育訓練と支援を提供し、労働市場への参加の機会を与えることだった。また、予算の配分だけでなく宿舎やその子どもたちの保育園の手配など幾重にも折り重なった管理・会計が行われ、その時間と作業量は驚くほど多かった。パレルモのＳＴＥＰプロジェクトのように、ＰＩＡ／ＩＤＡの専門的な要素は、イギリスの「福祉依存から就労への移行」計画のどれよりも控えめであった（イギリスでは、欧州委員会が助成しているプロジェクトのパートナーとして提携するごく僅かな国内の任意団体を除けば、これらのプログラムに相当するものはほとんどない）。参加者は敬意をもって対等に扱われ、「給付金をもらっている」としてスティグマ化される感覚もなかった。チーム全体が異文化交流の精神にあふれ、メンターやトレーナーは友好的な熱意を持っていた。実際、スポレートの現場では何十人もの人々が関わり、ゲストをシャトルバスで送迎し、部屋を探し、タイムテーブルを作成していた。参加者たちはバスのルートや保育園の場所を把握したり、語学教室に行くための道を探したりしなければならなかった。次第に参加者たちは地域になじみ始めた。地元のカフェでコーヒーを飲む姿や、美しい丘陵の町を駆け足で通って壁画プロジェクトの拠点となっている図書館に向かう姿や、カステル・リタルディで毎年開催されるフェスティバルに参加する姿が見られるようになった。確かに、母親たちは、子どもが病気になり医者に診てもらわなければならない時などに、より骨の折れる経験をしていた。やはりこのような交換留学に参加する母親たちの直面する困難を通して、慣れ親しんだ場所における自由自在な文化経済の中で普通に働くことの難しさや、それが外国にあっては（たとえＥＵ圏内であっても）更に難しくなる可能性があることについても多くのことが分かる。同時に、このような大胆なプロジェクトの楽観的にすぎる特徴も警告しておくべきだろう。なぜ、エラスムス・プログラムのようなＥＣ交換留学の恩恵を受けるのはミドルクラスの学生だけなのだろうか。なぜシングルマザーは、「ネットワークの社交性」（Wittel 2001、および本書の第1章）という理由により、イベント運営のような新しい文化産業の仕事から程度の差はあれ排除されなければならないのか。加盟国中の何十万人もの学部生がこのような制度に参加し、異国の環境で多くの刺激を受け、さまざまな人生の機会を享受することができるのであれば、なぜこのような経験を失業中のシングルマザーなどの社会的弱者にも拡張しないのだろうか。イギリス人は、現在の経済危機が始まるより前であってもこのようなプロジェクトに耳を傾けることがなかったし、文字通り想像もできないのである。イギリスでは、大規模な社会民主主義的プロジェクトの価値を政治的に忘却したことによって、一〇年以上にも渡って給付金生活者を悪者にしており、そのため制裁のともなわない「給付」という考えは公的資源の無駄遣いとみなされている。結果として「納税者」（つまり雇用者）のさらなる負担にならないフルタイムの仕事でない限り、海外旅行や仕事の経験が個人にとって総合的な利益になるという主張に耳を傾ける人間はほとんどいないだろう。つまり、「再分配型福祉」には現在のところ根拠も支持もないのだ。

しかし、このプログラム自体への内部からの批判がなかったわけではない。ある資料では、ウンブリア州の責任者が、訪問者の配置されたイタリアの小規模企業とベルリンの中央オフィスとの間に誤解が生じている可能性を指摘していたが、原因は、不況に喘ぐイタリアでは対応できないドイツの高水準の福祉理念にあった（Beck 2013）。そのため、あたかもイタリアが仕事の紹介においてより受動的なパートナーや受け入れ国であるかのように捉えられ、その文化や経済の実態が十分に考慮されていないのではないかという議論を生じさせた。[16] そのため、「異文化間対話」の詳細な部分にいくつかの疑問が生じた。とはいえこのような内部での議論は、プログラム全体を運営する上での平等主義的な基盤の一部であった。ベルリンでの「フィナーレ」に参加したチリの女性芸術家は、定職に就いていないにもかかわらず多くのことを学び、その経験が豊かなものであったと語ってくれた。他の参加者は、プログラムの価値を喜んで保証してくれた。[17] 一方で、この事業の絶大な規模と、その成功に必要な労働時間は、日々の運営を監督する専門家に割り当てられた資金の水準をはるかに上回っていた。プロジェクトが終わりに近づくと、主催者は再び燃え尽きてしまった。熟練者はこのようなプロジェクト運営を続けていくことに疑念を抱いていたし、他方で若手は資金が枯渇するとすぐにプロジェクトを中止しなければならず、すでに新しい取り組みに従事していた。非営利団体のマルチタスク環境という厳しい経済状況と、次のプロジェクトへの移行が急務であることを考えると、成果と評価プロセスは何よりもまず脇に追いやられ忘れ去られてしまうものだった。

プロジェクトワークスはすべての人のためのものなのか？

欧州委員会の資金援助を受けた社会活動プログラムで起きた変化について、より広く解釈しようとする試みはほとんどなかった。例えばミッチェルは、グローバルな競争という文脈の中で、教育・青少年・スポーツ・文化総局の下、社会的結束や民主的市民の育成に関する考えがスキルに関する一層「実用的」で個人的な関心へと変わっていく様子を明快に説明している（Mitchell 2006）。ミッチェルはさらに、社会活動計画の成果として「批判的思考」を奨励する目標が放棄され、「多文化主義の精神」からも脱却しているように見えると指摘する。ミッチェルはその代わりに、私がすでに説明したような種類の多くのプログラムでは、「自治」に必要とされる能力を備えた「フレキシブルな労働者」の生産に焦点が当てられていると論じている。要するにこのことは、社会民主主義的な思考をネオリベラリズムの新しいイデオロギー、特に「再分配政策」の放棄へと置き換えるための地ならしをしているのだ。このプログラムを通じて失業者がイタリアで新しい技術を学び視野を広げるドイツ主導の交換留学制度を「再分配主義」とみなすことができるかもしれないが、再分配はイギリスの政策論議から失われて久しいものである。[18] ミッチェルによると、これら多くのプロジェクトでは新しいネオリベラルな基準を推進するとともに、社会民主主義的な原則のある種の共存（もしくは二〇〇三年のスチュアート・ホールの言葉を借りるならば「残滓」）があり、両イデオロギーは共存しているとはいえ、予算が削減され具体的な見返りが少ない（例えば、考える時間がないなど）ためにプロジェクト担当者にはますます長時間の作業が求められるようになるという障害を突破できるとしても、ネオリベラルな基準の方が優勢になっているという。ミッチェルの主張によると、全体的な焦点は、従業員がより柔軟になり「福祉主義の原則と責任を全般的に放棄する」ことで、労働市場の新たな要求に適応するための準備を行うことにあるそうだ（Mitchell 2006, p. 398）。特にミッチェルは、従業員がいかに大きな変化を被ってきたのかを示すために、生涯に渡る学習という観念を取り上げている。かつての従業員には「倫理的な人間性《パーソンフッド》と批判的思考」という感性を身につけるための支援が必要だったが（もちろん、そうした感性自体が自己規制の一形態でもあるのだが）、今では従業員は、要請に応じて要約した履歴書のようなものを提示できる能力に適合するスキルセットの獲得へと導かれている。前述したプロジェクトの場合でもそうだったが、ミッチェルは、担当者や教師などの現場レベルではそのような変化の導入に消極的だと指摘している。したがってミッチェルは、かつての語彙に依然として固執し続けている人々の側には回避と抵抗の気持ちがあると主張している。現場の人々の間に回避や抵抗が見られることは私たちの観察と一致しているが、しかし、現場の抵抗は新しい政策を実行せよという圧力が時間や予算の制限、そしてフラストレーションの面で現場の担当者を追い込んでいるという事実を無視するものではないし、そのこと自体が、年配の専門家が退職するよう圧力をかけられていると感じるようになるにつれてECのプロジェクト内部での世代や階層を超えた労働者の平等な関係の場が損なわれ、変容していくことを意味している。

要約すると、ここで私たちが見ている活動領域は、失業者や大いに努力しているのに仕事をみつけることのできない人々に対して、社会民主主義の考え方の原則に基づいた現場レベルでのより強い関与を維持しつづけているのである。これらの制度はまた、費用と時間がかかる上に、イギリスの多くの制度とは異なり「成果報酬」システムに基づいて考案されていないことから、再分配型福祉に深く関与していると考えられる。実際には、再分配のような言葉は、ヨーロッパの職業訓練の担当者の中でまったく知られてはいない。全体的にみて、パレルモとスポレート計画の内部でネオリベラリズム化のプロセスを進行させた方法は、失業者に対してスティグマを与えないアプローチという社会的価値を守ろうと取り組んできた行為者たちに高い代償を課すことになったし、平等の原則はそうした人々が参加者と接する際の人道的で差別のない方法を通じて行動に移された。「やりたい仕事をする」

ためには、きわめてつつましい給料で長時間働く必要があったため、こうしたことは健康と福祉の面にコストをかけることになってしまった。それに加えて、小さな組織は、そうした膨大な管理の負荷にコストをかけることができなかった。皮肉なことに、そして私がこれまで述べてきた労働改革の流れに沿ってここヨーロッパの現場で専門的な仕事を続けていくことのできる唯一の方法は、雇用モデルから脱却し、すべての人が多かれ少なかれフリーランスになることであったので、その結果、事業の管理自体が単発のプロジェクトベースで行われることが多くなった。映画やテレビのドキュメンタリー制作と同じように、一時的にチームが集まって社会的なプロジェクトを行い、プロジェクトが終了するとチームは解散してそれぞれの道を歩んでいく。この柔軟で合理的なネットワークは、この種の仕事を実行するための唯一の方法となり、商業部門では顧客ベースのモデルを反映させている。NPOに流れ込む資金は「プロジェクトとプロジェクトの間の」スタッフの費用を埋め合わせるのに十分ではなく、このようなことが続くにつれて専門知識や社会関係は失われてしまう（そして、活動に関わる人々、活動、予算表、契約書の作成、数年に渡る人員の出入り、オフィスの借り入れや場所の確保、インターンシップを確保するために動員される社会的ネットワークなどを追跡し分析するためには、本格的なアクターネットワーク理論のモデルが必要とされるだろうし、そうしたもののすべてがヒト、モノ、空間、イベントの袋詰めされた集合体を構成し、それらすべてが一緒になって「プロジェクト」を作り上げている）。要するに、ボランティアベースのNGOはほとんど存在できなくなっている。なぜなら、一つのプロジェクトと次のプロジェクトの間にかかるコストを肩代わりするリスクを負担できるのは、大学のような大規模でより資金繰りの良い機関か[19]、増加しつつある慈善事業ベースで活動する大企業しかないからだ。また、ある契約と次の契約の間に人々を引き留めておくためのリソースがないとするなら、その人たちはただ辞めていくか、「解雇される」ことになるだろう。そのため、厳格な懲罰をともなわない方法で行われ、取り組みの日常的な実践《プラクシス》の一環として遂行されている平等主義の原則に裏打ちされた前述したようなプロジェクトの提供は脅威にさらされ、消滅してしまう可能性もある。かくして、ＥＵ内で進行するネオリベラリズムの論理の内部で、小さなＮＧＯは単に「市場の失敗」という運命を辿ったことにされてしまう。というのも、フレキシビリティという革新的な様態をよりよく発展させた、ＮＧＯよりも大規模で競争力のある組織が前進し、資金提供団体にとって小さい組織よりも魅力的であることを総合的に証明しているからである。[20]この新たな現実は、最近になってエラスムス・プラスとして提示されるようになったＥＣの「ユース・イン・アクション」プログラムの運用にも見出せる。ずらりと並ぶ報告書には、この二つのプロジェクトに現れた思想がそのまま反映されている。『フォーカス・オン：ヨーロッパにおける若者の雇用：優れた実践プロジェクト』（2012）とタイトルを付けられた報告書の一つは、第2章が「情熱的な想像による活動」（Youth in Action 2012）とされていることから分かるように、ヨーロッパのさまざまなパートナーによる幅広い文化的でクリエイティブな活動についてまとめている。ＥＣの同じ部局からのさらに最近の報告書は『フォーカス・オン：若者と起業家精神：ヨーロッパの優れた実践プロジェクト』（2013）と題され、その中には第6章「映画を作り、映画会社を作る」（Youth in Action 2013）がある。けれども、そうした事業が今や大学制度の中で広がり集中していることが最も問題である。

社会的企業の物語——成果報酬なのか？

仮に、前述したNGOやシンクタンクの役員に、設立時に自分たちの活動をきちんとした事業計画に基づいた「ビジネス」であると捉えていたかどうか尋ねたとしても、強く否定されるだろう（Feher 2007を参照）。役員たちは社会的な役割を果たす組織を立ち上げるための機会があったと考えていたためである。成し遂げられた仕事は、フェミニズム、環境政治、都市政治や多文化主義をも含む、さまざまな社会活動とも結び付いていた。また、これらの人々が長年培ってきた専門的な知識や能力を生かせる分野での仕事を、地方自治体や市議会、国の行政機関や超国家機関が望んでいる状況もあった。そのような仕事をできる人は他にいなかった。学校や大学、社会福祉などの大規模な機関にはそうした教育訓練や市民活動を行うためのリソースがなかったので、特にEUが若者の行動や生涯学習プログラムを数多く運営する小規模な組織の必要性を認識するようになるにつれて、ボランティアの領域が重要な位置を占めるようになった。これらの活動は広がるだけでなく非常に大きくなり、その結果を受けて多くの「社会的企業」が誕生した。一方でこれは主にヨーロッパの「第三セクター」の話であり、このような組織は最初はイタリア、スペイン、ドイツ、オランダに縦横に散らばっていたが、最近ではハンガリー、ルーマニア、ブルガリア、スロベニア、マケドニア、ポーランドにまで広がっている。[21] そうした場所には、社会科学、政治学、経済学、地理学、都市学などの分野で高いスキルを得た卒業生が何代にも渡って引き寄せられてきた。すでに述べたように、これらは決定された社会政策を実行する学術団体とある種の並列関係を形成している。けれども、イギリスにおいてそれは、別の絵図を描いている。もちろん、同様の仕事を行うためのあらゆる種類の小さなボランティア組織があり、特にイギリス全土で交流事業に着手してさえいる。[22] それにもかかわらず、欧州委員会が資金提供しているイギリスの事業と、イギリスの連立政権やそれより前のニューレイバー政権に支持された事業との間には大きな隔たりがある。ここが肝心なところであるが、このような組織は、雇用創出と福祉削減の任務のための政治的優先事項に関して完全に対立している。この結論部分で、前述した計画との有意義な比較をイギリスの観点から行うために費す時間と紙幅はない。その代わりに本書全体では、イギリスの政治文化において「大きな社会」とそれにともなう社会的起業家の台頭をめぐって最近使われるようになった、非常に刺激的な語彙に焦点を当ててきたし、この取り組みは適切かつ重要であると考えている。これは第3章で述べたことの一部を取り上げることにもなるので時宜を得た内容となっている。読者の方も記憶していると思うが、私は第3章で、経済不況の時期に、連立政権はニューレイバー政権に比べてクリエイティブ経済にさほど期待していなかったと指摘している。クリエイティブ産業の方面がめずらしく隆盛しているにもかかわらず、こうした傾向は続いている。[23]

ダウリングとハービー（2014）による論文は、近年、「社会的なもの」という論点が連立政権によって好まれた用語で扱われていく方法と手段に注目している。実際、イギリスのトーリー（保守）党は、「国家を縮小」し、福祉のコストを大幅に削減し、人々がなんとか仕事をして生活保護をもらわなくなるよう誘導するネオリベラルなやり方を考案したいと願っているが、それと同時にこれらの解決不可能に見える社会問題を管理し監督するための、より利益追求型で競争力のある新たな方法を発明しようともしている。そうした事業の目玉の一つが、ダウリングとハービーによると「社会的投資モデル」というアイデアである。これは例えば、破壊行為や若者の犯罪のようなある種の「社会問題」として扱われるものが顕在化している地域で、多くの場合地元に根差した社会事業の立ち上げが必要とされることなどである。[24] 社会的企業は、小さな組織のために計画を立てるだろうし、その組織は社会的投資債権（SIB）の資金を得ることができるだろうし、その組織の人々は、従来は有給の専門家が行ってきた仕事（若者の成長を支援するためのユースワークや、助言活動など）のためにボランティアに協力を求めるかもしれない。それから、今までのところまだあいまいなままであるプロセスを通じて、そのような社会的企業が成果報酬で成功を収められるなら、さらなる財政支援を受けることができるだろう。

社会的企業という概念は、私営化されたり、まさに競争入札にかけられたりした業務を遂行するために設立された小規模で自己組織化された新しいビジネスによって、かつては公共部門内の専門的な業務の領域であったものを担わせることができるという、ある種のコンテナのような観念として出現した。実際に、社会的企業モデルは競争の導入を約束している。さまざまな書き手が示しているようにこうしたことの起源はニューレイバー時代にさかのぼり、クリエイティブ経済を提唱したのと同じアドバイザー（チャールズ・リードビーター）が先駆的に行ったというのは重要である。『社会的起業家の台頭』の著者であるリードビーターは、合衆国の経営大学院で大いに愛用されている英雄的な起業家像と、そのイメージを利用した社会善の考えとを結び付けたハイブリッドな政治言説を発明したことで評価されている（Leadbeater 1996）。しかし実際には、イギリスの社会的企業はさまざまな形態を取っているのだが、残念ながらこの結論部ではクリエイティブ経済の議論や、このような新興部門での仕事の経験に関する特徴を指摘する以上のことに割く余地はない。この点について私たちは、イギリス内閣府が発表した公式の定義に基づき、社会的企業とは「株主や所有者の利益を最大化する必要性によって駆動されるのではなく、たいていの場合はその組織の目的のために余剰金を事業やコミュニティに再投資する、主に社会的な目的をともなった事業」（UK Cabinet Office Social Enterprise Action Plan 2006）であるという簡単な事実について注意を喚起できる。イギリスでの現象として、このような社会的企業についての考え方は、コミュニティや地域における新たな社会的関与へと至る可能性のある道筋であり、「変化をもたらす」ことのできる英雄的でカリスマ的な人物のレトリックに常時つなぎ止められたビジネス志向の戦略を通じて国家を縮小する方法であるとみなされてきた。もしイギリス連立政権のプロジェクトとしてのネオリベラリズムを批判し続けるならば、私たちは社会事業という語彙の表層に浮かんだ、貧しく恵まれない立場の人々を管理する際に生じる不快な領域を指摘することができるだろう。この不快さは、ジーナ・ネフが詳細に説明している合衆国の経営大学院と「スタートアップ」モデルを輸入し、そのモデルをいわゆる「社会問題」に適用することを通じて実現されている（Neff 2012）。私自身も含めた多くの社会学者は、スタートアップや起業活動の成功に関する文献に登場し、つねに幸せな話を語る英雄的な人物たちが「変革者」としての装いの下、ピエール・ブルデューに「世界の悲惨」（Bourdieu 2000）と呼ばれた現実や日常生活を貶めることしかできない、と言うだろう。このことは、社会科学者のコミュニティと経営大学院のモデルとの間に、避けがたい衝突があることを示している。社会科学者は、それらの語彙が路上で実現された時に何が起こるかはともかくとして、その語彙に無礼さがコード化されていると見る（Sennett 2003）。確かに、イギリスのすべての社会的企業が、最終的に「社会的再生産の金融化」を目指すこの社会的投資モデルに同調しているわけではない（Dowling and Harvie 2014）。しかし、この分野の政策を思考する際の全体的な目的は、結果を可視化することで「ソーシャルワーク」を実現させることにある。これは、囚人の社会復帰の手伝いや、養護施設の子どもたちと遊ぶことなどを含みうる。全体的な脱専門化のプロセスは、新人やビジネスマンが公共部門での経験ではなく、他の業界での経験をもっていることによって歓迎される時に見出だされうる。[25] ダウリングとハービーが指摘するように、政府の観点からはこのようなプロジェクトが成功したか否かを測定する方法が重要な問題となる。そのため、さまざまな新しい手段やツールキットが生まれ、「成功例」が必要になる。ダウリングとハービーはそのようなプロジェクトの背後に金銭的な衝動があることについて論じるために、「社会的企業のためのシュワブ財団」の言葉を引用している――「大きな社会資本は、より広範な金融市場に匹敵するリスクとリターンの特性を備えた投資を行う」（Schwab Foundation による引用：Dowling and Harvie 2014）。

クリエイティブな経営大学院

ここまでの議論を踏まえて、イギリスが社会問題に取り組むために一見独創的だが明らかにネオリベラリズム的方法でますます文化的な手段を用いていくのに対して、欧州委員会はかなり不本意なまま現場レベルで追随している、という議論を行いたくなるかもしれない。あるいは、イギリスの政治言説の事例と比べて、欧州社会基金事業内の力の均衡がより強く社会民主主義の原則の重要性を保持し続けていると言えるかもしれない。この潮流は、前述した「ユース・イン・アクション」プログラムに最も顕著に表れている。このプログラムにおいて文化経済とクリエイティブ経済は、ヨーロッパ全体での若者の失業率が前例のないレベルに達している状況下で、クリエイティブな個人事業を奨励するために設計されている。そして私たちは、かつての巨大な「美術学校」の施設をともなった新しい大学を含むイギリスの大学部門が、この領域全体をますます支配しつつあるのと同様に、広範囲に及ぶヨーロッパの大学システムもまたそれに追随すると推測できるかもしれない。この一〇年間にイギリスで見られたのは、いわゆる「ニューエコノミー」に関して大学制度が中心舞台に踊り出ていることだ（Thrift 2001）。教育が、クリエイティブ〈装置〉を埋め込む重要な場であるという指摘は、本書全体をつうじて言及してきたことである（Banks and O'Connor 2009）。このような理由により、「クリエイティブな経営大学院」の存在とその周辺に生じる緊張感が、この本の最後を飾るのにふさわしい場所と言えるだろう。こうした考えは大学システムの縦横に広がる組織的な実践の集合体から成り立っていて、特に芸術、人文科学、社会科学の分野で共鳴している。まさに変革型プロジェクトが人的資本と個人事業主を通じて創造性の価値を最大化しようとする。この新しい社会モデルに適合する主体に期待されているのは、もはやビジネス環境より文化的な世界での機会や可能性に対して限りなく柔軟で俊敏な動きをすることである。これは、不安定なクリエイティブ経済のための新しい労働人口を生産する方法である。最もうまく機能している捕獲地点は、高学歴でありながら職にありつけないヨーロッパの若者（および東南アジアからの学生）が修士課程やその前段階のコースに参加しクリエイティブなシーンへと連れて行かれる場所である。これらのコースで学生たちは、グローバル経済における自分たちの構造的な位置を社会学的な方法で理解するための語彙を提供される。さらに、大学はカリキュラム設計という形で論争の場にもなっている。批判的マネジメント研究からクリエイティブ産業のためのビジネスモデルまで、そして社会イノベーション研究や労働のための新しい社会学からスタートアップのための準備学にいたるまでさまざまなカリキュラムがある。修士課程の学生は大学のシステムに戻ってからネットワークを広げ、履歴書を書き直し、インターンシップを探し、ブログを立ち上げ、やがて卓越したグローバルシティであるロンドンで仕事探しに明け暮れるようになるだろう。もちろん、他にもニューヨークのような主要都市はある。最も重要なのは、学生たちが自分自身の独自性と、将来の雇用主とプロジェクト管理者たちのテーブルに乗せる卓越したスキル一式を示すために、自分自身を差異化する方法を学ぶだろうということである。[26]私自身がこの「教育機関《ティーチング・マシン》」の内部に深く刻み込まれている。そして、私は毎週のように、巧妙に使っているさまざまな教育手段を正当化する方法を見つけなければならない。もし公式の目的が、新しい行動を創り出し、個人を鍛え上げ、その結果、学生たちに大量に降りかかってくるかもしれない経済的な不幸という石礫や矢から逃れて生き延びられるようにすることであるならば、それは実用主義と利己主義の問題である。このように相変わらず、幸せで充実した若いクリエイターが自分独自のひらめきあるアイデアによってビジネスの可能性を享受していることを想像させる公式の言説は、ビジネスの現場から締め出されているトレーナーや教師や学者や知識人などの行為者によって相殺され、おそらく弱体化させられる。そして、そのような教育の場は異論や討論のための新しい圏域となる。さらに若い世代との対話を通じて、さまざまな行為者にとっての社会的行動や抗議、そして「働くための福祉」ではなく「労働の中の福祉」に必要な新たな一連の権利や資格を追求するために必要な手段を見いだすことができる。

二〇〇一年に発表された先進的な論文で、ナイジェル・スリフトはこのクリエイティブな経営大学院モデルの背景として私たちが理解できることについて説明している（Thrift 2001）。ここでは「ロマンス」の精神の台頭についての分析を見出せるのだが、「ロマンス」の精神は新しいビジネスのスタイルを発展させ、その結果、スリフトが「新しい経済的形態」と呼ぶもの、つまり「ニューエコノミー」の創造や発明に不可欠な役割を果たすことになった。ビジネスに「情熱」を注ぐことは必須となり、この情熱は、経営大学院の環境全体に新しいエッセンスとして展開された「大衆的モチベーション」のようなものへと道を開いた。私たちは、仕事に喜びを見出させるためのこの種のイデオロギー的扇動について本書全体を通して言及してきたし、コレージュ・ド・フランスから登場し、そうした扇動への初期の診断者であるフーコーは一九八四年に亡くなる前の一〇年間に同様の診断を行っている。本書には仕事における幸福というテーマが繰り返し出てくるので、最後はこのテーマに立ち返るのがふさわしいだろう。スリフトは、小規模で機動力のある柔軟な起業家精神、ＩＣＴ、ベンチャーキャピタル、さらに必要なだけの情熱に基づいてニューエコノミー企業が台頭したと指摘している。スリフトが見ているように、この経営大学院でのアプローチの多くを支えている、若々しく／リラックスした／カリスマ的で／規範的なモードの教育法（ＴＥＤトークのジャンルによく見られるようなもの）は、「ビジネス上の必須事項についての文法」（Thrift 2001, p. 416）によって構成されている。その結果、これはいわゆる「新経営主義」の強引なテクノクラートにとって代わる、主に合衆国での新しい経営者層のマントラのようなものになった。「強引な官僚の手管は、「変化を起こせる人」という軽いタッチに取って代わられた」（Thrift 2001, p. 419）。そして、スリフトが続けているように、「どれほど効果的であろうがあるまいが、チームやプロジェクトが、今では創造性を生み出すために調整可能な主な手段であるとみなされていることは事実である」（Thrift 2001. p. 420）。スリフトは、やりがいある仕事をするという管理職のブランドは男性労働人口に大きく傾いていたことを認めつつ、それまでの殺風景なオフィス環境に自由奔放《ボヘミアン》な芸術家的価値観を注入する方法として、創造性がいかに魅力的であったかを示している。この「資本主義を実践する新しいスタイル」とは、第一にニューメディアの起業家、さまざまな新興ＩＣＴ、ベンチャーキャピタルの利用可能性、そしてシリコンバレーの浮き沈みを記録するための広大な報道機関やメディア回線を中心としたものであり、スリフトが見ているように「民主的あるいは美的なものでさえ、ある衝動を装ったエリートによる新しく容認された経済教義」（Thrift 2001. p. 428）なのである。本書を通じて、「ニューエコノミー」が文化や創造性の領域にまで拡大し、そこではやりがいある仕事の誘惑がより自然で快適な生息地となっているという議論が行われてきた。クリエイティブ〈装置〉は、クリエイティブのための経営大学院のゼミ室や階段教室で起動する。このように、頻繁にキャリアを中断され、どちらかというと保護されずに自主独立であるように見える仕事の世界に備え耐えるために、教育を受けた新しいミドルクラスの若者が「作られ」続けている。この不安定な世代、特にこの二〇年間のヨーロッパで育った人たちにとってその挑戦は、自分たち自身のために、そして一緒にいる他の人々にとっての社会的保護の新しい形を発明するために、若者たちの創造的で政治的な資源を利用することになるだろう。要するに、ヨーロッパや世界の若者にとって、温情のある社会的なものとして再構築された雇用創出が、来るべき時代の必須課題となるはずである。

監訳者あとがき

本書は、Angela McRobbie, *Be Creative: Making a Living in the New Culture Industries*, 2016, Polityの全文の邦訳である。原著の題名の直訳は『クリエイティブであれ：新しい文化産業で生計を立てる』であるが、邦訳版のサブタイトルは「新しい文化産業とジェンダー」とした。著者アンジェラ・マクロビーが日本で広く知られるようになったきっかけが「ポストフェミニズム」の再概念化であったこと、また、新しい文化産業であるクリエイティブ経済の下で働く女性労働者への関心が本書全体を貫く主要なテーマであったことが、「ジェンダー」という言葉を入れた理由である。

著者アンジェラ・マクロビーは現在、ロンドン大学ゴールドスミス校の名誉教授である。マクロビーは、スチュアート・ホールらが率いていた時代のバーミンガム大学現代文化研究センター（CCCS）の大学院に進学した後、早い時期からブリティッシュ・カルチュラル・スタディーズの旗手として活躍した。ゴールドスミス校を勇退後の現在は、コペントリー大学クリエイティブ文化研究所、そしてポストデジタル文化センターの客員教授として、ロンドンとベルリンを行き来しつつ、さらなる調査活動と著書の執筆に専念しているそうである。

二〇二二年には『フェミニズムとレジリエンスの政治』（田中東子・河野真太郎訳、青土社）が初の邦訳書として刊行され、同年九月に開催されたカルチュラル・スタディーズ学会の大会であるカルチュラル・タイフーン（成城大学）において、ベルリンからオンラインで基調講演を行ってくれた。その時の講演の様子は、学会の機関誌に掲載される予定になっている。

『フェミニズムとレジリエンスの政治』に続く二冊目の邦訳書となる本書において、マクロビーはその研究人生の初期から長く関心を寄せ続けてきた批判的ファッション研究、フェミニズム、クリエイティブ産業のグローバル化という三つの領域をつなぎ合わせ、文化とクリエイティブの分野にビジネスと経済の言葉が持ち込まれ、「クリエイティブであれ」と呼びかける声ばかりが大きくなる一方で、実際の労働の現場からは労働者の創造性と自律性が巧妙に消されていく時代をつぶさに描きだしている。

マクロビーは本書の冒頭で、カルチュラル・スタディーズの予想外の結果について言及している。ポピュラー文化や労働者階級文化における政治的抵抗と消費を通じた抵抗について批判的に学ぶためのものであったカリキュラムが、クリエイティブ産業がビジネスの主流になった現代社会においては最も創造性の高い教育訓練の道具と化し、いつしかクリエイティブ産業で巧みに生き延びるためのツールキットを提供する学問になってしまったというのである。特に大学教育の場は「産学連携」や「経済成長」に奉仕するよう改造されつつあり、また、変わりゆく社会的条件の下で、彼女の教え子たちは「クリエイティブであれ」という呼びかけに最も巧みに呼応し、アートやファッションや出版の現場で最も合理的に活躍できる主体として活躍するようになったという。

したがってマクロビーが本書で試みようとしたのは、「再帰的なカルチュラル・スタディーズ」とも言えるようなものである。これはベックやブルデューのような社会理論家によって取り組まれた「再帰的な社会学」に倣って、抵抗する可能性が消去されてしまうような権力の配列の下で、抵抗するための能力をどのように再創造できるのか、という困難な課題である。こうした課題に応えるためには、伝統的なマルクス主義の研究がほとんど顧みることのなかった文化や余暇の研究に取り組んできたカルチュラル・スタディーズによる日常生活における抵抗的実践の発見を、再び労働や仕事の領域へと再移植させる必要がある。なぜなら、かつて余暇やエンターテインメントの領域に特有のものであった文化を通じた抵抗的実践の産物が、現在ではビジネスの領域へと収奪され、「クリエイティブ」で「クール」な商品へと転化させられてしまったためである。また、かつて文化の領域にあった自律的で社会民主主義的な諸価値と結び付けられていた福祉・連帯・自由と平等への希求といったものも、現代の仕事の場ではすっかり失われてしまった。労働者はコミュニティや組織による支援を何一つ得られないまま、低賃金で保証のない「やりがいある仕事」の場で情熱をカツアゲされ（しかもその搾取的状況を耐え忍び）、自身の身に起こるあらゆる危機への対処を自己責任化されながら「リスク階級」への転落を回避するために足掻き続け、自分独自のロマンチックで他の人よりも幾分かマシな人生を手に入れるために努力し続けなくてはならない。

この困難な再創造への道を見出すために、マクロビーは本書の各章でさまざまな社会学的理論へと時に対決的にアプローチしていく。ぜひその足取りを一緒に辿ってみてほしい。

翻訳作業については、まず序章を田中、第1章・第3章・第4章を中條、第2章を中村、第5章・第6章を竹﨑、結論を竹﨑、中條、田中の三名で分担して下訳し、これをたたき台として訳者全員で全体を推敲した。その後で、監訳者である田中が全体の調整と文体の統一を行った。緻密な原著の内容を正確にお伝えできていれば幸いであるが、誤訳などのある場合その責は監訳者にある。

また、訳者のうちの一人がフランス在住であったこと、翻訳に着手した時期がちょうど新型コロナウィルス感染拡大の初期であったことから、打ち合わせのほとんどをズームで行い、データの共有にはグーグルドライブやメッセンジャーを用いた。時空間を圧縮できて効率性が得られる一方で、目まぐるしくせわしないものとなってしまったこのような翻訳作業もまた、新時代の創造性と「働き方」の一形態であるのかもしれない。

最後に、いくつかの御礼の言葉を述べておきたい。まずは、本書のドイツ語部分の訳出に貴重なご助言をいただいた隠岐-須賀麻衣さん（国士舘大学）に感謝申し上げる。そして、本書第4章（初出は「ポストフォーディズムのジェンダー：『やりがいある仕事』、『リスク階級』と『自分自身の人生』」『現代思想』二〇二〇年三月臨時増刊号所収）の改訳と再録に快く応じてくださった青土社と、担当編集者であった樫田祐一郎さんに感謝したい。また、花伝社の大澤茉実さんには作業に取り掛かった当初から最後まで、あらゆる面においてお世話になった。訳者それぞれの事情もあり作業進捗に濃淡もあった中で、辛抱強く、また前向きかつ丁寧に本書の刊行に向けてご尽力いただいた。訳者四人を代表して、心からの感謝を捧げたいと思う。

二〇二三年二月

田中東子

索引

あ行

か行

さ行

た行

な行

は行

ま行

や行

ら行

わ行

参考文献

Aage, T. and Belussi, F. (2008) From fashion to design: creative networks in industrial districts, *Innovation and Industry* 15 (5): 475-91.

Adkins, L. (2002) *Revisions: Gender and Sexuality in Late Modernity*, Open University Press, Buckinghamshire.

—— (1999) Community and economy: a retraditionalisation of gender, *Theory, Culture and Society* 16: 119-41.

Adkins, L. and Devers, M. (2014) Housework, wages, money, *Australian Feminist Studies* 29: 50-66.

Adorno, T. (1991) *The Culture Industry: Selected Essays on Mass Culture*, Routledge, London.

Adorno, T. and Horkheimer, M. (1976) *Dialectics of Enlightenment*, Herder and Herder, New York.〔徳永恂訳、『啓蒙の弁証法』、岩波書店、一九九〇年〕

Ahlfeldt, G. (2010) Blessing or curse: appreciation, amenities and resistance around Berlin 'Mediaspree', *Hamburg Contemporary Economic Discussions* 32.

Akomfrah, J. (2009) (dir) *Saturn Returnz*, Smoking Dog Films.

Arvidsson, A. and Malossi, G. (2010) Customer co-production from social factory to brand, D. Zwick and J. Cayla(eds) *Inside Marketing*, Oxford University Press, Oxford.

Arvidsson, A., Malossi, G. and Naro, S. (2011) Passionate work: labour conditions in Italian fashion, *Journal for Cultural Research* 14(3): 295-309, www.ricercaurbanamilano.com.

Auge, M. (1995) *Non Places: Introduction to an Anthropology of Supermodernity*, Verso, London.〔中川真知子訳、『非－場所：スーパーモダニティの人類学に向けて』、水声社、二〇一七年〕

Bader, I. and Scharenberg, A. (2010) The sound of Berlin: subculture and the global music industry, *International Journal of Urban and Regional Research* 34(1): 76-91.

Bandinelli, C. (2016) Social entrepreneurship: ambiguities within and beyond neoliberalism, PhD dissertation, Goldsmiths, University of London (forthcoming).

Banks, M. (2010) Craft labour and creative industries, *International Journal of Cultural Policy* 16(3): 305-22.

—— (2014) Being in the zone of cultural work, *Culture Unbound* 6: 241-62.

Banks M. and O'Connor J. (2009) After the creative industries, *International Journal of Cultural Policy* 15(4): 365-73.

Bauman, Z. (1990) *The Individualised Society*, Polity, Cambridge.〔沢井敦・菅野博史・鈴木智之訳、『個人化社会』、青弓社、二〇〇八年〕

—— (2000a) *Liquid Modernity*, Polity, Cambridge.〔森田典正訳、『リキッド・モダニティ：液状化する社会』、大月書店、二〇〇一年〕

—— (2000b) *The Individualized Society*, Polity, Cambridge.

Beck, U. (1992) *Risk Society: Towards a New Modernity*, Sage, London.〔東廉・伊藤美登里訳、『危険社会：新しい近代への道』、法政大学出版局、一九九八年〕

—— (2000) *The Brave New World of Work*, Polity, Cambridge.

—— (2013) *German Europe*, trans. Rodney Livingstone, Polity, Cambridge.〔島村賢一、『ユーロ消滅？：ドイツ化するヨーロッパへの警告』、岩波書店、二〇一三年〕

—— (2014) Transformation/Metamorphosis, Annual lecture delivered at the London School of Economics , February, London.

Becker, H. (1982) *Art Worlds*, University of California Press, Berkeley CA.〔後藤将之、『アート・ワールド』、慶応義塾大学出版会、二〇一六年〕

Benjamin, W. (2009) *One Way Street*, Penguin, London.〔細見和之、『この道、一方通行』、みすず書房、二〇一四年〕

Berardi, F. (2009) *The Soul at Work: From Alienation to Autonomy*, MIT Press, Boston.

Berlant, L (2010) *The Female Complaint*, Duke University Press, NC.

Bernt, M. and Holm, A. (2005) Exploring the substance and style of gentrification, in R. Atkinsonand G. Bridge(eds) *Gentrification in a Global Context*, Routledge, London.

Bernt, M. and Holm, A. (2009) Is it or is it not? The conceptualisation of gentrification and displacement and its political implications in the case of Berlin-Prenzlauer Berg, *The City* 13(2-3).

Bill, A. (2012) Blood, sweat and shears: happiness, creativity and fashion education, *Fashion Theory* 16(1): 49-66.

Biressi, A. (2013) The virtuous circle: social entrepreneurship and welfare programming, http://www.academia.edu/3999737/_The_virtuous_circle_social_entrepreneurship_and_welfare_programming_in_the_UK.

Birrell, I. (2014) Does Britain really need a ministry of culture? *Guardian*, 10 April.

Bodirsky, K. (2012) Culture for competitiveness: valuing diversity in EU-Europe and the 'creative city' of Berlin, *International Journal of Cultural Policy* 18(4): 455-73.

Boltanski, L. and Chiapello, E. (2005) *The New Spirit of Capitalism*, trans. G. Elliott, Verso, London.〔三浦直希・海老塚明・川野英二・白鳥義彦・須田文明・立見淳哉訳、『資本主義の新たな精神』（上・下）、ナカニシヤ出版、二〇一三年〕

Bott, E. (2009) Migrant British women producing selves through lapdancing, *Feminist Review*, 83(3): 32-41.

Bourdieu, P. (1984) *Distinction*, Routledge, London.〔石井洋二郎訳、『ディスタンクシオン：社会的判断力批判』（〈普及版〉 Ⅰ・Ⅱ）、藤原書店、二〇二〇年〕

—— (2000) *The Weight of the World*, Polity, Cambridge.〔新井文雄・櫻井陽一訳、『世界の悲惨』（Ⅰ・Ⅱ・Ⅲ）、藤原書店、二〇二〇年〕

—— (1993) *The Field of Cultural Production*. Blackwell, Oxford.

Braham, P. (1997) Fashion: unpacking a cultural production, P. Du Gay(ed.), *Production of Culture/Cultures of Production*, Sage, London, p.119.

Breward, C. and Gilbert, D. (2006) *Fashion's World Cities*, Berg, Oxford.

Briedis, K. and Minks, K-H. (2007) Generation Praktikum-Mythos oder Massenphaenomen? HIS:

Projectbericht Bundesministerium fuer Bildung und Forschung. Available at http://www.uni-bamberg.de/fi leadmin/uni/fakultaeten/ggeo_lehrstuehle/volkskunde/Dateien/organisatorisches/praktikum.job/Generation_Praktikum_HIS-Studie_April_2007.pdf.

Brown, W. A. (2011) Industrial relations in Britain under New Labour: a post-mortem, *Journal of Industrial Relations* 53(3): 402-13.

Burgen, S. (2012) Jobs, a social conscience and big profits: what's not to like about the world's biggest fashion store? *Guardian*, 18 August, p.27.

Burrell, Ian(2014) Canada goose: from arctic utility to urban chic. *Independent*, 11 October, http://www.independent.co.uk/life-style/fashion/features/canada-goose-from-arctic-utility-to-urban-chic-9780145.html.

Cabinet Office UK Government(2006) Social enterprise action plan. Available at http://webarchive.nationalarchives.gov.uk/20070108124358/http://cabinetoffice.gov.uk/third_sector/documents/social_enterprise/se_action_plan_%202006.pdf.

Calhoun, C. and Sennett, R.(eds) (2007) *Practising Culture*, Routledge, New York.

Campbell, C. (1987) *The Romantic Ethic and the Spirit of Modern Consumerism*, Blackwell, Oxford.

Cochrane, A. and Jonas, A. (1999) Reimagining Berlin as world city, national capital or ordinary place, *European Urban and Regional Studies* 6(2): 145-64.

Colebrook, C. (2002) *Understanding Deleuze*, Allen and Unwin, London.〔國分功一郎訳、『ジル・ドゥルーズ（シリーズ現代思想ガイドブック）』、青土社、二〇〇六年〕

Colomb, C. (2012) Pushing the urban frontier: temporary uses of space, city marketing and the creative discourses in 2000s Berlin, *Journal of Urban Affairs* 34(2): 131-52.

Cosse, E. (2008) The precarious go marching, *In the Middle of a Whirlpool* http://www.inthemiddleofawhirlpool.

Cuenca, A. L. (2012) Artistic labour, enclosure and the new economy, *After all 30*(Summer) http://www.afterall.org/journal/issue.30.

D'Ovidio, M. and Pradel, M. (2012) Social innovation and institutionalisation in the cognitive-cultural economy: two contrasting experiences from southern Europe, *Cities*, August 2012.

de Peuter, G. (2014) Beyond the model worker: surveying a creative precariat, *Culture Unbound* 6: 263-84.

Deleuze, G. (1987) *Negotiations*, University of Minnesota Press, St Paul's MN.

Department of Culture, Media and Sport (2001) Creative Industries Mapping Document, DCMS, London.

Department of Culture, Media and Sport (1998) Creative Industries Mapping Document, DCMS, London.

Donzelot, J. (1991) Pleasure in work, in G. Burchellet al. (eds) *The Foucault Effect: Studies in Governmentality*, Harvester Wheatsheaf, London, pp. 251-81.

Dowling, E. (2007) Producing the dining experience; measure, subjectivity and the affective worker, *Ephemera* 7 (1): 117-32.

Dowling, E. and Harvie, D. (2014) Harnessing the social: state, crisis and (big) society, *Sociology*

48(5): 869-86.
Du Gay, P. (1997) *Production of Culture/Cultures of Production*, Sage, London.
Emin, T. (2011) Tories are the only hope for the arts, *Guardian* 16 May, www.theguardian.com/culture/culture-cuts-blog/may/arts/emin .
European Commission (2006) KEA: The Economy of Culture in Europe, Report. Available at http://ec.europa.eu/culture/library/studies/cultural-economy_en.pdf.
—— (2012) Youth in Action Programme: Focus on Youth, Employment: European Good Practice Projects . Available at http://eacea.ec.europa.eu/youth/tools/documents/youth_employment_brochure_2012.pdf.
—— (2013) Youth in Action Programme: Focus on Young People and Entrepreneurship: European Good Practice Projects . Available at http://eacea.ec.europa.eu/youth/tools/documents/youth-entrepreneurship.pdf.
Evers, A. and Laville, J-L. (eds) (2004) *The Third Sector in Europe*, Edward Elgar, Sussex.〔内山哲朗・柳沢敏勝、『欧州サードセクター：歴史・理論・政策』、日本経済評論社、二〇〇七年〕
Exner, M. (2011) Fashion and the city: how the built environment mediates Berlin's rise as a fashion capital. *Master's thesis*. London School of Economics.
Feher, M. (2005) Self-appreciation: or, the aspirations of human capital *Public Culture* 21(1) 21-43.
—— (ed) (2007) *Non-Governmental Politics*, MIT Press, Cambridge MA.
Fielding, H. (1996) *Bridget Jones's Diary*, Picador, London.〔亀井よし子訳、『ブリジット・ジョーンズの日記』、KADOKAWA、二〇一五年〕
Florida, R. (2002) *The Rise of the Creative Class*, Basic Books, New York.〔井口典夫訳、『クリエイティブ資本論：新たな経済階級（クリエイティブクラス）の台頭』、ダイヤモンド社、二〇〇八年〕
Freygang, T. (2012) Bekore! http://www.life-online.de/publications/download
Foucault, M. (1980) *Power/Knowledge: Selected Interviews and Other Writings, 1972-77*, ed. C. Gordon, Harvester, Brighton.
—— (1988) Technologies of the Self: A Seminar with Michel Foucault, L. H. Martinet al. (eds) University of Massachusetts Press, Cambridge MA.〔田村俶・雲和子訳、『自己のテクノロジー：フーコー・セミナーの記録』、岩波書店、二〇〇四年〕
—— (2008) The Birth of Biopolitics: *Lectures at the Collège de France 1978-9*.〔慎改康之訳、『生政治の誕生：コレージュ・ド・フランス講義 1978 － 1979 年度』、筑摩書房、二〇〇八年〕
Gandini, A. (2014) *The Reputation Economy: Creative Labour and Freelance Networks*, PhD, University of Milan.
Garnham, N. (2005) From cultural to creative industries: an analysis of the implications of the 'creative industries' approach to arts and media policymaking in the United Kingdom, *International Journal of Cultural Policy* 11(1): 15-29.
Geyrhalter, Nikolaus (director) (2005). *Our Daily Bread*. Austria.

Gibson, K. (2002) Women, identity and activism in Asian and Pacific community economies, *Development: Journal of the Society of International Development* 45(1): 74-9.

Gibson-Graham, J. K. (2003) Enabling ethical economies: cooperativism and class, *Critical Sociology* 9(2): 123-61.

Giddens, A. (1991) *Modernity and Self-Identity: Self and Society in the Late Modern Age*, Polity, Cambridge.〔秋吉美都・安藤太郎・筒井淳也訳、『モダニティと自己アイデンティティ：後期近代における自己と社会』、筑摩書房、二〇二一年〕

Gilbert, D. (2011) World cities of fashion, in L. Weltersand A. Lillethun (eds), *The Fashion Reader*, Berg, Oxford, pp. 237-42.

Gill, R. (2007) *Technobohemians or the new Cybertariat? New media work in Amsterdam a decade after the web*, Institute of Network Cultures, Amsterdam.

Gillick, L. (2010) The Good of Work, in J. Arandaet al. (eds) *Are You Working too Much? Post-Fordism Precarity and the Labour of Art*, Strenberg Press, Berlin, pp. 60-73.

Gilroy, P. (1987) *There Ain't No Black in the Union Jack*, Routledge Classics, London.〔田中東子・山本敦久・井上弘貴、『ユニオンジャックに黒はない：人種と国民をめぐる文化政治』、月曜社、二〇一七年〕

Gregg, M. (2011) *Work's Intimacy*, Polity, Cambridge.

Gržinić, M. and Reitsamer, R. (eds) (2008) *New Feminism: Worlds of Feminism, Queer and Networking Conditions*, Locker Verlag, Vienna.

Hadjimichalis, C. (2006) The end of Third Italy as we knew it? *Antipode* 38 (1): 82-106.

Hall, S. (1988) *The Hard Road to Renewal: Thatcherism and the Crisis of the Left*, Verso, London.

—— (2003) New Labour's Double Shuffle, *Soundings*, 15: 10-14.

—— (2011) The Neoliberal Revolution, *Cultural Studies*, 25 (6): 705-28.

—— (2013) Common-sense Neoliberalism, *Soundings*, 55(13): 9-25.

Hall, S. et al. (1987) *Policing the Crisis: Mugging, the State and Law and Order*, Macmillan, London.

Hall, S. and Jacques, M. (1989) *New Times: The Changing Face of Politics in the 1990s*, Lawrence and Wishart, London.

Hall, S. and Jefferson, T. (eds) (1976) *Resistance through Rituals*, Hutchinson, London.

Hanspal, J. (2000) *Good character and dressing for success*. MA thesis, Goldsmiths College, London.

Hardt, M. (1999) Affective labour, *Boundary* 2 26 (2): 89-100.〔三輪聡訳、「情動に関わる労働」『思想』、岩波書店、一九九九年〕

Hardt, M. and Negri, T. (2000) *Empire*, University of Harvard Press, Boston.〔水嶋一憲・酒井隆史・浜邦彦・吉田俊実訳、『帝国：グローバル化の世界秩序とマルチチュードの可能性』、以文社、二〇〇三年〕

Hardt, M. and Negri, T. (2006) *Multitude, War and Democracy in the Age of Empire*, Penguin, London.〔幾島幸子・水島一憲・市田良彦訳、『マルチチュード：「帝国」時代の戦争と民主主義』、日本放送出版協会、二〇〇五年〕

Hardt, M. and Virno, P. (eds) (1996) *Radical Thought in Italy: A Potential Politics*, University of Minnesota, MN.

Hark, S. (2014) Vom Erfolg uberholt?: Feministische Ambivalenzen der Gegenwart, in D. Haenzi (ed.), *Konstellationen und Paradozien einer gesellschaftlichen Leitorientierung*, Leviathan, Sonderband, pp. 76-91.

Hauge, A. and Hracs, B. J. (2010) See the sound, hear the style: collaborative linkages between indie musicians and fashion designers in local scenes, *Industry and Innovation* 17(1): 113-29.

Hebdige, D. (1978) *Subculture: the Meaning of Style*, Methuen, London.〔山口淑子訳、『サブカルチャー：スタイルの意味するもの』、未來社、一九八六年〕

Hesmondhalgh, D. (2005) Media and cultural policy and public policy: the case of the British Labour Government, *International Journal of Cultural Policy* 11(1): 95-109.

—— (2010) Normativity and social justice in the analysis of creative labour, *Journal for Cultural Research* 14(3).

Hesmondhalgh, D. and Baker, S. (2011) *Creative Labour: Media Work in Three Cultural Industries*, Routledge, London.

Hesmondhalgh, D. et al. (2015) Were New Labour's cultural policies neoliberal? *International Journal of Cultural Policy* 21 (1): 97-114.

Hewison, R. (2011) Creative Britain: myth or monument? *Cultural Trends* 20 (3/4): 235-42.

Heying, Charles (2011) *Brew to Bikes: Portland's Artisan Economy*, Ooligan Press, Portland OR.

Hochschild, A. (1984) *The Managed Heart: The Commercialisation of Human Feeling*, University of California Press, Berkeley CA.〔石川准・室伏亜紀訳、『管理される心：感情が商品になるとき』、世界思想社、二〇〇〇年〕

Inman, P. (2013) Eurozone youth unemployment reaches record high of 24.4%, *Guardian*, Friday 29 November. Available at http://www.theguardian.com/business/2013/nov/29/eurozone-youth-unemployment-record-high-under-25s. Jakob, Doreen (2009). *Beyond Creative Production Networks: The Development of Intra-Metropolitan Creative Industry Clusters in Berlin and New York*, Rhombos, Berlin.

Kalandides, A. (2014) Report submitted on Berlin fashion micro-producers CREATe, AHRC, University of Glasgow, Scotland.

—— (2007) For a stricter use of the term gentrification, *Geographies* 13: 158-72.

Kepplova, Z. (2013) *The beat of cool capitalism: how Slovak club culture helped make the new middle class*, PhD, Central European University, Budapest.

Klein, N. (2000) *No Logo: Taking Aim at the Brand Bullies*, Picador, New York.〔松島聖子訳、『ブランドなんか、いらない：搾取で巨大化する大企業の非情』、はまの出版、二〇〇一年〕

Komurcu, O. (2015) *Postmigrant theatre and cultural diversity in the arts: race, precarity, and artistic labour in Berlin*, PhD, Goldsmiths, University of London.

Kosnick, K. (2012) Out on the scene: queer migrant clubbing and urban diversity, in G. Stahl (ed.) *Poor but Sexy: Reflections on Berlin Scenes*, Peter Lang, Frankfurt.

Kristeva, Julia (1981). Women's time, *Signs*, 7(1):13-35.〔棚沢直子・天野千穂子訳、『女の時間』、勁草書房、一九九一年（第七章所収）〕

Lane, C. and Probert, J. (2009) *National Capitalisms, Global Production Networks: Fashioning the*

Value Chain in the UK, US and Germany, Oxford University Press, Oxford.

Lange, B. (2012) Value creation in the creative economy: the case of electronic club music in Germany, *Journal of Economic Geography*, 82(2): 149-69.

Larner, W. and Molloy, H. (2009) Globalisation, the 'new' economy and working women: theorizing from the New Zealand fashion design industry, *Feminist Theory* 10: 35-59.

Lash, S. and Urry, J. (1994) *Economy of Signs and Spaces*, Sage, London.〔安達智史・中西眞知子・清水一彦ほか訳、『フローと再帰性の社会学：記号と空間の経済』、晃洋書房、二〇一八年〕

Lazzarato, M. (1999) Immaterial Labour, www.generationonline/lazzarato/immaterial labour.

—— (2012) *The Making of Indebted Man: An Essay on the Neoliberal Condition*, Semiotext(e) intervention series 13, Amsterdam.〔杉村昌昭訳、『借金人間製造工場：負債の政治経済学』、作品社、二〇一二年〕

Leadbeater, C. (1996) *The Rise of the Social Entrepreneur*, DEMOS, London.

—— (1999) *Living on Thin Air: The New Economy*, Viking, London.

Leadbeater, C. and Oakley, J. (1999) *The Independents: Britain's New Cultural Entrepreneurs*, Demos, London.

Lloyd, Richard (2006). *Neo-Bohemia: Art and Commerce in the Postindustrial City*, University of Chicago Press, Chicago.

Lorey, I. (2015) *State of Insecurity*, Verso, London.

Lowndes, S. (2003) *Social Sculpture: the Rise of the Glasgow Art Scene*, Luath Press, Scotland.

Luckman, S. (2013) The aura of the analogue in a digital age: women's crafts, creative markets, and home-based labour after Etsy, *Cultural Studies Review* 19(1): 249-70.

MacKay, J. (2014) Palermo is a laboratory for the precariat, *Open Democracy*, 15 October 2014. Available at https://www.opendemocracy.net/can-europe-make-it/jamie-mackay/palermo-is-laboratory-for-precariat.

McCarthy, T. (2011) Zara: the business of fast fashion, in L. Weltersand A. Lillethun(eds), *The Fashion Reader*, 2nd edn, Berg, Oxford.

McGuigan, J. (2005) Neo-liberalism, culture and policy, *International Journal of Cultural Policy* 11(3): 229-41.

—— (2010) Creative labour, cultural work and individualisation, *International Journal of Cultural Policy* 16(3): 323-35.

McRobbie, A. (1976) Working-class girls and the culture of femininity, in S. Halland T. Jefferson(eds), *Resistance through Rituals*, Hutchinson, London.

—— (1988) Settling accounts into subcultures, *Screen Technician*, 34: 37-41.

—— (1989) Second-hand dresses and the role of the rag market, in A. McRobbie(ed.), *Zoot Suits and Second Hand Dresses*, Macmillan, Basingstoke.

—— (1998) *British Fashion Design: Rag Trade or Image Industry?* Routledge, London.

—— (1999) *In the Culture Society: Art, Fashion and Popular Music*, Routledge, London.

—— (2002) From Holloway to Hollywood: happiness at work in the new cultural economy, in Paul

du Gayand Michael Pryke (eds), *Cultural Economy*, Sage, London.

—— (2004) Making a living in London's small-scale creative sector, in D. Powerand A. J. Scott (eds), *Culture Industries and the Production of Culture*, Routledge, New York.

—— (2008) *The Aftermath of Feminism: Gender, Culture and Social Change*, Sage, London.

McRobbie, A. and Thornton, S. (1995) Rethinking 'moral panic' for multimediated social worlds, *British Journal of Sociology* 46: 559-74.

Mayer, M. (2004) New lines of division in the new Berlin, in F. Ulfers, G. Lenzand, A. Dallman (eds), *Towards a New Metropolitanism: Reconstituting Public Culture, Urban Citizenship, and the Multicultural Imaginary in New York City and Berlin*, Universitätsverlag Winter, Heidelberg.

Melville, C. (2007) *'London Underground': the multicultural routes of London's dance music cultures*, PhD dissertation, Goldsmiths, University of London, London.

Merkel, A. (2007) Speech delivered to the European Parliament, Wednesday 17 January www. wikisource. https://en.wikisource.org/wiki/Angela_Merkel%27s_2007_Speech_to_the_European_Parliament

Mitchell, K. (2006) Neoliberal governmentality in the European Union: education, training, and technologies of citizenship, *Environment and Planning D: Society and Space* 24: 389-407.

Neff, G. (2012) *Venture Labour: Work and the Burden of Risk in Innovation Industries*, MIT Press, Cambridge MA.

Neff, G., Wissinger, E. and Zukin, S. (2005) Entrepreneurial labour and cultural production: 'cool' jobs in 'hot' places, *Social Semiotics* 15(3): 307-30.

NESTA(2008) Beyond the Creative Industries: Mapping The Creative Economy in the UK NESTA London (National Endowment for Science, Technology and the Arts).

Nixon, S. (1993) *Hard Looks*, UCL Press, London.

Oakley, K. (2004) Not so cool Britannia: the role of creative industries in economic development, *International Journal of Cultural Studies* 7 (1): 67 - 77.

—— (2006) From Bohemia to Britart: art students over 50 years, *Cultural Trends* 18 (4): 281-94

—— (2009) Include us out: economic development and social policy in the creative industries, *Cultural Trends* 15(4): 255-73.

—— (2011) In its own image: New Labour and the cultural workforce, *Cultural Trends* 20(3/4): 281-9.

Pasquinelli, M. (2010) Jenseits der ruinen der creativen stadt, *Skulpturenpark Berlin_Zentrum, KUNSTrePUBLIK*, Walther Konig, Köln, pp. 246-60.

Peck, J. (2005) Struggling with the creative class, *International Journal of Urban and Regional Research* 29: 740-70.

Peter, M. and Rose, N. (2008) *Governing the Present. Administering Economic, Social and Personal Life*, Polity, Cambridge.

Phizacklea, A. (1990) *Unpacking the Fashion Industry*, Routledge, London.

Pollert, A. (1981) *Girls, Wives, Factory Lives*, Macmillan, Basingstoke.

—— (1988) Dismantling flexibility, *Capital and Class* 12(34): 42-75.

Pratt, A. (2012) The cultural and creative industries: organisational and spatial challenges to their governance, *Die Erde* 143: 317-34.

Prime, S. and Exner, M. (2012) Kenne dein Geschaeftsmodell〔Sian Prime interviewed by Maria Exner〕, *Der Tagesspiegel*, 21 July.

Pul, H. (2011) *Resident experiences of encounters with tourists in BerlinKreuzberg*, Master's dissertation, University of Amsterdam.

Rancière, J. (2012) *Proletarian Nights: The Workers' Dream in Nineteenth Century France*, Verso, London.

Rantisi, N. (2006) How New York Stole Modern Fashion, C. Brewardand D. Gilbert (eds) *Fashion' s World Cities*, Berg, Oxford.

—— (2004) The designer in the city and the city in the designer, D. Power and A. J. Scott (eds) *The Cultural Industries and the Production of Culture*, Routledge, London.

Raunig, G. (2013) *Factories of Knowledge, Industries of Creativity*, MIT, Press, MA.

Rivière, J. (1928/86) Femininity as masquerade, in V. Burgin, J. Donaldand C. Kaplan (eds), *Formations of Fantasy*, Routledge, London.

Rodriguez, E. G. (2008) Sexual multitude and precariousness, in M. Gržinićand R. R. Reitsamer, pp. 31-40.

Rogoff, I. (2010) Turning in, www.e-fl ux.com?journal/turning.

Rose, N. (1996) The death of the social? Refiguring the territory of government, *Economy and Society*, 25(3): 327-56.

Rosler, M. (2011) Culture class; art creativity urbanism Part 111 e-flux25 May, http://www.e-fl ux.com/journal/culture-class-art-creativity-urbanism-part-III .

Ross, A. (2003) *No-Collar: the Humane Workplace and Its Hidden Costs*, Basic Books, New York.

Rubin, G. (1984) Thinking sex: notes for a radical theory of the politics of sexuality, in C. Vance(ed.), *Pleasure and Danger*, Routledge and Kegan Paul, New York.〔川口和也訳、「性を考える：セクシュアリティの政治に関するラディカルな理論のための覚書」『現代思想』25（6）、99～144頁、青土社、一九九七年〕

Rushton, R. (2001) Fashion Feature. *i-D*, February.

Sandberg, S. (2012) *Lean In: Women, Work and the Will to Lead*, Vintage, London.〔村井章子訳、『Lean In：女性、仕事、リーダーへの意欲』、日本経済新聞出版社、二〇一八年〕

Sassen, S. (1991) *The Global City*, Blackwell, Oxford.〔伊豫谷登士翁、大井由紀、高橋華生子訳、『グローバル・シティ：ニューヨーク・ロンドン・東京から世界を読む』、筑摩書房、二〇〇八年〕

—— (2002) Urban sociology for the 21st century, in G. Bridgesand S. Watson (eds), *The Blackwell City Reader*, Wiley-Blackwell, Oxford, pp. 476-94.

Savage, M. et al. (2013) A new model of social class? Findings from the BBC's Great British Class Survey Experiment, *Sociology*, 47(2): 219-50.

Savier, M. (2012) Italian Reply to Bekore. Unpublished Paper.

Schwanhaeuser, A. (2010) *Kosmonauten des Berliner underground: ethnografi e einer Berliner*

szene, Frankfurt.

Scott, A. J. (2000) *The Cultural Economy of Cities*. Sage, London.

Sennett, R. (1993) *The Conscience of the Eye: The Design and Social Life of Cities*, Sage, London.

—— (1998) *The Corrosion of Character: The Personal Consequences of Work in the New Capitalism*, W. W. Norton, New York. 〔斎藤秀正訳、『それでも新資本主義についていくか: アメリカ型経営と個人の衝突』、ダイヤモンド社、一九九九年〕

—— (2001) *The Flexible City*, www.richardsennett.com .

—— (2003) *Respect: The Formation of Character In a World of Inequality*, Penguin, London.

—— (2006) *The Culture of the New Capitalism*, Yale University Press, New Haven. 〔森田典正訳、『不安な経済／漂流する個人：新しい資本主義の労働・消費文化』、大月書店、二〇〇八年〕

—— (2008) *The Craftsman*, Penguin, London. 〔高橋勇夫訳、『クラフツマン：作ることは考えることである』、筑摩書房、二〇一六年〕

—— (2012) *Together: The Rituals, Pleasures and Politics of Co-operation*, Penguin, London.

Simone, A. M. (2010) A town on its knees? Economic experiments with post-colonial urban politics in Africa and Southeast Asia, *Theory, Culture and Society* 5 (27): 130-54.

Skeggs, B. (1997) *Formations of Class and Gender*, Routledge, London.

Smith, C. (1998) *Creative Britain*, Faber and Faber, London.

Spivak, Gayatri Chakravorty(1981) French feminism in an international frame, *Yale French Studies* 62: 154-84. 〔鈴木聡・大野雅子・鵜飼信光・片岡信訳、「国際的枠組みにおけるフランス・フェミニズム」『文化としての他者』第6章所収、紀伊国屋書店、一九九〇年〕

Springer, B. (2006) *Artful Transformations: Kunst als Medium Urbaner Aufwertung*, Kulturverlag Kadmos.

Stuber, J. (2013) Italiens grunder knupfen kontakte nach Berlin, *Berliner Morgenpost*, 12 November, p. 6.

Suleman, A. (2013) Andy Rogers profile the creative class, http://www.thebusinessoffashion.com/the-creative-class-andy-rogers-brand-director/.

Taylor, S. and Littleton, K. (2013) *Contemporary Identities of Cultural and Creative Work*, Ashgate, Kent.

Terranova, T. (2004) *Network Culture: Politics for the Information Age*, Pluto Press, London.

Thornton, S. (1996) *Club Cultures: Music, Media and Subcultural Capital*, Polity, Cambridge.

—— (2008) *Seven Days in the Art World*, Granta, London. 〔鈴木泰雄訳、『現代アートの舞台裏：5カ国6都市をめぐる7日間』、ランダムハウス講談社、二〇〇九年〕

—— (2014) 33 *Artists in 3 Acts*, Granta, London.

Thrift, N. (2001) It's the romance, not the finance, that makes the business worth pursuing: disclosing a new market culture, *Economy and Society* 30(4): 412-32.

Turanskyj, Tatjana(2010) (director). *Eine flexible Frau*, Germany.

Van Heur, B. (2009) From creative industries to critique: comparing policies in London and Berlin, in J. Eckardtand L. Nystrom (eds) *Culture and the City*, Berliner Wissenschaftsverlag.

Virno, P. (2005) *The Grammar of the Multitude*, Semiotexte Foreign Agents Series, New York .〔広瀬純訳、『マルチチュードの文法：現代的な生活形式を分析するために』、月曜社、二〇〇四年〕

Von Osten, M. and McRobbie, A. (2002) Atelier Europa Project, funded by German Culture Ministry, see www.AtelierEuropa/ von Osten and McRobbie.

Wacquant, L. (2009) *Punishing the Poor,* Duke University Press, North Carolina.

Walby, S. (1997) *Gender Transformations*, Routledge, London.

Wallace, J. (2012) Yarn bombing, knit graffiti and underground brigades: a study of craftivism and mobility, *Journal of Mobile Culture* 6 (3), online at http://wi.mobiities.ca/yarn-bombing.

Ward, J. (2004) Berlin, the virtual global city, *Journal of Visual Culture* 3 (2): 239-56.

Westwood, S. (1985) *All Day, Every Day: Factory and Family in the Making of Women's Lives*, University of Illinois Press, Urbana.

Willis, P. (1978) *Learning to Labour*, Saxon House, London.〔熊沢誠、山田潤訳、『ハマータウンの野郎ども：学校への反抗・労働への順応』、筑摩書房、一九八五年〕

—— (1990) *Common Culture: Symbolic Work at Play in the Everyday Culture of the Young*, Open University Press, Milton Keynes, Buckinghamshire.

Wilthagen, T. and Tros, F. (2004) The concept of flexicurity: a new approach to regulating employment and labour markets in Europe, *Transfer: European Review of Labour and Research* 10(2).

Wiseman, Frederick (2009) (director). *La Danse*, France/USA.

Wissinger, E. (2009) Modelling consumption: fashion modelling in contemporary society, *Journal of Consumer Culture* 9(2): 275-98.

—— (2007) Modelling a way of life: immaterial and affective labour in the fashion modelling industry, *Ephemera* 7(1): 250-69.

Wittel, A. (2001) Towards a network sociality, *Theory Culture and Society*18(6): 51-76.

Wood, Z. (2012) Zara profits up. *Guardian*, 14 June, p. 30.

Work Foundation (The) (2008) Staying ahead: the economic performance of the UK's creative industries, The Work Foundation, London.

Wowereit, K. (2008) *The Creative Industries Report*, Berlin.

Wu C-T. (2003) *Privatising Culture: Corporate Art Intervention Since the 1980s*, Verso, London.

Zukin, Sharon (2010) *Naked City: The Death and Life of Authentic Urban Places*, Oxford University Press, Oxford.〔内田奈芳美、真野洋介訳、『都市はなぜ魂を失ったか：ジェイコブズ後のニューヨーク論』、講談社、二〇一三年〕

註

序章　教育を通じた出会いとクリエイティブな経済

1. これは、リチャード・セネットの著書に敬意を表している映画監督と脚本家が、この映画公開後のインタビューで示唆していた微妙な点である。そこには、結婚やパートナーシップが難攻不落の経済単位の形に見える、あたらしい「ポストフェミニズム的」なやり方に対する身ぶりのようなものもある。結婚の解消は、福祉国家時代の離婚よりもはるかに大きな反響を呼んでいる。
2. オッティンガーのトレードマークである絵画的で明るいスカイブルーの使用は、『肖像画』と『マダム X』のような彼女の他のいくつかの映画にも大きな効果をもたらしている。『マダム X』においてその色は、前衛的な受け入れの地平線と、ゲイ／クィア志向の女性たちが自分たち自身の女性としてのセクシャリティを刺激的に感じながら、やがて世界に息づくようになった地平線を形成している。『しなやかな女性』はオマージュとして同じ仕掛けを展開し、レズビアン女性が出会うという身ぶりを含むだけでなく、いくつかの風景を灰色にすることで失意を区別している。
3. パオロ・ヴィルノ（2005）は、集合的な社会経済的事業の例としてミラノの女性向け書店をしばしば引用している。しかし、女性たちによる写真プロジェクトや、若い女性たちがカメラの操作のような特定のジェンダーに偏っていないスキルを学ぶためのワークショップといった、様々な形式の地元のコミュニティ組織から生まれた何千ものフェミニストによる事業については書くべき歴史がある。これらのラディカルな活動の歴史は、イギリスや西欧全体では 1970 年代半ばにまで遡ることができる。これらの非公式な歴史は、「失敗」や限られた期間の後に撤退してしまったという物語で満ちている。失敗や撤退は問題ではない。というのも、このような事業の多くは短命に終わっているが、そうであったとしても、失業や選択の限られた雇用形態に対抗するために集団で働こうとする試みに基づいて、重要な機能を果たしてきたからである。
4. このことは、大学内でも分裂的な影響を及ぼす可能性があり、旧来のエリート大学はこうした役割を軽視したり、権威のない隅に追いやってしまい、新しい大学では提供されるコースの（技術的／実践的／経営的な）性質とレベルに応じて目に見えない新たな階層が生まれている。
5. この問題はまた、クリエイティブな経済の概念を部門別の次元を含む構成要素へと細かく分けることを要請する。例えば、BBC のように組織化された国営テレビが部分的にグラスゴーやサルフォードに再配置されるなら、それぞれの都市に顕著なインパクトを与える。けれども、これは公共部門の企業である。ファッション部門

では、音楽部門同様、まったく異なっている。
6. エディ・スリマンによるイブ・サン・ローランのための「テディボーイ」のメンズウェアコレクションを参照のこと。https://www.theguardian.com/fashion/fashion-blog/2014/jan/20/hedi-slimane -saint-laurent
7. カルチュラル・スタディーズは、こうした教育学が増大していく唯一の現場ではない。「教育学的転回」や「理論的アクティヴィズム」もあり、欧州のプレカリテ運動の内部でともに育ち、アートや視覚文化の分野からより直接的に出現している（Rogoff 2010; Lorey 2015）。
8. 装置（dispositif）という言葉はしばしば、フーコーの文章とインタビューでも装置（apparatus）という語と交換可能である。より詳細な定義については本書の 69 頁を参照のこと。
9. 本書の執筆時点（2015 年 2 月 20 日）に、BBC は別のイギリスの政府機関と協力して、ケイト・モスをはじめとする著名人が、中古の服から自分の服を作るなど、クリエイティブな活動の楽しさを語る映像を流す「ゲット・クリエイティブ」キャンペーンを展開している。https://www.get-creative.com/ を参照のこと。
10. http://www.thewestminsterforum/fashion/Made-in-Britain を参照のこと。

第 1 章　「クラブ」から「企業」へ――加速化するクリエイティブ業界の下で衰退する政治文化について

1. これは、2000 年 9 月にチャンネル 4 主催で開催され、325 人が参加した文化起業家クラブの会合のゲストリストから抜粋したものである。
2. グローバル・シティとしてのロンドンについてはサッセン（1991）、都市部の文化経済学についてはスコット（2000）を参照されたい。
3. ここで「インディペンデント」とは、1980 年代半ばにポストパンク現象として、失業や政府による「企業文化」の支持を受けて誕生した、音楽やファッションなどの関連分野を中心とした小規模なミクロ経済のことを意味している。一般的に、これらのグループは、急進的、批判的、革新的で、ゆるやかな集合体であった。例えば、ファッションデュオのボディ・マップ、「インディーズ」レコード・レーベルのラフ・トレード、初期の『ザ・フェイス』誌などである。
4. 1998 年の DCMS マッピング文書によると、文化・コミュニケーション分野の雇用者数は 100 万人以上、2001 年の DCMS マッピング文書では 130 万人となっている。
5. 以前このテーマに関する論考で引用した『インディペンデント』紙でインタビューされていた美容師の言葉である。彼は、自分は「古典的な訓練を受けた」と語っていた（McRobbie 1999）。
6. このようなコメントは、現在文化領域で働くインフォーマントとのインタビューにも見られる。小規模な企業が、自分たちの知名度を上げるために、コストを下げて仕事を提供し、他の会社を圧倒していると何度も話してくれた。

7. 別のインフォーマントは現在、小さなテレビ制作会社を経営し、また別のインフォーマントはメディアコンサルタント会社を経営しつつ、週に2日は講師をしている。
8. レイヴカルチャーは、ダミアン・ハーストなどの芸術家の起業活動に大きな影響を与えたと言われている。
9. ゴールドスミス校の元修士課程の学生からの私信による。
10. 若い女性は、夫をもはや稼ぎ手としては頼れなくなったため、仕事や雇用を生涯の活動として考えるようになっている。
11. 文化・メディア・スポーツ大臣のクリス・スミスは、英国王立テレビ協会のパネル討論会（1999年2月）でこの業界で働く若い人たちは、「好きだからやっているんだ。自分が何をしているのか分かっているから」と私に語った。
12. 予想外なことだが、イギリスのファッションデザイナーを研究した結果、その本を手にしたファッション業界を志す若い卒業生が、私に助言を求めてくるようになった。
13. 文化起業家クラブ（2000年9月・10月・11月）はエリート大学の白人男性が多数を占めている。
14. この点は、ジェシュ・ハンスパル（2000）の「良い性格と成功のための服装」で明確に述べられている。
15. これは私の研究（McRobbie 1998）での結果である。
16. 上記の文化起業家クラブでは、時間契約のアートエージェントとして働く熟練の建築家、キュレーター／アドミニストレーターとして働く写真家、ウェブサイトの編集者として働くグラフィックデザイナーを紹介された。
17. 文化起業家クラブに参加した時も、研究者は私のみであった。同じく出席していたビジネスメンターやベンチャーキャピタリストとは異なり、私は自分の卒業生と「おしゃべり」をする以外の役割は見出せなかった。
18. 2000年のターナー賞候補には、ロンドン在住のドイツ人、オランダ人、日本人という英国人以外の芸術家3人が含まれており、そのうち2人はロンドンの芸術大学で学んでいる。実際、ヨーロッパや海外の学生が英国の芸術大学で学んだ後、英国よりも優れた支援を自国の政府から受けてクリエイティブ活動を行うというパターンが生まれている。それゆえ、オランダ、ベルギー、南アジアの新たなファッションデザイナーが注目されているわけである。

第2章　クリエイティブ労働のポリティクスを紐解く

1. 19の国の9000人以上の「ミレニアル世代」と呼ばれる若者たちが、厳しい金融危機が個人事業主の精神とクリエイティブに思考し行動する必要性を生み出したと報告している、2014年6月の「イニシアティブ・メディア・サーヴェイ」を参照のこと。www.initiativemediasurvey/2014

2. この新しい非公式な経済を組織化するための努力が迅速に行われている。例えば、イタリア大使館のドイツ・イタリア・スタートアップフォーラムの設立など。『ベルリナー・モルゲンポスト』紙2013年11月12日号は、ベルリンを拠点とするイタリア大使マッティア・コルベッタが「革新的な企業は、共通の未来のための新たなスタートを切ることができる」「イタリアの創業者たちがベルリンとの接触を確立させる」(Stuber 2013, p. 6) と述べたと報じている。
3. もちろんブルデューは、高等教育へのアクセスを開放することで労働者階級の若者たちの期待が高まったことについて幾度となくコメントしているが、それはそのような若者が、現在ではより高学歴になりながらも失業者層の一部であることを認識させ、失望させるだけであった (Bourdieu 1984)。
4. 過去数十年におけるイギリスのブラックミュージックの「ルーツとルート」もまた、この種のナラティブを通して読むことが可能である。Melville 2005を参照のこと。
5. 1970年代後半から1990年代初頭にかけて、恵まれない社会背景を持つ、アート志向の退学者に普及していた地方自治体の倫理観の違いを考えることで、逃走線上で作用する制度的な権力の性質の変化を説明できるだろう。コースにアクセスして従来の資格を取るという要件を満たせずくじけていた退学者に、完全にミドルクラスのものであった美術教育機関への直接のルートが提供された。この非標準的な入学経路は、ジャーヴィス・コッカーのように、後に有名な芸術家や音楽家になった数え切れないほどの若者を助けた。しかし、相当な額の融資に基づく学費の導入や、「アクセス」をめぐる言説の事実上の消滅によって、これらの平等化への道は存在しないものとなってしまった。
6. 「BECTU」とは、放送・エンターテイメント・映画・演劇組合のこと。
7. この変化のより完全な分析は、DCMSのクリス・スミス大臣が主導するクリエイティブ産業についての単なる議論を超えて、貿易産業省やピーター・マンデルソンによって好まれた、労働組合の力を制限してその活動を孤立させることを目的とした様々な政策に目を向けることを意味するだろう。
8. 当時の低賃金や無給のインターンシップについて問題を提起しようとする動きは、人気がないことが判明した。2000年代初頭にDCMSで行われたラウンドテーブルセミナーへの私自身の参加によって、このことが事実であると証明できる。そのような機会に、DCMSの広報担当者は私に、私は「同情しすぎるリベラル」であり、若者たちは「沈むか泳ぐか」を学ばなければならないと語った。
9. 典型的なヒップスターの風景の一部であるとは言えない中堅ファッションチェーン店「J. クルー」のカウンターの奥にいた髭を生やした若い男性は、私の娘が履いている1960年代イタリアのヴィンテージ物のシューズを見て、「J. クルー」の在庫から何を買うかについてコメントする代わりに、街で最高のヴィンテージの仕入業者についての会話を娘と始めた。
10. ケプロヴァ (2013) は、社会主義後のスロバキアにおけるクラブ文化、レイブ、

パーティの研究に基づいて、類似した議論を行っている。
11. 例えば、ドイツのアンゲラ・メルケル首相は、2007年のEU会議で演説し、クリエイティブ経済を成長させるためのモデルとしてフロリダの研究に言及した（Merkel 2007）。
12. この点については、2012年7月のオリンピック開会式も手がけた、イギリスの有名な映画監督ダニー・ボイルが力説している。開会式全体を貫いていたナラティブは、国民健康保険などの国が出資する制度の社会的価値の強調であった。ボイル監督は、開会式に関するインタビューで、自身が労働者階級として育ったこと、無償教育のおかげで可能になった彼の成功したキャリアについて繰り返し言及した。
13. 2011年11月、ベルリンのローザ・ルクセンブルク財団で働いている人々のグループ（ダイリンケ党所属）がジェイミー・ペックを招き、300人ほどの聴衆に対して階段教室でフロリダに対する力強い批判の短いバージョンを披露してもらったところ、地元の報道機関で公式的に報道された。www.rosa-luxemburg-stiftung を参照のこと。
14. スチュアート・ホールの指導下にあった現代文化研究センターのこと。
15. バンクーバー発の『インヴェントリー・マガジン』誌を参照。
16. 例えば、『ロンドン・イブニング・スタンダード』紙が報じたように、2013年9月13日のロンドン・ファッションウィークでルイーズ・グレイは、「サブカルチャー」をトレードマークとする一流の若手デザイナーとして取り上げられていた。
17. 自覚的なヒップスター出版物である『ショアディッチ・トゥワト』誌は、倫理的・政治的責任という概念を一切避けることによって、この点を実証した。一方、『ロンドン・イブニング・スタンダード』紙は、住宅価格の急上昇と、それが住宅所有者と家主に同様にもたらした棚ぼた的利益を称え、その流行をリードした。
18. ジョン・アコムフラー監督による、ミックスレイスの音楽パフォーマー、作曲家、プロデューサーであるゴールディーについてのドキュメンタリー映画『サターン・リターンズ』（Smoking Dog Films 2009）を参照。
19. もちろんポール・ウィリスは、労働について考察した唯一のCCCSの書き手であるが、しかし彼の研究の焦点は、「野郎ども」が卒業して工場に就職する準備をする時に待ち受けている産業労働者階級の仕事の少なさにあった（Willis 1978）。

第3章　人的資本としての芸術家——ニューレイバー／「新しい労働」、クリエイティブ経済、アート業界

1. 旧文化・メディア・スポーツ省のこと。
2. イアン・ビレルによる『ガーディアン』紙への寄稿（2014年4月10日、DCMS大臣の辞任を受けて http://www.theguardian.com）で問うている。「イギリスには本当に文化省が必要なのだろうか？（……）省そのものがほとんど形骸化している。当省は昨年、人件費を削減され、独自の省から国家財政委員会のワンフロアへと追

いやられ、国税徴税員の横でこじんまりと座っている。」

3. 例えば『クリエイティブ産業を越えて：イギリスにおけるクリエイティブ経済のマッピング』(NESTA、2008 年 2 月)。また『インターナショナル・ジャーナル・オブ・カルチュラル・ポリシー』誌の特集号「クリエイティブ経済のその後」15 (4) (2009) も参照のこと。
4. クリス・スミス自身も 1998 年に『クリエイティブ・ブリテン』という本を執筆している（Smith 1998)。
5. McRobbie 2002 を参照のこと。
6. NESTA とは全米科学技術・芸術基金のこと。
7.『一歩先をレポート』（Work Foundation 2008）を参照のこと。
8.（グルベンキアン財団への報告書に基づく）本書は、古着市場や DIY 音楽制作などのテーマに関して、様々なカルチュラル・スタディーズの研究者たちが現在も継続的に行っている研究をもとに書かれている。
9.『新時代』（1989）は、『マルキシズム・トゥデイ』誌に掲載された一般向けの短い論考の初期版から生まれたもので、学術的ではなかったため、イギリスの新聞各社で報道された。実際は『マルキシズム・トゥデイ』誌はデモスや IPPR（公共政策研究所）と並ぶ一種のシンクタンクとして機能していた。
10. ドイツなどに代表される他の国々は「柔軟的失業者保障政策（フレキシキュリティ)」という概念によって、新たな脱産業経済への移行から生じる多くの政策に労働組合を参入させる方法を見つけた（Wilthagen and Tros 2004 を参照)。
11. スチュアート・ホールとのメールによる個人的な対話より、2012 年 6 月 12 日。
12. スールマン・アナヤがフレッドペリーのアンディ・ロジャーについて書いたプロフィール（2013 年 8 月 15 日）www.thebusinessoffashion.com/the-creative-class-andy-rogers-brand-director を参照。
13.「アートにとって唯一の希望はトーリー（保守）党である」、2011 年 5 月 16 日、www.theguardian.com/culture/culture-cuts-blog/may/arts-emin。
14. マイケル・クレイグ＝マーティン（元ゴールドスミス美術部長、ヤング・ブリティッシュ・アーティストの指導者)、現美術部長リチャード・ノーブル博士との対話より、2013 年 1 月 24 日、www.gold.ac.uk/YouAre/Alumni/goldlink magazine/24/01/13。
15. ビルの学生の一人は、「皆とんでもない時間働いてきた。（超過時間を）計算する気にもならない。そうやって生活し、食べ、寝る。正気の沙汰じゃないよ」と証言している（Bill 2012, p. 52)。
16. この強度はバンクスによって近年「ゾーンにいる」という言葉で定義されている（Banks 2014 参照)。
17. 共著の原稿を送ってくれたステファニー・テイラーに感謝したい。本章の読了時点ではページ番号が記載されていなかった。
18. これらの芸術家の多くは、スチュアート・ホールやカルチュラル・スタディーズ、

ポストコロニアル理論と繋がっている。例えば、McRobbie 2005および本書を参照。
19. アイザック・ジュリアンとのメールによる個人的な会話より、2014年3月18日。
20. チラ・バーマンとの個人的な会話より、2013年5月14日。
21. インカ・ショニバレとの個人的な会話より。
22. アイザック・ジュリアンとのメールによる個人的な会話より、2014年3月18日（前掲）。
23. マリオン・フォン・オステンと私は共同でプロジェクトを行っており、なかでも「アトリエ・ヨーロッパ：クリエイティブであれ」というプロジェクトは本書〔原著〕のタイトルに使用させていただいた。マリオン・フォン・オステンに心より感謝する。（von Osten and McRobbie http://www.ateliereuropa も参照のこと）。

第4章　ポストフォーディズムのジェンダー――「やりがいある仕事」、「リスク階級」、「自分独自の人生」

1. リヴィエールの説明にある仮面の場所が、仕事場、実際に専門職の女性が男性の同僚にレクチャーする講義室であることは、この議論に関連している（Rivière 1928）。
2. 例えば『ブリテンズ・ゴット・タレント』、『X ファクター』、『ザ・ヴォイス』、『アプレンティス』そして『ヤング・ミュージシャン・オブ・ザ・イヤー』（BBC4）などである。
3. 2014年5月1日、スコットランドのニットウェア工場での英国人ファッションデザイナー、マーガレット・ハウエルへのCREATEによるインタビューより。
4. 例えばHardt and Virno（1996）、Hardt（1999, 89-112）、Lazzarato（1999）、Hardt and Negri（2000）、Virno（2005）を参照。
5. 1970年代から1980年代にかけてのスチュアート・ホール、さらにエルネスト・ラクラウとシャンタル・ムフの著書における階級還元主義の問題に関する長年の議論について、この本で触れている箇所はない。また、文化的かつ政治的記号としての階級、つまり学校の運動場など日常生活のあらゆる場で権力と無力の関係が追求されている空間としての階級を問い直す必要性はないと考える。Willis（1978）、Bourdieu（2000）参照。
6. これらの職場では多くの場合、つねに完璧な外見を維持するために、女性スタッフは定番のマニキュアを所持するという要件を満たす必要がある。男性スタッフも髪の毛と全般的な身なりについて規定される対象ではあるが、女性に適用される規則ほど広範囲に及ぶものではない。
7. 例えば、『フェミニスト・レビュー』誌でのBott（2006）を参照。
8. グティエレス・ロドリゲスは不安定性という用語について次のように述べている。「不安定性《プレカリアス》は物質的および非物質的不安定化の形を説明するものである。時間軸（ストレス、過剰さ、不安定性、計画の不可能性）空間軸（……）収入軸（……）対立軸、リスクと身体の軸により定義される（……）これらは、新しい生活様式と

労働条件の苦しみと暴力を表現している」だけでなく、「仕事と生活の新しいつながり方の不安定な開放を示している」(Rodriguez 2008: 39)。

第5章　ファッション・マターズ・ベルリン――都市空間、女性たちの仕事生活、新しい社会的企業？

1.「この街には、約600人に及ぶ、オートクチュールからストリートウェアに至るまでさまざまなファッションデザイナーが住んでいます」(Wowereit 2008, p. 72)
2.『クリエイティブ産業レポート2008』によると、400社以上の小規模ファッション企業があるそうだ。
3. 市内におけるアート、文化、クリエイティブ部門で利用可能な資源と支援メカニズムの説明については、Wowereit (2008) を参照のこと。
4. この指摘は、2012年4月22日のネモナのアトリエへの訪問中に、ダニエラ・フレイグとサビーネ・フェルセバスによって行われている。
5. ネモナは、欧州社会基金によって支援されている。http://www.nemona.de. を参照のこと。
6. 例えば、LIFE EV (http://www.life-online.de.) を参照のこと。
7. ベルリンやドイツの別の地域におけるこの種の組織の歴史を簡単に振り返る余地はないものの、例えば弱い立場にある若者などと地域のソーシャルワークを形成する社会国家のサテライトとして機能してきたと言っても過言ではない。これは、近代化のプロセスの一部として設立されたイギリスの社会的企業や、サッチャー時代に発展し、ニューレイバー時代に勢いを増した、競争入札による公共サービスの私営化を通じた国家機能の新しい管理主義とは異なる歴史的軌跡である。
8. Wood (2012) は、『ガーディアン』紙の記事において、ザラが「スペイン最大の企業」になった際に、利益が30%増加したと報告している。Burgen (2012) も参照のこと。
9. マイケル・ソンタグへのインタビュー (2014年6月20日)。
10. 例えば、いわゆるシュパンダウアーヴォルシュタットと呼ばれる地区であり、トール通り、リーニェン通り、オラーニェンブルガー通り、アウグスト通りを含むミッテのエリア。
11. http://www.RIXPACK.de を参照のこと。
12. イベント情報誌の『ティップ』誌と『ズィティ』誌では、都市の反ジェントリフィケーション活動のさまざまな形態を幅広く取り上げている。
13. 例えば、http://www.arbeitsagentur.de、http://www.arbeitsagentur.de/ein-euro、あるいは http://www.caritas.de/glossare/ergaeenzendearbeitslosengeld/aufstocken を参照のこと
14.「ベルリンで、芸術的でクリエイティブな職業に就く女性は、同僚の男性よりも収入が少ない」(Wowereit 2008, p. 87)。

15. イギリスや合衆国で訓練を受けた卒業生が選ばれることで見向きもされない若いイタリア人デザイナーの恨みについては、ドヴィーディオとプラデルの説明を参照のこと（D'Ovidio and Pradel 2012）。
16. コム・デ・ギャルソンを卸している小売業者で、荒れ果てたみすぼらしい店舗で有名なトール通りのポップストア「リル」を参照のこと http://www.lil.com。
17. ベルリンの独立系デザイナーの知的所有権と著作権の問題について、現在調査中である。http://www.create.ac.uk を参照のこと。
18. 投資家を遠ざけることを恐れ、この反資本主義的な評判を抑えるために、市の有力者の側で努力がなされている（同時に、不本意ながらそれを風変わりなブランディング戦略として使用する試みもある）。
19. これは私が数年前にロンドンで行った研究の延長線上にあり、当初は、ベルリンで若いデザイナーが実際に自分のブランドを立ち上げ、工房の前で直接販売を行う小売の空間を設けるのを何気なく見たことに刺激され始まった（McRobbie 1998）。ロンドンでは空間の費用が高いため、長い間不可能であった。2012年から、このベルリンでの研究はAHRCのCREATe助成金によって資金提供されている。http://www.create.ac.uk を参照のこと。
20. デリヤ・イッセヴァーには2013年11月6日にインタビューを行った。
21. マイケル・ソンタグへのインタビュー、2014年6月20日。
22. このコメントは、社会学者のアンニャ・シュヴァンハウザー（2011年11月1日）との活発な会話から得られたものである。彼女は最近の研究で、この種の経済活動を特に「ベルリン資本主義」と表現し、この都市における若者文化の持続的な影響を指摘している（Schwanhaeuser 2010）。
23. ベルリンの不動産投資プロジェクトの「メディアスプリー」などによる主要な場の再開発に対する市民の反対運動については、Ahlfeldt（2010）を参照。
24.「ファッション・マターズ・ベルリン」（2012年6月28日、セプテンバーギャラリークロイツベルク）。「ファッション・マターズ・ロンドン」（ベルリン、ミラノ、ロンドン大学ゴールドスミス校）、AHRCのCREATe、2013年6月12日。
25. ターニャ・ミュールハンスは、2012年9月のギャラリーでのイベントに参加し、2013年6月に直接インタビューすることにも同意してくれた。
26. ベルリンには、ベルリン芸術大学とベルリン・ヴァイセンゼー芸術学校がある。
27. マジャコは、CREATeプロジェクトの一環として、2014年7月15日にこの調査のためのインタビューを受けてくれた。
28. 2014年7月7日にベルリンでインタビューを行い、2014年8月24日と25日にメールで追加のコメントを受け取った。
29. これらのショールームは、ベルリンのファッションのより大きなマーケットを創造するためにターニャ・ミュールハンスが主導した試みの一部であった。
30. オリバー・マコネルとの議論、2014年2月12日。

31. 近くのUバーンの駅に吊るされている広告でのトルコ系ドイツ人のティーンエイジャーのスタイル、例えば、エイミー・ワインハウスのような太いアイライナーを引いた女の子や、高いポニーテールにゆるく巻かれたカラフルなスカーフを賞賛するような場合に、私の視線は植民地主義的なものとなるのだろうか、それとも他の何か——ファッション雑誌の表紙という狭いカテゴリーを超えて美しさをまなざすフェミニスト——なのであろうか。
32. 正確には、これらにはロイター通り、フリーデル通り、プフリューガー通り、ヴェーザー通り、ビュルクナー通りおよびベルリンの郵便番号14117のエリアが含まれる。
33. エスター・ペルバンドへのインタビュー、2014年7月7日。

第6章　やりたい仕事を成功させる？——リチャード・セネットと新しい労働体制
1. ドイツの映画監督ニコラウス・ゲイハルターによる注目すべき映画『いのちの食べかた』(2005) は、高度な技術によって他の労働者の必要性がなくなったため、現在は一日中一人で働き、お茶を飲む時さえもひとりきりの養鶏工場の作業員の孤独が描かれている。
2. 本書の序章と映画『しなやかな女性』(監督：Turanskyj 2010) の議論を参照のこと。
3. ゴールドスミス校のある学生は、自身の論文のために、有名なファッション店である彼女自身のアルバイト先について調査を行った。彼女は、伝統的な労働規律と経営管理に従う少数のフルタイム労働者とシフト勤務で長期的なキャリアに関心のないパートタイマーとの間に分裂があることを報告した。ロンドン中心部の同様の小売店で働いている別の学生は、数年に渡ってパートタイマーとして働いていたが、昇進の申請や管理職を目指すよう促されたことは一度もないし、すべてのパートタイマーは遅かれ早かれいなくなると想定されていたと報告した。
4. 都市のファッション小売業でのフルタイムの安定した仕事と比較して、非正規雇用の広がりを調査した研究は現在のところない。
5. おそらく、そのような活動はドイツの都市では存在がより隠されているために、ベックには珍しいものとして映ったようだ。24時間営業の地元のショップやコンビニエンスストアの開業にはさらに厳しい制限があり、カフェや深夜の食料品を兼ねる小さなインターネットショップは、ベルリンのクロイツベルクやノイケルンなど、移民やトルコ系ドイツ人の人口が多い地域にしかない。
6. ヘイルズギャラリーのリチャード・ヘッジスへのインタビュー (McRobbie 2004) を参照のこと。
7. フレデリック・ワイズマンのドキュメンタリー『パリ・オペラ座のすべて』(2009) を参照のこと。
8. 例えば、イタリア版『ヴォーグ』誌に掲載された、イーストロンドンのダルストンの紹介記事、チアラ・ザンペッティによる「ようこそ、ダルストン」(2009年5月)

を参照のこと。

9. これと同じ精神で、2014年10月16日木曜日の『ガーディアン』紙のインタビューで、現在ストークニューイントンに住むソニックユースのサーストン・ムーアは、「(近隣のカウンターカルチャー的存在の) 歴史は、ストークニューイントンの通りから削除されてしまった。自分がどこに住んでいるのか知るべきだ。それは、ある種の責任だと思う」と語っている。ドリアン・リンスキーとのインタビュー。www.theguardian.com/music/2014/sonic-youth-thurston-moore を確認のこと。
10. アイザック・ジュリアンは、1970年代後半から1980年代初頭のロンドン東部で育った黒人青年であり、彼の作品の多くの側面は、この代替的な物語のひとつのバージョンであると言える。さらに1970年代半ばまでさかのぼると、イギリスのどの都市にも芸術家、ミュージシャン、映画制作者、作家がおり、自分たちを取り巻く都市文化に深く関わり、これらの地域で暮らす恵まれない人々を社会的不公平や攻撃的な警察、貧困や無力さを理由とする様々な形の虐待から守るために尽力していた。
11. いわゆる趣味経済が年間80億ポンドに達しているというルイーズ・エクルズの『デイリー・メール』紙 (2014年10月18日) の記事 (「10人に1人は趣味で稼いでいる」) を確認のこと。彼女は「デザインに携わる趣味の起業家が最も稼いでおり、年間3200ポンドだった」と書いている。美術工芸品の仕事は平均して1443ポンドをもたらしている。www.mailonline/18/10/2014/ および Calhoun C. and Sennett R. (2007) の特に2章と7章を参照のこと。
12. 南ロンドン、ペッカムのベレンデン通りにある雑貨屋の皮肉めいたヒップスターぶりに注目してくれたアイーダ・バガーネジャドに感謝します。
13. www.inventorymagazine.com を確認のこと。また同様の倫理については、『ハック』誌 (www.huckmagazine.com/) も参照のこと。
14. シャイノラ復活の歴史については、www.shinola/detroit を確認のこと。
15. イギリスで最も成功したメンズウェアのデザイナーであるポール・スミスは、長年に渡り高級店で、手作りのおもちゃの列車、葉巻入れ、昔ながらのブリーフケースなどを服に添えて、「品質とクラフトの歴史」というアイデアを演出してきた。それに対して最近では、ファッションデザイナーのマーガレット・ハウエルがロンドン本社兼ショールームで、復元されたアーコールの家具の周りに服を並べ、「対話しながら」服を作っている。www .margaretthowell.co.uk/ を参照のこと。

結論——ヨーロッパの展望

1. この章を書くためには、モニカ・サヴィエの許しが必要だった。彼女に心から感謝を申し上げる。
2. EUの文脈におけるクリエイティブ経済の実用的な定義については、欧州委員会の『KEAヨーロッパ文化経済レポート』(2006) を参照した。これには、多くの流通

と聴衆があり、書籍や映画のような製品を意味する「産業」部門と、アートギャラリーや美術館部門、劇場、バレエ、オペラなどのイベントや活動を含む「非産業」品の両方が含まれている。ただし、これらの定義内では、このクリエイティブな業界における従業員は考慮されていない。

3. 上級管理職は一般的に、「実践」または「インターンシップ」に重点を置いたソーシャルワークまたは社会教育学の教育を受けており、それは若い犯罪者、10代の母親、セックスワーカー、麻薬使用者のような社会的に恵まれない社会集団との行動プログラムを開発し、継続的に評価するものだった。かれらが取り組んだ哲学的および概念的枠組みはフェミニズム理論や反人種差別主義的思考、貧困と不平等への根本的なアプローチから情報を得続けていたが、実際には、これらのアイデアは、知識経済のために、そしてさらには文化経済のために、欧州委員会版の教育訓練に置き換えられ続けてきた。
4. 参加資格の条件として、主催団体がプログラムの共同出資として資金の20%を提供することが要求されている。新しい社会的企業がこの分野に参入し、その活動を営利部門と非営利部門に分けることができれば、この共同出資メカニズムはコストとして計上され、補われる可能性がある。実際、そのような組織は、非営利である欧州委員会の活動を不利益なものではなく、企業のイメージやブランド全体にとって良いものであると見なすほどの余裕さえある。これにより、すべての生産者にとってより競争力のある環境が促進される。
5. 「平等」の要求の下で資金提供・支援されたが（http://www.nemona.de）、現在は様々な生涯学習計画に取って代わられて存在していない。経済危機直前の2007年に開始され、2011年に終了した。
6. 採用のプロセス自体は何週間かかかり、既存の慈善団体や街頭で若者と活動する団体との交渉を何度も要した。最も危険にさらされている若者たちを参加させるのが最も困難なことだったが、その代わり参加者の大半はより能力のある集団であることも分かった。
7. このプロジェクトの終了時、特に、ユーロ危機とその後に続いたユーロ圏全体の不況と緊縮政策以降、シチリア島とパレルモもより注目を集めている。イタリアの若者の失業率については、直近の数字は41.3%である（Inman 2013）。今や自ら「不安定な労働者」の街であるというパレルモについては、『パレルモはプレカリアートの研究所である』（OpenDemocracy 2014年9月14日）を参照のこと（Machay 2014）。
8. 授業や毎日の研修の大部分を担当し、社会科学系学部の出身でありながらすでにメディアやカルチュラル・スタディーズや「メディア実践」と「クリエイティブな起業家活動」という考えに精通している若者たちにとって、雇用創出としてのアートと文化という新たな視座に適応することは、問題ないことが判明した。しかし、非行に走る若者やセックスワーカーなど社会の周縁に追いやられた者たちと活動し、

その伝統を新しい世代に伝えようとしている年配の担当者にとっては、文化の労働やクリエイティブな労働という考えに移行することは、社会的側面がより見えにくくなり、映画、動画の技術やパフォーマンスアートによって媒介されてしまうため、より困難なことであった。

9. プログラム最後の課題発表には演劇やパフォーマンス、短編映画、音楽リサイタルなどがあった。

10. 最も重要な催しの一つに、若者たちや街の文化関係者や教師、そしてローマの職業訓練研究機関（ISFOL）の責任者、市長、パレルモ大学の副学長などの様々な政治関係者を対象とした一日がかりのカンファレンスという形を取ったものがある。このカンファレンスは、アートの展覧会や映画鑑賞、ライブなど参加者のパフォーマンスで締め括られた。

11. 他にパレルモで行われた催しでは、労働研究局（ローマのISFOL）の経済学者、私、そしてモニカ・サヴィエ（NGOのBBJ/ShareItの代表者）とのパネルセッションがあった。ヨーロッパ各地の職業訓練所の専門家たちに対し、今後の仕事に対する論説をそれぞれ紹介し、他方、ISFOLは大企業や労働組合を保護する「メイド・イン・イタリー」というアプローチを用いると強く主張した。モニカ・サヴィエは、銀行危機にともなってベルリンで導入された厳しい財政規則とイタリア失業の影響について議論し、私はイギリスにおけるフリーランスの仕事、また文化経済の成長と、労働組合の役割の縮小について述べた。

12. これらの相違点は、NGOであるBEKOREが運営したIDA/PIAプロジェクトのベルリンでの「フィナーレ」の時にいた50人ほどの聴衆が証人である。私はこの機会に、ヨーロッパの同僚たちが行ってきたIDA/PIAでの職業訓練へのアプローチと、A4E（「雇用のためのアクション」）のようなイギリスの民間機関が提供する失業訓練の新しい運営方法とを比較した。この新たな様式は、『リアリティー TV』『ベネフィット・バスターズ』（2010）というチャンネル4のシリーズで、民間訓練機関の女性代表（ヘイリー・テイラー）が、失業者の職探しの際に（SMの女王様のような）手厳しい手法で管理を行いながらも、クライアント〔失業者〕をうまく煽て上げ、日に何回も電話し、媚態を示すと言っていいようなソフトなアプローチ（感情労働）を組み合わせ、失業者が面接に行くことなどをチェックする手法が生き生きと描かれている。この（イギリスの批評家は「貧困ポルノ」と表現している。Biressi 2013を参照）TVシリーズのクリップ（切り抜き場面）を通して、この議論は、まじめな社会民主主義的考え方を持つような聴衆に多大な不信感を与えた。TVシリーズは聴衆を惹きつけ、ひいては広告収入を得るために「娯楽の価値」を持つようにも意図されていた。数か月後、A4EのCEOであるエマ・ハリソンが政府基金の不当な管理を告発され、すぐさま辞職したことも特筆しておくべきだろう。

13. ベルリンでの専門能力開発と持続可能な資源利用、2010-12年の海外実習。

14. タティーアナ・フライガングとリタ・アイヒエルクラウトの招待にもこの場を借

りて感謝したい。

15. 最終報告書『ベコレ！ レポート　海外インターンシップを通じた新たなキャリア観』（Freygang 2012）も参照のこと。

16. イタリア側が構想したプロジェクトへの対応の中で、モニカ・セヴィエは個人化のプロセスの職業実践への影響について言及している。選ばれたグループは、ベルリンに住んでいて失業中という点以外に共通点がないため、通常のグループワークよりもさらに時間のかかる一対一のケースワークを行わなければならず、結果としてプロジェクトから一般論を導き出すのが困難になった。この変化はまた、すでに何年も前からイギリスの福祉就労計画で定着していたECの語彙の中に入っている、「個別ケースへの支援」という新たな課題を反映している。サヴィエは、これは実のところ「教育学でのスタンダード」を適応できないため、プロジェクトを監督するチームの専門性を失ってしまうと述べている。このように不均等なグループでは、活動や就労紹介の提供が実際に機能するかどうか、また参加者が帰国後に仕事を見つけられるかどうかは恣意的なものとなってしまう（Savier 2012）。

17. 最終報告書にはこの価値を証言した何人かの参加者からの発言もある。例えば、ある若い母親は、「スポレートの保育園での就労のおかげで、ソーシャルワーカーの訓練を受けることに決めた」と述べている。他にも、「このインターンシップは自分の感情の処理能力、異文化理解の能力、そして言語能力を高めてくれた」という人や、「グアテマラで教師として働く決断をする助けとなった」という人もいた（Bekore! Bericht 2012）。

18. 余談であるが、ECによって監督されたこれらの職業訓練規定に関してスコットランド、北アイルランド、ウェールズがどのように行動するのかを理解することは重要であるだろう。

19. 欧州地域開発基金によって助成されたロイファナ大学リューネブルク校のイノベーション振興や、パリに拠点を置くURBISの事業などがある。

20. もちろん、大学を含む大規模な組織が、間接費や共同出資の仕組みによって、助成金収入の最大50%をただちに吸い上げてしまう数百万ユーロの契約を「勝ち取る」ためのコストにどのように専念できるのか、ということが暗黙のうちに問われている。

21. 例えば、Evers and Laville（2004）を参照のこと。

22. 例えば、欧州社会基金の報告書によると、「リバプール・イン・ワーク」計画は、「貧困地域の求職者に自分のビジネスを立ち上げる機会を与え、その計画では結果として650件の新規起業の見込みがある」とのことである（www.eu/esf/liverpool-in-work）。

23. 例えば、2014年12月に、クリエイティブ産業連盟を設立した。www.creativeindustries-federation.com を参照のこと。

24. 社会問題の根源には何十年にも渡るとまでは言わないまでも多くの年月に渡る貧

困、男性の高い失業率、病気などがあるにもかかわらず、根深い社会問題をより軽視し、矮小化する態度を取るのが経営大学院のアプローチの特徴である。経営大学院の語彙の中には、社会的不平等という言葉は存在しないし、そのような特徴を含む言葉もない。それよりむしろ、社会的起業家を志す人には、「変革者になろう」や「社会問題の解決が可能な分野に参加しよう」などと訴えている。

25. 公共領域の新たに私営化された部門に関する説明責任についてフロアから質問されるやいなや、公共会計委員会の議長を務める労働党のマーガレット・ホッジ議員は、「時計の針を戻す」ことはできないが、労働党にとって重要な問題は、高い水準のサービスの提供を実行し、多岐に渡るサービス提供者のための抑制と均衡《チェックアンドバランス》に向けた新たな制度を導入することであると答えた（M. Hodge MP in conversation, 12 December 2014, fund-raising dinner, London E4）。

26. 本書の序章の冒頭部分を参照のこと。

【監訳者】

田中東子（たなか・とうこ）

1972年神奈川県生まれ。東京大学大学院情報学環教授。専門はメディア文化論、フェミニズム、カルチュラルスタディーズ。

著書に『メディア文化とジェンダーの政治学――第三波フェミニズムの視点から』（世界思想社、2012年）、『出来事から学ぶカルチュラル・スタディーズ』（共編著、ナカニシヤ出版、2017年）、『私たちの「戦う姫、働く少女」』（共著、堀之内出版、2019年）、『ガールズ・メディア・スタディーズ』（編著、北樹出版、2021年）。翻訳に『ユニオンジャックに黒はない――人種と国民をめぐる文化政治』（ポール・ギルロイ著、共訳、月曜社、2017年）、『フェミニズムとレジリエンスの政治――ジェンダー、メディア、そして福祉の終焉』（アンジェラ・マクロビー著、共訳、青土社、2022年）など。

【訳者】

中條千晴（ちゅうじょう・ちはる）

1985年大阪府生まれ。フランス国立東洋言語文化学院（INALCO）言語専任講師。専門はポピュラー音楽とジェンダー、社会運動。

著書に『*Mémoire sonore du Japon, le disque, la musique et la langue*』（共著、Presse del'Université d'Orléans、2021年）、『*Engendering Transnational Transgressions: From the Intimate to the Global*』（共著、Routledge、2020年）、『ガールズ・メディア・スタディーズ』（共著、北樹出版、2021年）。翻訳に『博論日記』（花伝社、2020年）。

竹﨑一真（たけざき・かずま）

1989年兵庫県生まれ。明治大学情報コミュニケーション学部特任講師。専門はスポーツ社会学、身体とジェンダーのカルチュラルスタディーズ。

著書に『ボディ・スタディーズ――性、人種、階級、エイジング、健康／病の身体学への招待』（共著、晃洋書房、2017年）、『日本代表論――スポーツのグローバル化とナショナルな身体』（共著、せりか書房、2020年）、『ポストヒューマン・スタディーズへの招待』（共著、堀之内出版、2022年）。

中村香住（なかむら・かすみ）

1991年神奈川県生まれ。慶應義塾大学文学部・慶應義塾大学大学院社会学研究科非常勤講師。専門はジェンダー・セクシュアリティの社会学。

著書に『私たちの「働く姫、戦う少女」』（共著、堀之内出版、2019年）、『ふれる社会学』（共著、北樹出版、2019年）、『「百合映画」完全ガイド』（共著、星海社、2020年）、『ガールズ・メディア・スタディーズ』（共著、北樹出版、2021年）、『アイドルについて葛藤しながら考えてみた――ジェンダー／パーソナリティ／〈推し〉』（共編著、青弓社、2022年）など。

アンジェラ・マクロビー（Angela McRobbie）
ロンドン大学ゴールドスミス校名誉教授。ブリティッシュ・カルチュラル・スタディーズを代表する研究者の一人であり、ポピュラー文化とフェミニズム理論、メディアとコミュニケーションに関する研究を専門とする。著書多数。邦訳書として、『フェミニズムとレジリエンスの政治――ジェンダー、メディア、そして福祉の終焉』青土社、2022年（原題：*Feminism and the Politics of Resilience: Essays on Gender, Media and the End of Welfare*）。

クリエイティブであれ――新しい文化産業とジェンダー

2023年2月25日　初版第1刷発行
2023年5月10日　初版第2刷発行

著者 ――――アンジェラ・マクロビー
監訳者 ――田中東子
訳者 ――――中條千晴／竹﨑一真／中村香住
発行者 ――平田　勝
発行 ――――花伝社
発売 ――――共栄書房
〒101-0065　東京都千代田区西神田2-5-11出版輸送ビル2F
電話　　03-3263-3813
FAX　　03-3239-8272
E-mail　info@kadensha.net
URL　　http://www.kadensha.net
振替 ――――00140-6-59661
装幀 ――――北田雄一郎
印刷・製本―中央精版印刷株式会社

ISBN978-4-7634-2027-5 C0036